시작과 마침의 종소리도 그리움이다

시작과 마침의
종소리도 그리움이다

펴 낸 날	2025년 05월 28일
지 은 이	박정희
펴 낸 이	이기성
기획편집	서해주, 이지희, 김정훈
표지디자인	서해주
책임마케팅	강보현, 이수영
펴 낸 곳	도서출판 생각나눔
출판등록	제 2018-000288호
주　　소	경기도 고양시 덕양구 청초로 66, 덕은리버워크 B동 1708호, 1709호
전　　화	02-325-5100
팩　　스	02-325-5101
홈페이지	www.생각나눔.kr
이 메 일	bookmain@think-book.com

· 책값은 표지 뒷면에 표기되어 있습니다.
　ISBN 979-11-7048-878-1 (03810)

Copyright ⓒ 2025 by 박정희 All rights reserved.
· 이 책은 저작권법에 따라 보호받는 저작물이므로 무단전재와 복제를 금지합니다.
· 잘못된 책은 구입하신 곳에서 바꾸어 드립니다.

박정희 에세이

시작과 마침의
종소리도
그리움이다

소심 선생의 소소한 40년

그냥 지나치면 평범하지만,
잠깐 멈춰 생각해 보면
가슴 벅차게 아름다운 순간들.

생각나눔

일러두기

본문은 개인의 경험과 기억을 바탕으로 편집하고, 재구성한 내용으로 실제 사실과 다를 수 있음을 밝힙니다.

머리말

초등학교 1~2학년 때쯤이었던가? 언니 오빠들 모두는 학교에 가고, 초등학교 교사였던 아버지도 출근하시고, 집에는 엄마와 나 둘뿐이다. 학교 교실이 부족해 1~2학년 저학년은 오후에 학교에 간다. 엄마는 집 안일로 분주하시다. 햇볕이 잘 드는 마당의 담벼락, 아무 칠도 하지 않은 맨살의 콘크리트 벽이 나의 놀이터가 된다. 아버지는 학교에서 수업 시간에 사용했던 분필 동강이를 막내딸의 놀이 도구로 자주 가져다주셨다. 햇살이 따스하게 내리쬐는 마당은 교실이 되었고, 맨살의 콘크리트 벽은 칠판이 되었고, 나는 선생이 되었다. 나만의 선생 놀이가 시작된다.

콘크리트 담벼락에 아버지가 가져다주신 분필 동강이를 가지고 나름의 상형문자를 쓴다. 상형문자를 가리키며 손에는 가느다란 회초리를 들고 칠판을 두드리며, 마당에 앉아있는 상상 속의 학생들에게 무슨 말인지 모를 고함을 내지르는 모습이 내 머릿속에 박혀있다. 분필 동강이로 담벼락 한 면을 가득 채우고 나면, 엄마는 아무 말 없이 웃으며 한 양동이 물을 가지고 와 말끔히 씻어준다. 그러고 나면 따뜻한 햇살이 물기를 없애준다. 또다시 담벼락은 나만의 칠판이 되어있다.

그 당시는 교사의 박봉으로 집을 사기가 어려워 사택에 산 적도 있다. 운동장은 나의 놀이터였고, 수업하다가 밖을 내다보면 막내딸이 운동장에서 혼자 노는 모습을 많이 보았다고 아버지는 자주 말씀하셨다. 나 역시 운동장에서 혼자 놀다가 언니 오빠들이 공부하고 있는 교실 풍경이 궁금해 교실 안을 슬금슬금 훔쳐보았을 것이다. 아마 그때 많은 교사가 회초리를 지시봉으로 들고 칠판을 탁탁 두드리며 수업하는 모습이 인상적이었나 보다. 그렇게 나는 어릴 때부터 교사가 되고 싶었다. 그렇게 꿈을 이루었으니, 그리고 40년 동안 선생님으로 살아왔으니, 돌이켜보면 내 삶이 소박하지만, 행복하였음은 틀림없다.

가만히 40년간의 교직 생활을 떠올려 본다. 생생하다. 너무나 생생하다. 생생한 추억과 더불어 미소가 지어진다. 웃음이 나온다. 이 기억을 글로 써보고 싶었다. 불현듯 미사여구 없이 기억나는 대로 막 써 내려가고 싶은 욕구가 철철 넘쳤다. 쉽게 잊을 수 없는, 40년이라는 시간 속에 뚜렷하게 새겨져 있는 나의 삶이 계속 마음속에서 꿈틀거린다. 누군가의 글을 읽음으로써 변화와 성장을 꿈꿀진대, 나의 이야기는 읽는 이로 하여금 그러함이 없을 것 같아 두렵기도 하다. 큰 배움은 아니더라도, 누군가에게 즐거움을 줄 수 있는 글은 되리라 싶다.

3권의 노트에 촘촘히 써 내려간, 그렇고 그런 나의 이야기 소심 선생의 소소한 40년. 자꾸만 들춰 본다. 뿌듯하다. 지인들에게 자랑도 해 본다. 생각지도 않게 예사로이 듣는 지인들이 한마디씩, 별 심각성 없이 '책 내면 되겠네?' 한다. 이런 글도 책으로 만들어지나? 슬그머니 욕심이 생긴다. 내 글을 내가 읽으니 너무 재미있다. 모든 상황과 장면들이 고스란히 떠올라 웃음이, 때로는 콧등이 시큰해진다.

'이런 멋진 이야기를 노트 3권에 담아 서랍 속에 넣어둔다는 건 안 될 일이지!'

진짜 책으로 내어볼까? 은근히 욕심이 생긴다. 그러던 와중에 동료 교사의 반응이 결심을 굳게 하였다. '요즘같이 끔찍한 학교에 꼭 필요한 책'이란다. 그 말을 듣는 순간 뭔지 모를 가슴 찡함이 나를 먹먹하게 했다. 교사와 학생과 학부모가 끝없이 부딪치며 전쟁터와 같이 변해 가는 학교가 안타까웠다. 비록 교사 한 명의 개인적 경험에 불과하지만, 내 글이 학교가 어떤 곳인지, 어떤 곳이어야 하는지 생각해 볼 기회는 될 수 있으리라 싶었다.

도서출판 생각나눔을 만난 것은 나에게 큰 기쁨이었다. 꿈이 현실로 바뀌는 기쁨이 컸다. 이렇게 이쁜 책으로 만들어 준 서해주, 이지희, 김정훈 님께도 감사를 드린다. 순서를 바꾸고 단락별로 제목을 붙이는 일은 송민수 작가의 도움이 컸다.

지식으로 가득 찬 학생보다는 지혜로움을 지닌 학생이 더 좋았다. 그렇게 성장할 수 있도록 도움을 주고 싶었다. 무엇보다도 올곧은 품성을 가질 수 있도록, 좋은 인성을 지닐 수 있도록. 아이들의 말을 경청하고, 공감해 주며, 칭찬하려고 했다. 막무가내의 칭찬이 아닌 구체적인 내용의 칭찬으로.

삶의 새로운 학기를 맞이할 준비를 하는 2025년 3월
소심 선생

목 차

머리말_ 5

Chapter 1
두근두근 첫 발령지   13

첫 출근 · 14
쥐 세 마리 · · · · · · · · · · · · · · · · · · · 19
꿈틀거리는 촌지를 받다 · · · · · · · · · · · 26
등사기로 만든 시험지 · · · · · · · · · · · · · 31
25년 후의 약속 · · · · · · · · · · · · · · · · · 37
Life is difficult · · · · · · · · · · · · · · · · · 42

Chapter 2
찬란한 태양은 최악의 순간 떠오른다   49

- 섹시한 소심 선생 · · · · · · · · · · · · 50
- 사라진 신혼 · · · · · · · · · · · · · · · 57
- 보고 싶은 반장 · · · · · · · · · · · · · 64
- '너'라고 부를 수 있을 때 · · · · · · · · 70
- 내 인생의 가장 찬란한 태양 · · · · · · 76
- 마크롱도 늙어간다 · · · · · · · · · · · 82

Chapter 3
쓰린 마음을 안고, 유쾌하게   89

- 온 마을이 함께 키운 '경제' · · · · · · · 90
- 20세기 최악의 폭염, 1994년 그 여름 · · 97
- 삶의 마지막 여행인 줄 · · · · · · · · · 104
- 내 인생 최고의 그녀들 · · · · · · · · · 109
- 왕따 말고 깍두기 · · · · · · · · · · · · 117
- 나도 대한민국 어딘가에 내 땅을 · · · 125

Chapter 4
영화는 기억에 없지만, 너희들은 남는다   133

'토미앤'의 탄생 · · · · · · · · · · · 134

영어와 체육은 힘들다 · · · · · · · · · · · 143

크리스마스이브의 심야 영화 · · · · · · · · · · · 151

워드 1급 도전기 · · · · · · · · · · · 157

에너지 절약 시범 학교 · · · · · · · · · · · 164

영어 교사 하실래요? · · · · · · · · · · · 173

설마 '죽' 때문이겠냐만은 · · · · · · · · · · · 182

Chapter 5
끝까지 좋지 않을 수만은 없다   189

내 인생의 화양연화 · · · · · · · · · · · 190

평교사로 당당하게 · · · · · · · · · · · 197

어쩌다 승진의 틈바구니에서 · · · · · · · · · · · 205

웸블리 스타디움에 가다 · · · · · · · · · · · 212

잊을 수가 없는 아이들 · · · · · · · · · · · 218

대박과 쪽박 사이 · · · · · · · · · · · 230

Chapter 6
있는 그대로 소중한 아이들   237

학교가 미안해 · · · · · · · · · · · · · · · 238

우리 사회에 필요한 리더는 · · · · · · · 247

학교 밴드를 만들다 · · · · · · · · · · · 255

유일무이 야구반 담임 · · · · · · · · · · 262

코로나19로 학교가 바뀌다 · · · · · · · 275

일사천리로 피싱 당하다 · · · · · · · · · 283

'샘'이라는 말 · · · · · · · · · · · · · · · 290

에필로그 | '소심'이라는 이름_ 302

Chapter 1
두근두근 첫 발령지

첫 출근

40년간의 교직 생활을 은퇴하고 1년 2개월 남짓 세월이 흘렀다. 그런데도 여전히 학교에 미련이 남는다. 마지막 학교였던 반송중학교 홈페이지를 둘러보기도 하고, 경상남도 교육청의 채용 공고를 살펴보기도 한다. 아직 일할 기운이 불쑥불쑥 솟는다. 혹, 내가 일할 수 있는 곳이 있지 않을까? 내 마음만 그럴 뿐, 나는 이미 정년을 넘어선 퇴직자일 뿐이다. 가만히 40년간의 교직 생활을 떠올려 본다. 생생하다. 너무나 생생하다. 생생한 추억과 더불어 미소가 지어진다. 웃음이 나온다.

하일중학교 가는 길

1983년 3월 2일 수요일. 나의 첫 출근날이었다. 나의 첫 학교는 경남 고성군 하일면에 있는 하일중학교였다. 그때 나는 23살이었다. 학교에 출근하는 데 필요한 것들은 지난 주말부터 가방에 잘 챙겨놓았다. 출근하는 아침, 몇 번을 살펴보았으면서도 혹시 빠뜨린 것이 있는지 다시 한번 준비물을 확인한다. '첫'이라는 단어는 긴장감과 설렘을 준다. 처음으로 중학교에 입학하던 날도, 처음으로 고등학교에 입학하던 날도 떨렸다. '첫'날은 새로운 사람을 만난다는 기대와 낯선 조직과 환경에 놓인다는 긴장이 함께한다. 더군다나 그날은 학생이 아니라 교사로, 부모님의 품을 벗어나서 사회인으로 첫발을 딛는 날인 만큼 마음이 마구 부풀어 올랐다. 새로운 사람들을 만난다는 설렘과 내 역할을 잘 해내고 싶은 긴장으로 가슴이 막 뛰었다.

그렇게 두근거리는 마음을 품은 채 시외버스 터미널에 갔다. 버스를 기다리는 데 낯익은 얼굴이 보인다. 고등학교 시절 수학 선생님이다. 인사를 해야 하지만 거리도 애매하고, 줄을 벗어나는 것도 번거롭다. 선생님과 따로 이야기를 나눠본 적도 없으니, 나를 알아볼 리도 없지 않은가? 인사를 하는 것이 오히려 더 어색할지도 모른다. 나는 그냥 모른 척하기로 했다.

7시에 출발하는 빨간색 고성행 버스에 올랐다. 시골 버스인데도 말쑥한 정장 차림의 승객들이 많다. 외면했던 고등학교 시절 수학 선생님도 버스에 타신다. 여전히 외면한 채 창문 밖만 응시한다. 수학 선생님의 시선이 슬쩍 지나가는 듯하기도 하였으나, 나를 알아보신 것인지, 그냥 아무런 생각 없이 훑어보는 시선인지 알 수가 없다. 살다 보면 그럴 때가 있다. 이미 늦어버린 때. 다시 알은체하며 인사를 드리기에는 '이미' 늦어버린 것이다.

버스는 울퉁불퉁한 비포장도로를 쉼 없이 덜컹거리며 달린다. 곳곳에서 멈추며, 물건을 이고 지고 달려오는 모든 손님을 다 기다려 준다. 학교로 가는 길은 아빠 고향인 월흥리와 엄마 고향인 덕명리를 지나야 한다. 월흥리와 덕명리는 바로 옆 마을이다. 지금은 공룡 박물관이 있는 덕명리를 지나, 역시 지금은 태양광 패널이 많이 설치된 월흥리를 지나야 학교로 갈 수 있다.

초등학교 선생님이셨던 아빠는 부부 교사를 부러워하셨다. 나의 첫 월급이 28만 원 정도였으니, 다섯 명의 자식을 둔 가장인 아버지 월급으로는 항상 빠듯한 살림살이에 맞벌이 교사가 부러웠을 것 같았다. 대신 막내딸이 교사가 된 것에 대해 다소 보상을 받으시는 듯했다. "이야, 그래도 막내딸이 선생이 되어서 우리가 교사 가족을 이루었구나! 하하하!" 아빠는 내가 교사로 발령을 받자, 그 누구보다 기뻐하셨다. 엄마, 아빠의 고향을 지나가면서 온갖 걱정과 염려로 잔뜩 힘을 주고 있던 몸에 긴장이 좀 풀린다.

긴장이 풀려서 그랬을까? 버스의 덜컹거림이 온몸으로 밀려오는 듯했다. 멀미가 난다. 하지만 창문을 열 수는 없었다. 비포장도로를 달리며 몰고 다니는 뿌연 흙먼지와 3월의 아직 쌀쌀한 찬바람 때문이었다. 두근거리는 마음과 울렁거리는 가슴이 버스의 흔들거림과 함께 오묘하게 출렁거렸다. 한참을 달려 말쑥한 정장 차림의 승객 서너 명이 내린다. 장춘초등학교 교사들이려니 싶었다.

조례대 위에서

　십 분 정도 더 가니 하일중학교의 푯말이 보인다. 하일초등학교 교사와 하일중학교 교사가 함께 우르르 내린다. 그동안 줄곧 외면해 왔던 수학 선생님도 내린다. 둔감하게도 그때에야 비로소 설마 하는 이상한 느낌이 들었다. 하지만 수학 선생님에 대한 염려보다 멀미가 날 듯한 답답함에서 벗어났다는 홀가분함이 좋았다. 차가운 바람이 시원했고, 비릿한 냄새가 반가웠다.

　차에서 내리니 길 건너편이 바로 하일중학교이다. 풍경이 고즈넉하다. 학교 건물 주변으로 다방, 면사무소, 보건소, 그리고 맞은편에 문방구가 보인다. 고성군 하일면은 사천시와 통영시 사이에 있다. 하일중학교에서 10분만 걸으면, 아름다운 남해가 한눈에 펼쳐지는 임포항이다. 너무나 평온한 시골 갯마을 중학교 선생님으로 첫 근무를 시작하는 날이다. 깊게 심호흡을 하며 교문으로 들어선다.

　수학 선생님은 어디로 갔는지 보이지 않았다. 칠팔 명 정도의 말쑥한 차림의 사람들이 교문을 들어선다. 여러 선생님과 운동장을 가로질러 가면서 서로 간단한 인사를 나눈다. 틀림없이 다들 나처럼 첫 부임이거나 통근하는 기존의 교사들일 것이다.

　교무실에서 자리를 안내받고 주변 선생님들과 인사를 나누고 자리를 정돈하고 있는 사이에 첫 조례를 알리는 안내 방송이 나온다. 모든 선생님과 학생들이 운동장으로 나간다. 처음으로 선생이 되어 조례를 하는 기분이 이상하다. 학생들이 서있는 자리가 오랫동안 내 자리였는데, 이제 선생님의 자리에서 조례를 듣게 되었다는 감회가 새삼스러웠다. 혹시라도 내가 맡게 될 학생들일까 싶어, 보는 학생마다 하나같이 예뻐 보인다. 교장 선생님이 나오고, 드디어 첫 조례가 시작되었다.

이런저런 뻔한 식순이 지나고, 새로 부임한 선생님을 소개한다고 한다. 몇 명의 선생님과 함께 조례대 위로 올라갔다. 교장 선생님이 제일 먼저 소개한 선생님은 이곳 하일중학교에 새로 부임한 교감 선생님이다. 그런데 왜 아까 버스 안에서 외면했던 고등학교 때 수학 선생님이 교장 선생님 옆에 서있는 것일까? 아! 그렇다. 하일중학교로 새로 부임하신 교감 선생님은 내가 외면했던 바로 내 고등학교 수학 선생님이었다. 그제야 나를 스쳤던 수학 선생님의 눈길이 예사롭지 않게 느껴진다. '아무래도 알아보신 것 같아!'와 '아니야, 알아보실 리가 없어!' 사이에서 어떤 결정도 내리지 못한 채, 교장 선생님의 소개를 받고 학생들 앞에 서서 내가 도대체 무슨 말을 했는지, 아무런 기억이 나질 않는다. 나의 첫 출근은 이렇게 시작되었다.

첫사랑과도 같은 첫 발령지

하일중학교는 2층 건물이다. 각 학년 3학급씩, 9학급의 조그만 시골 학교이다. 나는 1학년 3반 담임이 되었다. 1반은 남학생반, 2반은 남녀 혼합반, 우리 반은 여학생반이다.

그때는 교복을 입지 않았다. 첫날 보았던 사복을 입은 아주 작은 여학생들의 초롱초롱한 눈망울이 너무나 생생하다. 그때는 몰랐다. 기대가 눈빛을 다르게 만든다는 것을. 기대에 찬 아이들의 눈망울은 정말 초롱초롱하다. 배움에 대한 기대든, 새로운 만남에 대한 기대든, 맛있는 음식에 대한 기대든, 무언가를 기대하는 아이들의 눈망울은 맑게 빛난다.

하지만 학원에서 이미 배워버려 기대가 사라진 아이들의 눈은 빛나지 않는다. 학원도 없었던 그때, 이제 갓 중학생이 된 그 아이들의 눈망울을 나는 잊을 수가 없다. 또 하나 그 당시를 생각하면 떠오르는 소름 끼치게 싫은 눈이 있다.

학생들 앞에 처음 선 그날, 학생들도 중학교 신입생이었지만, 나도 신임 교사였다. 학생들 앞에서 할 자기소개를 몇 번이고 마음속으로 되뇌어 보았다. 어떻게 하면 자상하면서도 엄격한, 무서우면서도 따뜻한 선생님으로 비칠 수 있을까를 고민했었다. 그때의 설렘과 긴장이 뒤섞인 두근거리는 심정을 그 아이들은 몰랐을 것이다.

집에서 학교까지는 50분이 걸린다. 지금이야 포장이 잘 되어있어 가까운 거리지만, 그때는 이른 아침밥을 먹고 울퉁불퉁한 길 위에서 마구 흔들거리는 버스를 타고 가면 2교시쯤에는 벌써 배가 고파진다. 학교 앞 문방구에서 새끼손가락보다 작은 조그만 소시지에 밀가루를 듬뿍 묻혀 주먹만 한 핫도그를 팔았다. 1교시를 마치고 나면, 교무실 내의 모든 선생님과 사다리 타기를 한다. 2교시 수업 후 쉬는 시간에 핫도그가 가득한 봉지가 배달된다. 요즘의 어떤 고급스러운 핫도그보다 더 맛있는, 바삭하면서도 말랑말랑한 그 핫도그의 맛이 그립다.

많은 교사가 도시락을 싸 가지고 다녔다. 겨울철이면 화목 난로 위에 싸 온 김치, 파김치, 어묵 등 재료들을 한꺼번에 넣고 끓인다. 4교시쯤이면 온 학교 복도가 김치찌개 냄새로 가득하다. 학생들도 교사들도 정신을 못 차릴 지경이 된다. 지금이야 있을 수 없는 일이지만,

그때의 그 학생들은 그 냄새마저도 좋아하며 선생님들을 기꺼이 배려해 주었다.

서민아파트와 맨션

당시 집에서 통근하기 힘든 교사들은 학교 옆 사택에서 지냈다. 학교 옆에 사택 두 채가 있었다. 한 채는 아래쪽에 있는 기와집이었고, 다른 한 채는 위쪽에 있는 양옥집이었다. 당시 다들 기와집은 '서민아파트', 양옥은 '맨션'이라고 불렀다. 처녀 교사 5명은 아래쪽 서민아파트에 방 한 칸씩, 교장 선생님과 결혼을 한 교사, 그리고 총각 교사는 위쪽의 맨션에서 지냈다.

나는 다른 선생님들에 비해 비교적 집이 가까워 주 중에 한 번씩 집에 가는 관계로 서민아파트의 제일 작은 방을 선택하였다. 서민아파트에 사는 처녀 교사들은 주로 함께 모여 각자의 반찬을 가져와 저녁 식사를 한다. 그럴 때면 천정에 난 구멍을 통해 쥐가 우리를 빼꼼히 쳐다봐 기겁하기도 한다. 빗자루로 천장을 마구 두들겨 보기도 하고, 소리를 질러보기도 하지만, 쥐를 이길 수는 없다.

천장 위를 뛰어다니는 쥐도 쥐지만, 무엇보다 곤란한 건 화장실이다. 맨션에는 따로 화장실이 있지만, 서민아파트는 학교 화장실을 사용해야 했다. 학교 건물 옆에 남녀 공용화장실이 있었다. 소위 말하는 재래식 화장실이다. 한밤중에 화장실을 가기란 정말 괴롭다. 학교 화장실에 관한 무서운 이야기는 예나 지금이나 무수히 많으니….

아침에 화장실을 갈 때도 곤란한 문제가 발생한다. 하일중학교는 근방의 세 개 초등학교의 학생들이 진학한다. 시골의 아이들은 아침 일찍 일어나 소에게 풀을 먹이고, 십리 길의 산을 넘어서 학교에 오는 경우가 많다. 학교에 오는 도중 양지바른 무덤 근처에서 놀고 오기도 한다. 그런데도 아침 7시 30분쯤이면 아이들 소리가 교문에서부터 들려온다. 어느 날은 시간을 잘못 맞춰 화장실에 있는데 학생들이 들어와 일렬로 서서 소변을 본다. 흉허물없는 이야기들을 막 쏟아낸다.

화장실 안에 앉아있는 나는 숨을 죽인다. 인기척을 낼 수가 없다. 지금 생각하면 대수롭지 않지만, 당시에는 화장실 문을 열고 나가는 것이 어려웠다. 학생들은 우리 같은 처녀 선생님들은 이슬만 먹고 사는 줄 알았다. 먼저 온 학생들이 나가고 나면 또 다른 학생들이 몰려온다. 쪼그려 앉아 움직이지도 못하고, 다리도 저리고, 온몸에 냄새가 배어든다. 죽을 지경이다. 간신히 조용한 틈을 타서 화장실에서 나오는 것도 예삿일이 아니다. 저린 다리는 말할 것도 없고, 화장실로 오는 학생들이 있는지 계속 살펴야 하기 때문이다.

너희들 왜 그랬니?

　내 방은 서민아파트에서 가장 작았다. 지금이라면 일인용 고시텔과 같은 크기의 방이었다. 누우면 딱 맞는 느낌. 짐을 둘 곳이 없어 발치에 선반을 만들어 그 위에 올렸다. 머리맡에는 라디오 하나와 책 몇 권. 그 작은 방에 60W짜리 백열등을 켰으니 얼마나 밝았겠는가! 분위기가 황홀하다. 퇴근해서 다 함께 밥을 먹고 나면 각자 방으로 향한다.

　그 당시 난 두 가지에 심취해 있었다. 하나는 프로야구 청취, 막 프로야구가 시작되었을 때인가? 삼성 라이온즈 포수 이만수의 열렬한 팬이었다. 토요일에 집에 가면 오후 2시부터 TV로 야구 중계를 볼 수 있었지만, 라디오로 듣는 프로야구 중계도 그에 못지않게 재미있었다. 또 다른 하나는 박경리의 소설 『토지』 읽기. 1980년대 읽었던 『토지』는 글자가 세로로 배열된 5권짜리 아주 두꺼운 책이었다. 그 후에 1945년 광복을 맞이하는 내용이 추가되면서 총 16권으로 새롭게 책이 나오기도 했다. 당시 나는 모든 등장인물을 상상 속에 그려가며 몇 개월을 『토지』 속에서 빠져나오지 못했다. 꽃무늬로 아주 깨끗하게 벽지를 발라, 백열등이 환하게 비추는 그 작은 방을 나는 무척이나 좋아했다. 한동안 나는 그 방에서 야구 방송을 듣거나 『토지』 읽기에 푹 빠져 지냈다.

　서민아파트의 내 방에서 문만 열면 주춧돌이 있고, 아주 큰 부엌이 있다. 그 부엌 벽면은 그을음으로 새까맣게 그을려있고, 아궁이에는 큼지막한 가마솥이 걸려있다. 즉, 밖에서 부엌문을 열면 시커먼 큰 부엌이 나오고, 주춧돌에 신발을 벗고 방문을 열면 아주 깨끗한, 60W짜리 백열등이 있는 내 방이 나오는 구조이다.

어느 날 아침, 화장실에 가기 위해 방문을 열고 신발을 신으려고 하는데, 뭔가 이상한 것이 보였다. 얼핏 시커멓고, 뭉툭한 것이 신발 옆에 놓여있었다. 무엇인가를 철삿줄로 엮어 놓은 듯했다. 신발을 신기 위해 몸을 수그리다가 소스라치게 놀라고 말았다. 아! 내 신발 옆에 놓여있던 것은 죽은 쥐 세 마리였다. 누군가 죽은 쥐 세 마리를 철삿줄에 꿰어 내 신발 옆에 놓아둔 것이었다. 혼비백산, 고함을 지르고 울고불고 난리가 났다. 왜 자세히 보지도 않았던 그 죽은 쥐의 눈들은 선명하게 생각나는지 모른다. 그 당시에는 집집마다 쥐가 많았다. 쥐 잡기 운동을 종종 벌였지만, 쥐는 좀처럼 줄어들지 않았다. 무엇보다 쥐는 아무리 자주 보아도 친해질 수가 없었다.

작은 학교라 모든 교사가 한마음 한뜻이다. 범인 색출 작업에 돌입했다. 그 당시 아이들은 정말 착하고 순수하다. 색출을 위해 범죄 대상자를 추려내기도 전에 바로 범인이 자수했다. 2학년 종철이와 사촌지간인 경호·양호 학생이다. 아이들이 벌벌 떤다. 평소에 쥐나 벌레를 싫어하는 선생님을 곯려주려 했다나! 이 사건의 동기에 대한 선생님들의 의견은 같았다. 미운 선생님께 앙심을 품어서 한 행동이거나, 좋아하는 선생님의 관심을 끌고 싶어서 한 행동일 수 있다는 것이다. 여러 선생님이 후자일 거라고 위로를 해준다. 그렇게 믿고 싶다. 평상시에 많이 예뻐했던 아이들이었으니까. 선생님들 앞에서 혼나면서 겁에 질려있었던 아이들의 모습이 지금도 생생하다.

그 밝고 작은 방 안에 누워서 야구 중계를 듣고있으면 천장에서 쥐들이 100m 달리기를 한다. 소름이 끼친다. 내 얼굴 위로 떨어질 것 같아 야옹이 소리를 내어본다.

꿈틀거리는 촌지를 받다

> 체육 대회, 온 동네의 잔칫날

40여 년 전 그때는, 마을 어디에서나 단지 학교 선생님이라는 이유만으로 대접을 받았다. 음료수는 물론, 직접 키우시는 각종 먹거리와 부산물을 건네주시는 경우가 흔했다. 물론, 지금이라면 큰일 날 소리다. 교사에게 주는 촌지는 마땅히 금지되어야 한다. '촌지'는 원래 '속으로 품고있는 작은 뜻' 또는 '마음이 담긴 작은 선물'이라는 뜻이었으나, 주로 교사에게 주던 물건이나 현금을 예쁘게 포장해서 쓰는 단어로 의미가 바뀌었다. 이제는 사라진 나쁜 폐습이 분명하다.

40년이 지나면서 촌지는 마음을 담은 작은 선물에서 부담스럽기만 한 강제 선물로, 이기적이고 과시적인 뇌물로, 이제 모두 함께 근절해야 할 악습으로 바뀌었다. 그렇지만 당시에 교사를 향한 시골의 인심은 좀 다른 차원이 있었다. 내 자식을 가르치는 교사에게 주는 뇌물이 아니라, 내 자식을 가르치던 그렇지 않던 상관없이 교사라는 직업에 대한 존중과 배려가 사회 전반에 있었기 때문이다. 특히 시골은 더욱 그랬다. 아이들을 가르치는 교사라는 직업의 가치를 높게 인정해 주었다. 자기 자식만을 잘 보아달라는 이기적 마음이 아니었다. 우리의 미래를 만들어갈 아이들을 가르치는 사람이라는 공동체적 가치를 기반으로 교사들을 존중하고 배려해 주셨다.

새 학기 3월이 되면 가정 방문을 한다. 부모님들은 가정 방문 온 자녀의 담임에게 뭔가를 주고 싶어 하신다. 거의 모든 가정에서 콜라를 주고, 가끔 나오는 길에 싱싱한 달걀을 주기도 한다. 거절하기엔 민망함이 크다. 주는 대로 다 마셔 배가 볼록하다. 교사에 대한 시골의 인심은 너무나 감사할 따름이다.

체육 대회가 열리면 온 동네가 잔칫날이 된다. 인근의 오방리, 수태리, 장춘리, 입암리 등에서 거의 모든 사람이 다 모인다. 손자 손녀와 함께하기 위해 어르신들도 많이 오신다. 당시에는 부모님은 물론, 할아버지 할머니께서도 교사들을 매우 존중해 주셨다. 몸 둘 바를 모를 정도로….

그 당시 중학교 체육 대회에는 지금의 넷플릭스도 영화도 게임도 핸드폰도 줄 수 없는 즐거움이 가득했다. 그때의 나도 열정이 있었다. 각 학급에서는 특별한 공연을 해야 한다. 우리 반도 무엇인가를 해야 했다. 며칠을 그 작은 방을 뒹굴며 고민했다. 그러다가 지인을 통해 인근 도시에 있는 중학교의 무용 선생님에게 간단한 동작을 배우고, 아이디어를 받아 공연을 기획하였다.

아이들에게 한복을 입혀 치마를 끈으로 반쯤 올려 특이한 복장을 만들었다. 아이들과 옷을 입으면서도 서로 킥킥대며 한참을 함께 웃었다. 포크 댄스는 당시에 흔히 하던 프로그램이었지만, 한복을 입고 추는 경우는 없었다. 드디어 공연이 시작되었다. 나름대로 동작이 잘 맞았다. 서로 웃지 않기로 한 것이 제대로 먹혔다. 이상한 복장을 하고, 심각한 표정으로 포크 댄스를 추는 것이 웃겼나 보다. 많은 사람이 즐거워했다. 아이들과 손발을 맞춰가며 함께 신나게 춤을 추었다. 그런데 뜻밖에도 한복을 입은 할머니 몇 분이 우리처럼 허리끈을 질끈 동여매고 나오신다. 음악에 맞춰 즐거운 축제가 한 판 펼쳐졌다. 조용한 갯마을이 시끌벅적하다. 많은 사람이 운집한 운동장 중앙에서 펼쳐진 그 날의 퍼포먼스는 엄청난 호응과 더불어 감격스러운 순간으로 남아 있다.

진수와 동생 창수

당시에는 형제, 자매, 남매가 함께 학교에 다니는 일이 흔했다. 기억에 남는 학생들이 많이 있지만, 특히 진수와 창수는 잊을 수가 없다. 형 진수는 아주 조용하고, 자신을 잘 드러내지 않아서 눈에 잘 띄지 않는 학생이었다. 어느 날 진수의 영어 성적이 매우 많이 올랐다. 좋은 성적을 받은 진수를 반 전체 학생들 앞에서 칭찬해 주었다. 그것이 계기가 되었는지 모든 과목의 성적이 쑥쑥 올랐다. 특히 영어 과목에 노력을 많이 기울이는 것이 눈에 보였다.

흘러가는 칭찬일지라도 누군가에게는 엄청난 힘을 발휘할 수 있음을 가끔 느낀다. 진수가 3학년이 되었을 때 동생 창수가 1학년으로 입학하였다. 진수보다 훨씬 더 순해 보이고 귀여웠다. 첫 시간에 진수 동생임을 바로 알 수 있었다. 긴장된 첫 영어 수업 시간에 알은체했다. 아이로서는 엄청 으쓱했나 보다. 두 형제가 내 시간에 엄청난 집중력을 보이며 잘 따라 주었다.

하일면은 바닷가라 수산업에 종사하는 학부모님이 많다. 어느 날 학부모님이 바께쓰[1]에 무엇을 담아 가득 가지고 오셨다. 뚜껑을 덮은 바께쓰는 매우 무거워 두 손으로 들기에도 버거웠다. 부모님이 자랑스럽게 뚜껑을 열면서 말씀하셨다. 아주 튼실한 놈들로만 잡아 왔으니, 맛나게 잡수라고…. 진수 어머님이셨다. 바께스 안에는 여러 마리의 살아있는 장어가 서로 엉켜서 꾸물거리고 있었다. 죽어있는 물고기도 잘 만지지 못하던 때에 살아있는 장어를 어찌할 수가 없었다. 담임에게 주고 싶은 마음으로 그 귀한 장어를 가지고 오셨는데, 꾸물거리고 있는 장어를 차마 제대로 쳐다볼 수도 없었다. 고맙다는 인사만 연거푸 하고 그 장어는 맨션에 살고 계시는 사모님께 모두 드렸다.

---

[1] '양동이'의 비표준어. 당시의 분위기를 재현하기 위해 오기하였음.

마음만은 얼마나 고마웠던지. 나로 인해 영어 과목에 관심을 두게 되어 성적이 엄청 향상되었다고 좋아하셨던 진수 학생의 어머니와 두 형제의 얼굴이 지금도 생생하게 생각난다.

등사기로 만든 시험지

> 보고 싶은 선생님들

　9학급의 하일중학교에는 교장, 교감 선생님 등 약 15명 정도의 교사와 행정실 직원들로 교직원이 구성되었다. 3년 동안 근무하면서 함께했던 교사들의 그때 그 모습이 떠오른다. 너무나도 인자하셨던 교장 선생님. 댁이 마산 장군동이어서 사택 맨션에 사셨다. 교장 선생님과는 처음 부임한 1983년부터 3년간 함께 근무했다. 1988년도에 결혼을 하게 되어 주례를 부탁하러 마산 자택으로 신랑감과 함께 찾아뵙기도 했다. 하지만 얼마 전 자녀분 중에 한 분이 교통사고로 유명을 달리했다는 너무나 가슴 아픈 이야기를 하시면서 극구 사양하셨다. 그때 그 모습이 교장 선생님과의 마지막 만남이었다. 지금도 내 마음속에 인자함으로 가득 찬 그 모습이 고스란히 남아있다.

　교무부장 박봉진 선생님. 교무실 칠판에 교사 이름 적는 란이 있는

데, 공간이 좁아 보통은 앞 2글자를 적는다. 즉 '박소심→박소, 박봉진→박봉'으로 적어야 하는데 그 단어가 싫다면서 꼭 '박봉진→박진'으로 적었다. 초등학교 시절 운동회 때, 항상 포크 댄스를 전교생에게 가르쳐 주셨던 '김샘'이라는 정말 멋진 선생님이 계셨다. 그분이 교무부장 박봉진 선생님 아내라는 사실에 너무나 놀랐다. 어린아이의 마음에 '저렇게 멋진 선생님은 어떤 남자와 결혼하지?'라고 생각했을 정도이니. 교무부장님도 인품과 외모가 좋아 보이는 분이셨다. 전화 통화를 할 때도 항상 아내에게 높임말을 쓴다. 그때만 해도 가부장적인 면이 많아 여자가 남자를 공경해야 하는 시절이었다. 우리 집만 해도 아버지가 어머니께 높임말을 쓴다는 것은 상상할 수도 없을 때였으니까. 그런데 두 분 통화는 항상 '그래요, 나중에 봐요!' 등 서로를 공경하는 낯선 모습이었다. 너무나 부러운 행복한 모습이다.

우리가 부임했을 때 학교의 터줏대감 미술 선생님. 머리는 곱슬머리, 안경 끼고 항상 오토바이를 타고 고성 읍내에서 통근하시는 나름 멋을 부리는 선생님이시다. 그때 30대였으니까 학교에서는 중추적인 인물이셨다. 사모님은 인근 중학교에서 음악 선생님으로 재직 중인 예술 가족이다. 예쁜 유치원생 딸 하나, 부모님과 함께 살고 계셨다. 우리 아버지가 1985년도에 돌아가셨는데, 그 미술 선생님 아버지도 그때쯤 돌아가셔서 아버지 제삿날이면 그 선생님도 한 번씩 생각이 난다.

몇 년이 흘렀을까! 어느 해 여름, 고성 당항포 사거리에서 '승용차

충돌 부부 사망'이라는 뉴스가 나왔다. 그 미술 선생님 부부가 사망한 것이다. 소름이 끼칠 정도의 전율이 흘렀다. 딸 하나만 낳고 아이를 갖지 않겠다던 그 선생님은 우리와 헤어진 후 아들을 낳았다는 소식도 들었다. 그 애지중지하던 예쁜 딸과 아들을 남겨둔 채 하늘나라로 간 것이다. 독실한 기독교 신자인 그 선생님은 천국으로 갔겠지? 지금도 그 장소를 지나치면 선생님 얼굴이 떠오른다. 여전히 30대로 곱슬머리, 자그마한 키, 활기 넘치며 자신감 있는 언행, 웃을 때 살며시 나오는 덧니까지. 이제 그 딸도 40대가 되었을 것 같다.

서민아파트에서 매일 저녁을 함께 먹고 잠시 수다를 떨며 일과를 마무리했던 스무서너 살의 처녀 선생님들이 있다. 가장 친했던 부산이 고향인 도덕 선생님. 사랑에도 열정적이었고, 기쁨과 슬픔 등 감정이 풍부했던 선생님이다.

집이 부산인지라 주말이면 집에 갔다 가도 일요일 저녁에는 학교에 와야 한다. 막차가 빨리 끝나기 때문에 일요일은 부산에서 학교까지 오는 거로 하루가 다 지나간다. 토요일에도 근무하는 때인지라 부산까지 오고 가는 데 시간을 다 써버리는 것이다. 그래서 가끔 일요일 늦게 우리 집에 와서 자고 월요일에 함께 학교로 출근하는 때도 있었다.

도덕 선생님은 부모님이 부산에서 식육점을 하신다. 일주일 동안 먹을 음식으로 꼭 소불고기 반찬을 해 왔다. 너무 맛있다. 소불고기를 쉽게 먹을 수 있던 시절이 아니었으니까. 우리 집에서 한 번씩 자고 하면서 신세를 진다고, 나에게는 특별히 불고기를 많이 먹게 해주었다.

등사기로 만드는 시험지

그때는 한 학기에 세 번씩 총 6번의 시험을 치렀다. 요즘 4번의 시험을 치르기에도 돌아서면 시험인데, 그때는 어떻게 6번의 시험을 치렀는지 모르겠다. 당시에는 성적 처리도 단과 전표에 직접 점수를 손으로 기록하고, 가로 세로를 다 맞추어야 성적 처리가 완성되었다. 더군다나 모든 시험과 결과를 컴퓨터로 처리하는 요즘과는 달리 오로지 손으로 모든 걸 처리했다. 생활 기록부도 손으로 다 썼다. 'Delete' 키를 누르며 몇 번이고 수정할 수 있는 때가 아니었다. 한 글자라도 틀리면 모든 걸 다시 써야 해서 심혈을 기울여야만 했다.

시험 문제를 내는 것도 역시 모두 손으로 해야 했다. 시험 기간이면 엄청 애를 먹는다. 특히 시험지를 만드는 일이 가장 어려웠다. 지금도 시험지를 만드는 일은 어렵다. 다만 지금은 문제를 선정하고, 문제의 난이도를 조절하는 것이 어렵다면, 그때는 정말 시험지를 만드는 것 자체가 어려웠다.

당시에는 끌 판에 얇은 등사지 원지를 놓고 뾰족한 철필을 가지고 글자를 써야 했다. 글씨를 쓰는 것이 아니라, 한 글자씩 새기는 것이라고 해야 더 정확하다. 왁스를 먹여 매끄러운 등사 원지를 가는 격자무늬의 철판에 올려놓고, 송곳 비슷한 뾰족한 철필로 한 글자씩 새겨야 했다. 거기까지가 내가 할 일이었다. 그렇게 만든 원지를 고운 비단 천으로 된 곳에 붙이고 인쇄할 종이에 밀착시킨 후, 그 위로 잉크를 묻힌 롤러를 굴리면 한 장의 시험지가 찍혀서 나왔다. 일일이 학생 수대로 그런 식으로 인쇄해야 하므로 40장의 인쇄물이 필요하면 40번을 롤러로 문질러야 한다. 교사가 시험지 원본을 만들면, 소사[2]가 롤러를 밀면서 한 장씩 인쇄해 주었다. 시험 문제지는 물론 학교 통지문도 모두 등사기[3]로 한 장씩 인쇄하였다.

2학기 시험이었다. 도덕 선생님과 늦은 시간까지 함께 남아서 시험지를 만들고 있었다. 나도 도덕 선생님도 초보였지만, 고작 1학기 때 해본 경험으로 서로가 무슨 요령이라도 생긴 것처럼 서로 글씨를 새기는 방법을 알려주었다. 손에 적당한 힘과 요령이 없으면 원지에 홈이 파이지 않아 인쇄하면 글자가 나타나지 않는다. 또 너무 강하게 힘을 주면 원지가 찢어져 사용할 수 없게 된다. 글씨라기보다는 그림이었지만, 그래도 선생님들의 필체가 고스란히 인쇄되었던 시험지인 셈이다.

온갖 정성을 기울여, 나름 충분한 힘을 가하여 몇 시간 만에 시험지를 완성했다. 허리며 어깨며 온몸이 쑤셨다. 다음 날 인쇄해 보니 너무 희미하게 인쇄가 되어 무슨 내용인지 알아볼 수가 없다. 옆에 있던

---

2 학교나 관공서 따위에서 잔심부름하는 사람
3 철필로 긁어 쓴 원지를 붙인 망판 위에 잉크 묻은 롤러를 굴려 인쇄하는 인쇄기

도덕 선생님이 배꼽을 잡고 웃는다. 맥이 확 풀린다. 어쩔 수 없이 원지에 다시 한 자 한 자 또박또박 글을 새겨야 한다. 그런데 그렇게 웃던 도덕 선생님의 원지도 인쇄해 보니 희미하게 인쇄가 되어 알아볼 수가 없다. 뭐가 웃겼는지 서로 한참을 깔깔거리며 웃었다. 다시 만들려니 팔이 빠질 것 같다. 정말 온 힘을 다해 한 글자씩 새겨 결국 시험 문제를 냈다. 돌이켜 보면 모든 면에서 참으로 많이 변했다. 편리함도 많아졌지만 그래도 그 시절이 그립다.

어느 날 불쑥 청첩장을 내민다. 도덕 선생님의 결혼식이 다가왔다. 결혼식에 참석하겠다고 쉽게 마음을 정하기가 어려웠다. 일주일 중 6일 근무에 수업도 많았다. 담임까지 하면서 주당 24시간 수업은 숨이 턱턱 막힐 정도다. 연가, 병가, 조퇴 등은 생각할 수도 없었다. 도덕 선생님의 결혼식이 토요일이다. 관리자들이 무서워 연가를 낼 수가 없다. 아쉽지만 참석을 못 했다.

누가 참석했는지도 모르겠다. 교장 선생님은 갔었나? 교감 선생님은 교무실에 계셨으니까, 가지 않았음이 확실하고. 교감 선생님이 나를 불렀다. 꾸짖으신다. 친하면서 그렇게 미온적이냐고. '미온적'이라는 말을 그때 처음 알았다. 소극적이라는 말은 들어봤어도. 나 참! 그럼 진작 연가를 내고 가라고 하던지…. 그때는 정말 아파서 죽지 않으면 학교에 출근해야 했다. 그리고 얼마 지나지 않아 각자 다른 곳으로 발령을 받았다. 그 선생님은 양산으로, 나는 내 고향으로. 그 뒤로 뵙지를 못했다. 정말 꼭 한번 뵙고 싶은 선생님이다.

25년 후의 약속

25년 후의 우리는

하일중학교에 근무한 지 어언 3년이 되었다. 첫해 1학년 아이들이 3학년이 되었다. 어느 날 수업 시간에 'Present'라는 단어가 나왔다. 'Present'는 '현재의' 또는 '선물' 등 여러 가지 뜻으로 사용된다. 학생들이 쉽게 단어를 알 수 있도록 '현재가 곧 선물이다.' 그러니 '항상 현재에 최선을 다하자!'라는 내용으로 수업하고 있었다. 그러면서 '미래에 우리는 어떤 모습으로 성장해 있을까?'라는 주제로 25년 후 우리의 모습을 그려 보기로 했다.

급기야 25년 후인 '2010년 1월 1일 오전 10시 학교 교정'에서 가족들과 함께 모이기로 약속을 했다. 아이들은 영어책 뒷면 여백에 또박또박 약속 날짜와 장소를 적었다. 1985년, 그때만 해도 2010년은 영원히 오지 않을 것 같았다. 50살이 된 나의 모습을 아이들에게 보여

주고 싶지도 않을뿐더러, '아이들도 그 약속을 다 잊어버리겠지.'라는 생각으로 아무 영혼 없는 약속을 하고 수업을 마쳤다. 나와는 달리 아이들은 그 약속을 마음 깊이 새겨두었나 보다.

그리고 그날이 왔다. 2009년 12월 어느 날, 식당에서 송년회를 하고 있는데 낯선 전화가 왔다. 우리 반은 아니었지만, 전교 회장을 했던 학생이었다. 지금은 고성 교육청에서 장학사로 근무하고 있다고, 키가 유난히도 컸던 아주 착한 전교 회장이었다. 얼굴이 또렷이 기억난다. 이제 이 아이들도 40살이 넘었다. 제자라고 함부로 말을 놓기도 그랬다. 말을 어떻게 끝맺어야 할지 몰랐다. 끝을 올리기도 내리기도 힘들어 어색하게 말끝을 제대로 맺지 못하며 통화를 했다.

우리 반 아이들이 당시 전교 회장을 통해 나를 찾았나 보다. 아이들이 나를 찾는다고, 전화번호를 알려줘도 되는지를 물었다. 올 것 같지 않았던 2010년이 며칠 남지 않은 것이었다. 뒷날 부반장이었던 은영이에게서 전화가 왔다. 약속한 날짜는 1월 1일이지만 1월 23일 토요일 창원 인터내셔널 호텔에서 행사하자고 했다.

2010년 1월 23일 토요일 오후 6시. 날짜를 받아놓고 이러지도 저러지도 못하고 있었다. 썩 내키지 않았다. 약속은 했지만 애들 앞에 나서기가 영 어색했다. 아이들도 졸업하고 처음 만나는 반창회라고 했다. 다들 같은 고향이라 잘 만날 것 같았는데, 그렇지도 않은 모양이었다. 날짜가 다가올수록 마음이 쓰인다. 편치 않다. 그리고 오지 않을 것만 같았던 25년 후의 그 날이 드디어 오고야 말았다.

> 다 함께 익어가는 중년들

　미장원에 가서 머리도 다듬고, 짧은 치마를 입고 멋을 부려보았다. 이상한 부담과 함께 설레는 마음으로 창원 인터내셔널 호텔 다이아몬드 룸으로 갔다. 유난히 내 구두 소리가 크게 들렸다. 벌써 데스크에는 목에 명찰을 건 중년 남녀들이 삼삼오오 이야기하며 나에게 손짓을 한다.

"니~ 누고? 빨리 온~나. 우와~ 선생님이다!"
"아이고, 선생님, 친구인 줄 알았습니더. 우리랑 같이 늙어 가네예."
"야! 니보다 샘이 더 젊어 보인다. 하하하."

　야단법석이다. 왁자지껄 인사를 나눈다. 약속했던 그 날 25살이던 나는 50살이, 16살이던 아이들은 41살이 되어있었다. 총 오십 명의 아이 중 서른여덟 명이 왔다. 25년 전에 했던 약속을 가슴에 새긴 채. 반장과 전교 1등은 오지 않았다. 공부 잘하고 기대가 컸던 두 명이 보이질 않았다. 선생님의 기대에 못 미친다는 생각이었을까? 생각이 많아진다.

　무대에는 졸업 앨범 사진에 있는 25살의 내 얼굴을 큰 화면에 띄워

놓았다. 나는 이 애들이 1학년이었을 때 3학년이었던, 전교 회장 석대 군이 보내준 축하 꽃바구니가 놓인 둥근 테이블에 앉았다. 1983년 처음 부임했을 때 나는 1학년 담임을 맡고, 1학년과 2학년 수업을 했다. 석대는 그때 3학년 전교 회장이었다. 수업은 하지 않았지만, 시험 기간에 3학년 교실에 들어갈 기회가 있었다. 애들이 얼마나 큰지 중학교 1학년은 애들 같은데, 3학년은 어른 같아 약간의 서먹함과 긴장감이 있었다. 석대가 고등학교 입시를 치를 때 찹쌀떡을 사 준 기억이 있다. 졸업 후에도 석대는 편지를 보내주기도 했다. 대학을 갔을 때도 연락이 왔다. 내 결혼식에도 왔다. 대학교를 졸업하고 베트남 등을 여행하는 여객선을 탄다고 했다. 그 배에 한번 초대한다고 말한 적도 있지만, 실행은 되지 않았다. 여객선 면세점에서 구매한 양주를 선물로 주기도 하였고, 수산물을 건네준 적도 있다. 난 준 것도 없는데 그 애에게서 받은 선물이 많았다.

장난꾸러기 2번 학생은 약간 술에 취한 채 큰 절과 함께 포옹하고 난리다. 정말 반갑게 맞이해 준다.

"선생님! 사업이 너무 잘 됩니다. 찬조도 100만 원 했어예."

그때만 해도 키가 작은 아이들이 앞번호였다. 아침에 조례하러 가면 1번부터 4번까지 키 작은 네 명은 항상 교실 앞에서 장난치다가 혼이 나곤 했다. 단 하루도 거르지 않고. 빡빡머리인 2번은 정말 몸집이 작은 귀여운 아이였다. 너무 장난이 심해 혼도 많이 났지만, 혼을 내면 절대 반항 없이 눈만 껌뻑껌뻑. 그다음 날 또 역시 똑같았다. 밉지 않은 아이들.

그리고 양화점을 운영한다는 4번. 서울에서 전학을 와 서울말을 쓴다는 이유로 학생들의 부러움을 한몸에 받았던 부반장 은영이. 아주 얌전하고 우아한 정이. 항상 조용함이 지나쳐 애잔함이 느껴졌던 승기 등 그렇게 많은 세월이 흘렀음에도 아이들의 이름이 새록새록 기억이 났다. 공부 잘하고 기대가 컸던 녀석들은 오지도 않고, 매일 장난치고 친구들만 좋아했던 녀석들은 성공도 하고 찬조도 많이 했다고 의기양양하게 뽐낸다.

선생님 한 말씀 하시란다. 어떻게 무슨 말을 했는지도 생각나지 않는다. 아이들은 감사의 편지와 많은, 너무나 많은 선물과 더불어, 한 권의 노트에 선생님께 남기고 싶은 말을 적어서 소중한 추억으로 간직할 수 있게끔 내게 주었다. 두 시간의 감격스러운 시간을 보내고 아이들의 즐거운 반창회를 위하여 집으로 왔다. 영원히 잊을 수 없는 추억이다.

한때는 학생과 선생님이었지만 지금은 다 함께 익어가는 중년들이다.

Life is difficult

사라진 학교와 다방 국수

나의 첫 발령지 하일중학교는 다른 학교에 비해 학생 수가 많지 않음에도, 그리고 40여 년이 지난 지금에서도 아이들 이름이 또렷이 그리고 많이 남아있다. 문득문득 학교와 그 주변 풍경이 생각나며 그리워진다. 친정이 인근 도시인지라 2013년쯤 친정에 간 김에 엄마랑 드라이브 겸 하일중학교에 갔다. 차창 밖으로 낯익은 풍경과 지명이 보인다. "우와! 하일중학교야!" 큰 소리로 말한다. 나의 첫 발령지라고! 흥분 그 자체. "알아, 너의 첫 발령지, 하일중학교." 엄마가 흥분을 가라앉히려는 듯이 말한다.

하지만 들뜬 마음 가라앉지 않았다. 오랜만에 온 나의 첫 발령지 하일중학교가 옛날의 기억들을 마구 불러내고 있었다. 어느 누가 나의 첫 발령지에 대한 나의 감정을 이해할 수 있을까? 지금 가고있는 이도로가 비포장도로였다고! 오방리, 장춘리 등 이 먼 거리에서 학생들이 등하교했다고. 아이 대부분이 걸어서 다녔다고. 체육 대회 때는 온 마을이 떠들썩했다고….

학교 앞에 차를 주차하고, 학교로 들어가보았다. 운동장은 전부 인조 잔디 구장으로 바뀌었고, 우리가 살았던 사택과 화장실이 온데간데없다. 작은 철제 조례대도 없다. 당시 하일중학교에 있던 조례대는 요즘처럼 콘크리트로 된 큰 조례대가 아니었다. 녹이 슨 철제로 된 조그마한 조례대가 학교 건물 앞에 있었다.

월요일마다 운동장에서 전체 조례가 있다. 교장 선생님 훈화가 끝나고 조례 전후에 애국가와 교가 제창을 한다. 만삭이 된 음악 선생님이 좁은 철제 조례 대에 올라가서 지휘하는 것을 부담스러워 하여 여러 의견 끝에 내가 지휘하기로 했다. 학창 시절에 음악 과목을 좋아하였을 뿐만 아니라, 가장 기본적인 4/4박자라 자신은 있었다. 하지만 막상 좁은 조례대 계단을 밟고 올라갈 때는 손에 땀이 났다. 내 지휘에 맞추어 아이들이 애국가와 교가를 불렀다. 좋은 기억 중 하나이다.

체육 대회 날 동네 많은 분과 학생들이 어우러져 춤추고 노래하고 체육 활동하는 모습이 주마등처럼 스쳐 간다. 아는 누군가가 불쑥 나타날 것 같다. 거리에 다니는 저 중년들이 어쩌면 제자일지도 모르겠다.

그리고 몇 년이 흐른 뒤, 2017년쯤인가? 엄마랑 또다시 하일중학교에 갔다. 엄마도 막내딸의 첫 발령지인 하일중학교를 상당히 좋아하셨다. 그런데 건물이 완전히 바뀌었다. 색깔도 알록달록, 운동장의 인조 잔디도 없어지고 경남 고성 음악 고등학교로 교명이 바뀌었다. 이게 어찌 된 일인가? 화단 한쪽 구석에 2016년 2월에 하일중학교가 폐교되었다는 내용이 돌에 새겨져 있었다. 마치 내 모교가 폐교된 느낌이었다. 정말 콧등이 찡했다. 가슴이 아렸다.

조금 낯선 풍경이다. 주변의 다방도 문방구도 없다. 겨울철 퇴근할 때 추위를 피해 다방 안에 들어가서 빨간색 버스를 기다린다. 난로 옆에 옹기종기, 농한기에 온 동네 아저씨들의 놀이터가 되곤 했던 다방이다. 문을 열고 들어가면 담배 연기가 자욱했다. 마담 언니의 마음씨가 참 좋다. 짙게 화장을 한 마담 언니가 큰 소리로 우리를 반겨준다. 음식 솜씨가 좋아 한때는 점심으로 우리를 위해 국수를 팔기도 했다. 진한 멸치 육수에 내가 좋아하는 매운 고추를 넣어 만들어 주는 그 국수 맛은 지금도 생각이 난다. 그 마담 언니의 얼굴도 생각이 난다. 참 그리운 시절이다.

Difficult와 핫도그

항상 술만 마시면 전화를 하는 제자가 있다. 내가 부임했을 때 2학년이었다. 지금 이 아이도 57세가 되었네. 남해에서 하는 동창회를 기획하고 주선하는 데 많은 역할을 한 아이다. 고맙기도 하고 정이 넘쳐 나는 아이다. 그 후 가장 많이 안부 전화를 하는 제자 중 한 명이다. 항상 술을 마셔야 전화하는 것이 아쉽기는 하다. 그러던 어느 추석 전날, 술을 마시지 않은 상태로 안부 전화가 왔다. 느닷없이 "d-i-f-f-i-c-u-l-t!"라고 외친다. 처음엔 무슨 의미인지 몰랐다.

"샘! 진짜 어려운 단어 'difficult'잖아요, 'different'와는 다른…."

'difficult'와 'different'는 학생들이 많이 혼동하는 단어라 나름 기억하기 쉽도록 '어려운 difficult는 different와는 다르다.'라고 강조했음을 몇십 년이 지나도 기억하고 있는 것이었다.

"수업 시간에 'difficult'라는 단어를 갖고 내기를 해서 샘이 우리 반 전체 학생들에게 핫도그 사 주셨잖아요."
"내기했다고? 핫도그를 반 전체 학생들에게 다 쏘았다고?"
"우리 반 애 중 그 단어를 잊어버린 애는 아마 없을걸요."

어느 수업 시간에, 'difficult' 단어를 가르쳐 줬는데도 모른다고 꾸짖으니 학생들은 배우지 않았다고 하여, 내기했는데 내가 졌다네. 학창 시절 선생님께 얻어먹은 핫도그가 얼마나 맛있었을지는 짐작이 가고도 남는다. 그것도 선생님과 내기를 해서 이긴 결과물이니….

"우리는 그 단어를 잊을 수가 없어요. d-i-f-f-i-c-u-l-t. 그리고

'Life is difficult'라는 가르침도 주셨고요. 요즘 문득문득 이 문장이 실감 나요. 참으로 삶이 힘들다는 걸요."

 난 중학교 학생들에게, 앞날이 창창한 아이들에게 왜 이런 문장을 예시문으로 사용했는지 모를 일이다.

아버지 아버지, 우리 아버지

 1985년 내 나이 25살, 교사 생활 3년 차였다. 그 해는, 아버지께서 몹시 아프셨다. 1984년 겨울방학 동안에 서울대학교에서 교장 자격 연수를 받으셨다. 다소 늦은 자격 연수였기에 여러모로 많은 스트레스를 받으셨다. 후배들은 다 승진하는 데 항상 아버지는 간발의 점수 차로 승진 대상에서 제외되었다. 연수 전에 해야 할 과제물이 많았다, 버거워 보인다. 대신 필기를 해 드린다고 하면 꼭 자필이어야 한다며 떨리는 손으로 과제물을 밤새 하셨다. 누가 확인한다고! 그렇게 순진하셨다. 얼마나 힘들었을까?

 그리고 그해 12월 서울대학교 근처 하숙방을 얻어 낮에는 연수를, 밤에는 과제물을 열심히 하셨으리라. 친구도 만날 겸 서울에 가서 아버지 하숙방에 가보았다. 추위를 많이 타시는 아버지, 군고구마 파는 아저씨처럼 모자를 쓰시고 무엇인가에 집중하고 계셨다. 하숙집 아줌마와도 인사를 하고. 전혀 생각지도 않았던 말을 아버지께서 하신다.

"소심아! 엄마한테는 하숙집 아줌마가 예쁘다는 말은 하지 마라."

속으로 깔깔깔. 한 번도 아버지가 다른 여자에게 눈길을 주리라고는 생각지도 않는 내게. 하숙집 아주머니가 예뻐 보였나 보다. 신기하게도 난 엄마가 돌아가실 때까지 그 말을 입 밖에도 내지 않았다. 아버지를 무척이나 존경하고 좋아했던 엄마에 대한 예의였다.

그 후로 아버지가 매우 아프셨다. 뇌종양인가 뇌수막염인가? 진주 어느 병원에서 수술하고 조금 나아지는 듯하였으나, 1985년 음력 8월 24일 61세로 세상을 떠나셨다. 그 어려운 연수를 받고 교장으로서 한 번 발령도 받지 못한 채….

세상은 참으로 냉정하여 병석에 누워 계시는 동안 교육청이나 교감 대기를 받은 교사들은 연일 아버지께 사표 내기를 종용했다. 그때는 명예퇴직도 없었다. 얼마나 소리 내어 울었던지 상을 치르고 난 뒤 어딜 가도 내 귀에서 울음소리가 한참 지속하였다. 막내딸이 같은 교사라 참 좋아하셨는데….

아버지의 산소가 하일중학교 출퇴근길에 있다. 그리고 처음 부임했을 때 담임이었던 그 애들도 3학년이 되어 졸업하였고, 나도 다른 곳으로 발령을 받아 하일 중학교를 떠나게 되었다.

Chapter **2**
찬란한 태양은
최악의 순간 떠오른다

섹시한 소심 선생

데미안에서 수다 떨던 선생님들

　1986년 3월 1일부로 삼천포 제일중학교에 발령을 받았다. 한 학년이 10학급, 총 30학급이나 되는 큰 규모의 남자 중학교이다. 아버지가 돌아가시고 엄마와 둘이서 살았다. 쓸쓸함이 많았지만 자유로움은 있었다. 가부장적인 아버지이신지라 딸들의 외출에 많은 제약이 있었으니까. 얼마 전 방영한 『정숙한 세일즈』는 90년대 초 시골 마을에서 성인용품을 방문 판매하는 상황을 코믹하게 그려낸 드라마다. 섹시한 속옷을 판매해야 하는데, 사람들이 기겁한다. 그때도 가부장적인 문화가 가득했는데, 80년대는 오죽했을까?

　첫 발령지 하일중학교에서는 학생들과 추억이 많았지만, 이 학교에서는 선생님들과 추억이 많다. 예전의 학교와는 달리 교무실이 아주 넓었다. 선생님들도 너무 많았다. 그 당시는 자가용이 별로 없었던 터라 교감 선생님을 필두로 많은 교사가 시외버스를 타고 진주에서 출퇴근했다. 우리 집과 학교가 꽤 멀었다. 시내버스도 없었고, 주로 택시를 타고 다녔다. 혼자서는 아니다. 10분 정도 걸어서 주차장에 가면 거기서 절친 음악 샘, 미술 샘 등을 만나 함께 택시를 타고 갔다.

울산에서 온 음악 샘, 얼마나 애교가 많던지. 얼마 되지 않아 한 살 위인 나와 최고의 절친 샘이 되어있었다. 자취방도 우리 집 근처에 구하고, 그리고 세 살 위인 사회 샘과 미술 샘. 우리 네 명은 퇴근하면 택시를 타고 바로 시내로 향한다. 다방에서 이제 막 카페로 이름을 바꾸려고 하는 시기 '데미안'이라는 카페로. 거의 하루도 거르지 않고 카페에 가서 수다를 떨었다. 우리 네 명은 마음이 잘 통했다. 매일 무슨 할 말이 그렇게 많았는지 모른다. 거의 하루도 빠지지 않고 퇴근 후 시내로 가서 수다를 떨었으니.

전근 갔을 때 그 세 분은 이미 그 학교에 재직 중이었다. 새로 전근 간 나로서는 매우 서먹했다. 나이가 비슷해서 모르는 것을 물어보기도 했지만, 세 분 모두 스스럼없이 손을 내밀어 주셨다. 택시를 타고 시내로 내려가면서 난 택시비가 내고 싶었다. 선배인 두 분의 기분을 거슬리지 않게 내고 싶었다. "제가 택시비 내겠습니다. 천 원 한도 내에서 물 쓰듯이 쓰겠습니다." 하면서 택시비를 내었다. 모두가 다 깔깔깔···. 당시 택시 기본요금이 600원으로 우리가 다니는 곳은 1,000원이 넘을 일이 없었다. 후에 그분들이 하는 말, "그때 알아보았다"고, "우린 의사소통이 잘 될 수 있는 부류였다"고. 그렇게 1년을 정신없이 보내고, 그다음 해 음악 샘이 고향인 울산으로 전근을 갔다.

유머 감각이 뛰어나신 사회 샘. 맛으로 경상도 표현을 빌리자면 참으로 개운한 맛을 지닌 선생님이다. '혼자 있을 때 바퀴벌레가 나타나면 무서워서 도망가지만, 남자친구 앞에서 나타나면 바로 죽일 수 있는 사람이라고' 혹자는 평하기도 한다. 내숭과는 거리가 너무나 먼 선생님, 난 이런 부류의 사람이 좋다.

통통하면서 앙증맞게 생긴 미술 샘, 항상 밝게 웃으시면서 나를 예뻐해 주셨다. 패션 감각이 뛰어나고 항상 멋스러움을 지닌, 그 미술 선생님 댁에 자주 놀러 갔다. 선생님 댁에 화장품 담는 예쁜 도자기가 있었다. 갈 때마다 예쁘다 하니 어느 날 나에게 주셨다. 거의 40년이 지난 지금까지도, 나의 화장대 위에 있는 그 도자기를 볼 때마다 밝게 웃는 미술 샘이 생각난다. 밀감을 까면 손톱이 아프다는 둥 어쩌면 아니꼬울 수 있는 내 행동에도 항상 웃으면서 말씀을 해주었던 선생님, 참 다정한 선생님이셨다.

집이 울산인지라 우리 동네 근처에서 자취한 음악 샘. 제일 절친이었음에도 불구하고, 우리는 성격이 그다지 맞진 않았다. 검소하고 모든 면에서 야무진 욕심쟁이였다. 하는 말도 애교가 넘칠 뿐만 아니라, 투박한 경상도 말이 아닌 나긋나긋한 서울말을 썼다. 반 관리도 잘하고 학생들에게도 친절한, 무뚝뚝한 나와는 달리 인사도 잘하고 모든 면에서 달랐다.

피부가 좋아 그 당시 내가 손에 바르던 로션을 자기는 얼굴에 바른다고, 화장품이 문제가 아니라 본래 피부가 좋아야 한다고, 진짜 그 값싼 로션을 발라도 피부가 정말 좋았다. 네 명의 선생님들이 모여 커피 마시고 밥을 먹고 할 때도, 여러 면에서 깍쟁이라는 표현이 어울리는 선생님이었다. 자랑도 많이 했고, 그런데도 밉지 않고 잘 어울렸다. 다른 매력이 있었다.

교감 선생님의 호통

진주에서 통근하는 선생님들이 많다. 교감 선생님을 필두로 교무부장님, 인성부장님, 새마을부장님, 시인이면서 수정같이 심성이 고운 이수정 선생님, 체육부장님, 우울한 영어 선생님, 날씬하고 예쁜 국어 선생님, 증산교에 심취한 사회 선생님까지 모두 진주에서 시외버스를 타고 터미널에 내린다. 대체로 여선생님들은 다시 택시를 타고 학교까지 가지만, 남선생님들은 걸어서 학교까지 간다. 키가 아주 큰 교감 선생님을 선두로 여러 선생님이 호위무사처럼 옆에서 또는 뒤에서 따른다. 새마을부장 박달용 선생님은 이름처럼 달랑달랑 따라가는 느낌이다. 부자라고 소문이 난 체육부장님은 터미널 옆에 있는 자전거점에서 자전거를 한 대 사서 거기에 자전거를 세워두고 학교까지 왔다 갔다 한다.

교감 선생님은 너무 무서운 분이다. 일에서만 엄격한 게 아니라, 평범한 말에서도 부드러움이 조금도 없다. 한 치의 호의도 없는, 우리 또래의 딸도 있다는데, 왜 그렇게 차갑고 모질게 우리를 대했을까? 어울리지 않게 마이클 잭슨을 너무 좋아했다. 설·추석이 되면 마음에도 없는 선물 고르기가 얼마나 힘들던지. 어느 추석이었던가, 마이클 잭슨의 '빌리진'이 수록되어 있던 LP 판을 선물했다. 교감 선생님이 매우 좋아하던 모습도 기억이 난다.

청소 시간만 되면 임장지도[4] 하라고 계속 말씀하신다. 어느 날 하던 일이 있어 마저 끝내야겠다고, 청소 시간인데 교무실에서 일하고 있었다. 금방 끝내고 올라갈 참이었다. 일이 생각보다 조금 더 길어졌다. 갑자기 등 뒤에서 "박 선생!" 하고 배에서부터 끌어올린 꺼억하는 그 소리가 나의 귓구멍을 타고 온몸을 뒤흔들었다. 순간 머리끝이 쭈뼛하며 전율을 느낄 만큼 무서웠다.

"청소 지도하러 가지 않고 뭐 하고있는 거요!"

깜짝 놀라, 뒤도 돌아보지 못하고 그대로 교실로 뛰쳐 올라갔다. 금방 일어날 참이라고, 아주 잠깐 마무리해야 할 일이 있었다고 말도 꺼내지 못했다. 다른 선생님들께도 너무 부끄럽고, 정신없이 어떻게 갔는지, 교실에 가서는 펑펑 울었다. 애들이 다 가고 나서도 교무실에 내려갈 수가 없었다. 교실에서 혼자 울고있을 때 정말 인자하고 아버지 같으신, 수정같이 심성이 고우신 이수정 선생님께서 오셔서 토닥토닥

---

4 교육권이 없는 사람들이 진행하는 교육 활동에 교사가 함께 참여하여 지도하는 것

많은 위로를 해주셨다.

교장 선생님의 호출

키가 작고 통통하신 그 외에는 별다른 기억이 없는 교장 선생님. 어느 날 교장실로 나를 불렀다. 젊은 나이인 우리에게는 교장, 교감 선생님이 엄청 무섭다. 떨리는 마음으로 교장실 문을 두드렸다. 소파에 앉으라고 한다. 잠깐이지만, 소파에 앉아 무슨 일인지 여러 가지 생각을 했다. 딱히 잘못한 것은 없다고 속으로 되뇌면서 교장 선생님의 입만 바라봤다. 생활하는 것은 괜찮냐는 일반적인 질문들이 오갔다. 내가 이 방에 불려온 이유가 궁금했으나, 신임 교사와의 의례적인 면담이러니 싶었다.

그렇게 마음을 놓으려는 순간, 교장 선생님이 뜻밖의 말씀을 하신다. 막내아들이 서울에서 회사에 다니고있는데 한번 만나보란다. 잠시 무슨 뜻인지 이해가 되지 않았다. '공적인 업무인가?' 하는 착각도 금방 깨졌다. 서로 마음이 맞으면 결혼도 할 수 있지 않겠냐고 하신다. 아! 나를 며느리 후보로 여기신 것이다. 만약 결혼이 성사되면 서울에 있는 사립 학교로 갈 수도 있지 않겠냐고 하신다. 그때 만나는 남자친구도 있었다. 그래서 자리를 박차고 나왔냐고? 일단 거절하기가 어려웠다. 거절을 안 한 것이 아니다. 망설이면서도 몇 번에 걸쳐 조심스럽게 거절 의사를 밝혔지만, 그냥 편하게 한 번 만나보기만 하라는 교장 선생님의 말씀을 끝까지 거절하는 것이 어려웠다.

 마지못해 주말을 이용해서 만나기로 했다. 여러모로 거북하기는 했지만, 호기심이 없던 것은 아니다. 혹시나 하는 마음도 살짝 있었다. 약속한 다방이 맞는지 몇 번을 확인하고 약속 시각보다 조금 일찍 들어갔다. 다방 문을 열고 들어오는 순간 바로 알 수 있었다. 아버지를 닮아 키가 작았다.

 다방에서 찻잔을 사이에 두고 마주 앉았다. 약간 사차원인가? 대화가 진지하지 못하다. 이런저런 쓰잘머리 없는 이야기를 주고받다가 나보고 '섹시해 보인다'고 한다. 무슨 이런 말을! 너무 불쾌했다. 얼굴이 화끈거렸다. '섹시'라는 말은 그 당시만 해도 입에 올려서는 안 될, 아주 음탕한 표현이었으니까. 불쾌하다고 하니, 하는 말이 "영어를 전공한 사람들끼리 왜 그러느냐?", "섹시라는 말은 외모에 대한 칭찬의 표현이다."라고 한다. 별 희한한 말을 다 들어보겠다. 시답잖은 대화를 조금 나누다가 헤어졌다.

 그 사실을 당시 남자친구에게 말했다. 다시는 그러지 말라고 웃으면서 말했다. 별 뜻 없이 솔직하게 말한다고 했는데 기분 나빴겠다. 그 뒤로도 교장 선생님의 몇 번의 권유가 있었지만, 영 마음이 내키지 않았다. 지금도 '섹시'라는 말은 감흥도 없을뿐더러, 함부로 발음하기도 싫은 단어다.

사라진 신혼

목소리 좋은 남자친구를 만나다

　사귀었던 남자친구와도 헤어지고 조건에 맞추어 몇 번의 중매로 선[5]을 보았지만, 마음에 차는 사람이 없었다. 다들 시원치가 않아 마음이 편치 않았다. 지금에야 마흔 살에 결혼하는 것도 전혀 이상하지 않지만, 당시 내 나이 스물여덟 살은 이미 노처녀의 반열에 들어서고 있었기 때문이다. 친구 대부분이 결혼하고, 가족들의 걱정도 깊어가고 있었다. 나 역시 하루빨리 결혼해야 한다는 조급한 마음이 생기기 시작했다. 조급한 마음이 생기자 오히려 선볼 기회도 점점 더 줄어드는 것만 같았다.

　어느 날 밤 지금도 생생히 기억날 만큼 휘황찬란한 꿈을 꾸었다. 아름다운 흰 드레스를 입고 호위병들이 보디가드처럼 나를 에워싸고,

---

5　결혼할 상대를 찾으려고 다른 사람의 소개로 이성을 만나다.

백마 몇 마리가 이끄는 마차를 탔다. 마차는 나의 고향 시내를 행진하고, 온 마을에서 나를 보기 위해 2층 베란다에서 목을 내밀고 환호하는 그런 굉장한 꿈이었다. 영국의 '다이애나 비'가 결혼식을 위해 환호하는 관중들의 사이로 버킹엄 궁을 향해 들어가는 딱 그 풍경이다. 꿈의 해몽 따위는 모르겠고, 뭔가 굉장한 일이 생길 것 같은 기분 좋은 꿈이었다.

바로 그 뒷날, 중학교 시절 생물 선생님께서 멋진 총각을 소개하겠다는 연락이 왔다. 바로 이거구나! 그렇게 1988년 어느 날에 선을 보았다. 그리고 짧은 연애를 하였다.

인성부장님. 그 당시에는 휴대 전화가 없어 혹시 남자친구에게 전화가 오면 꼭 웃으면서 한 말씀 하셨다.

"박 선생! 목소리 좋은 남자친구요!"

휴대 전화가 없는 것은 물론, 당시 교무실에는 전화기가 딱 두 대 있었다. 교무부장님, 인성부장님 두 분 책상 위에만 전화기가 있었다. 수화기 아래쪽 송신기를 손으로 막고, 선생님 이름을 크게 부르며 전화가 왔다고 하는 풍경이 일상이었다. 서로 약속한 일정한 시간에 전화가 오기 때문에 대부분 나에게 오는 남자친구의 전화는 인성 부장님이 받으셨다.

세월이 흘러, 창원 토월 중학교에서 만난 선생님들끼리 모임을 만들었는데, 그 모임의 이름이 '토미앤'이었다. 나중에 알게 된 사실이었지만, 토미앤 모임 멤버 중 내가 너무나 좋아하는 천정은 샘의 남동생 와이프의 아버지가 인성부장님이란다. 참으로 세상이 좁구나. 어떻게 인연들이 이렇게 연결되어 있을까 싶었다. 나중에 전화를 건네주실 때마다 '목소리 좋은 남자친구'라고 이야기해 주셨던 인성부장님이 몇 년 전에 돌아가셨다는 소식을 천정은 샘을 통해 전해 들었다. 마음이 아팠다. 참으로 훌륭한 선생님이셨는데….

결혼과 장조카

제일중학교에는 또 다른 인연도 있었다. 큰오빠의 아들, 나의 장조카 용운이. 용운이가 우리 학교에 입학했다. 나는 1학년 담임이면서 1학년 1반부터 6반까지 영어 과목을 가르치게 되었다. 그런데 용운이는 1반. 용운이에게 넌 행운아라고 큰소리를 쳤다. 고모가 가르치면 성적이 엄청 올라갈 것처럼.

지금이야 그 조카와 아무 흉허물 없이 지내지만, 어린 용운이는 선뜻 고모에게 친근감을 표하지 않던 때라 항상 수업 시간에 풀이 죽어 있었던 느낌이다. 키가 작아 맨 앞줄에 앉아 고개도 잘 들지 못했다. 그럴 때면 바로 질문을 했다. 아이가 얼마나 힘들었을까? 요즘도 한 번씩, "고모, 영어 시간 정말 싫었어예!" 나의 호의가 아이에게 고통만

안겨주게 된 셈이다. 2023년에 그 조카의 아들이 아빠가 다녔던 그 학교에 입학하여 1학년이 되었다.

수업 연구대회가 있다. 나의 교생 실습 학교였던 여자중학교에서 시 대회가 개최되었다. 아무것도 모른 채 교감 선생님의 강압에 못 이겨 대회에 나가게 되었다. 처음 보는 학생들을 데리고 주어진 단원과 내용에 따라 여러 선생님과 장학사들 앞에서 수업해야만 한다. 나와 40대 남자 선생님, 두 명이 수업하게 되었다. 1등 한 명만 도 대회에 나간다. 그 선생님 왈, "박 샘은 아직 나이가 젊으니 1등을 양보하라"고 하신다. 흔쾌히 그러겠노라 하였다. 짜인 각본대로 그 선생님이 1등을 했다.

나중에 알고 보니 도 대회에서 3등까지 하면 그 점수가 승진 연구 점수가 된단다. 으흠… 그랬군. 누가 좀 알려주지…. 알려줬다 해도 별수는 없었겠다. 나이에서도 밀리고, 승진에 전혀 관심도 없을 때이고. 그리고 그 선생님에게는 절박한 점수였으니, 양보한 것이 아쉽지는 않다. 후에 신문을 통해서 승진한 선생님들 사이에서 그 선생님의 이름을 발견할 수 있었다. 그 당시에는 발령이나 승진 명단이 『경남일보』와 같은 지역 신문으로 발표되었기 때문에 누가 어떤 학교로 갔는지, 누가 승진했는지를 다 알 수 있었다.

삼천포 제일중학교에서 가장 멋진 선생님 중 한 분이 체육부장님이었다. 항상 옷을 말쑥하게 잘 차려입는 멋쟁이 체육부장님, 유머 감각도 뛰어나고 관리자분들께도 체육과 출신 특유의 너스레로 제압(?)하는 듯해 보였다. 돈 씀씀이도 다른 샘들에 비해 풍족해 보인다. 특출난 유머 감각으로 젊은 교사들에게도 쉽게 다가왔다. 특히 나에게 많은 친절을 베풀어 주었다. 하루는 심한 감기에 걸려 힘들어할 때, 점심시간에 통근하는 자전거를 타고 시내 약국까지 내려가, 따뜻한 기침 음료 약과 알약을 사 와서 전해 준 기억이 있다.

짧은 연애 기간을 거치고 마침내 결혼했다. 제일중학교 1학년 4반 담임이었다. 반장과 부반장이 결혼식에서 꽃다발을 증정했다. 이 고마운 아이들의 이름이 생각나지 않는다, 얼굴만 기억날 뿐. 결혼은 했지만, 곧장 주말부부로 지냈다. 남편이 창원에서 근무했기 때문이었다. 남편은 그때 럭키금성이라 불렸던, LG에서 근무했다. 그렇게 몇 개월을 주말부부로 지내다가 여름방학이 다가왔다. 드디어 신혼을 마음껏 만끽할 수 있는 날이 왔으나, 그해 여름방학은 1급 정교사 자격 연수를 받아야 했다.

사라진 방학

교사 생활 3년이 지나면 연수 자격이 되어, 1급 정교사 자격 연수를 받는다. 거의 꼬박 한 달 동안 연수를 받아야 했다. 그게 하필 나의 신혼이었던 1988년 여름 방학이었다. 천만다행으로 연수원이 창원 사림동이라, 사림동에 원룸을 얻어 남편과 함께 지내기로 했다. 당시 남편은 LG 기숙사에서 지내고 있었다. 그나마 다행이다 생각하면서도 여름방학이 없다는 사실이 우울했다. 그래도! 개학하기 전 2일이 남는다. 그것으로 위안을 삼고자 했다. 교무실에서 나름의 방학 계획을 짜고 있었다. 수첩에 2일 동안 도저히 할 수 없을 일들을 가득 적어가며 히죽거리고 있었다. 저 멀리서 여름방학 계획표를 짜던 교무부장님 왈,

"박 선생! 선생님들 방학 일직[6] 다 돌리고 나니 2일이 남네. 하루는 내가 할 테니 하루는 박 선생이 하는 게 어때?"

아! 여름방학이 완전히 사라지는 순간이었다. 속상하지만 하는 수가 없다. "네~ 알겠습니다. 그렇게 하겠습니다." 씩씩하게 대답했지만, 속이 쓰렸다.

그 교무부장 선생님도 진주에서 통근하셨다. 어느 날은 따님이 나의 영어과 후배라고 하신다. 우리 아버지처럼 딸이 교사가 된다는 사실이 자랑스러운 듯 말씀을 하곤 하셨다.

세월이 흘러 창원 토월 중학교에서 만난 선생님들의 모임 '토미앤' 멤버 중 영어 샘 한 분과 어찌어찌 이야기하다 보니, 이 영어 샘 아버지가 바로 제일중학교의 교무부장 선생님이었다. 그 당시 나의 영어과 후배라고 했던 바로 그 '따님'이었던 것이다. 너무 반가웠다. 이런저런

---

6 낮이나 일요일에 당번이 되어 직장을 지킴

이야기를 나누다가 당시 교무부장님이 따님을 무척이나 '자랑스러워했다'는 이야기를 전했다. '영어과 후배 따님'의 눈이 그렁그렁하다. 안타깝게도 교무부장님은 건강 악화로 요양원에 계신다고 한다. 건장했던 부장님이셨는데….

보고 싶은 반장

영어 말하기 대회 우승!

남편의 직장이 창원인지라 창원으로 발령 나기를 희망했다. 다행히 1989년 3월 1일 자로 창원 중앙중학교에 발령을 받았다. 엄마 혼자 두고, 28년간의 고향 생활을 뒤로하고 창원으로 갔다.

1988년 여름방학 1급 정교사 자격 연수를 받을 때, 오후 연수가 끝나면 반송 시장 쪽에 있는 부동산을 들락거렸다. 때마침 현대아파트와 럭키아파트가 신축 중이었다. 현대아파트는 입주 시기가 맞지 않아 럭키아파트에 관심을 두게 되었다. 럭키아파트 20평, 여러모로 나의 사정과 맞았다. 그 당시 분양가는 500만 원의 은행 융자를 끼고, 2,250만 원이었다. 분양은 받지 못하고 웃돈을 더해 2,750만 원에 별 흥정도 없이 사버렸다. 500만 원의 웃돈은 상당히 큰 금액이었는데도 불구하고 저질러 버린 것이다.

1989년 2월에 럭키아파트 3동 120X호에 입주했다. 학교도 멀지 않았다. 창원이 계획도시로 막 번창하려는 순간이었다. 창원에 발령이 났다고 하니, 창원에는 교육열이 높아 학부모님의 열의가 대단하다는 둥, 지금은 있어서도 있지도 않은 촌지가 주어지기도 한다는 둥 시골 중학교에서는 상상도 할 수 없는 이야기들이 쏟아졌다. 창원에 가기도 전부터 막연한 기대감과 설렘이 가득했다. 그리고 한편으로는 두려운 감정이 생기기도 했다. 많은 인구가 유입됨으로써, 그에 걸맞게 학교들이 꽤 많이 신설되었다.

첫 발령을 받았을 때부터 영어 교사로서 항상 책임감을 느끼는 영어 말하기 대회가 있다. 정말 쉽지 않은 대회이며, 영어 교사들 사이에서 피하는 업무 중 하나이다. 시 대회를 거쳐 최우수상을 받은 학생만 도 대회를 갈 수 있다. 주어진 주제에 따라 내용을 영작하여야 하고, 또한 발음도 유창해야 해서 여간 어려운 것이 아니다.

우선 발음이 좋은 학생들부터 눈여겨본다. 경남 도내에서는 창원 학생들의 영어 수준이 높아서, 창원시 대회에서 최우수상을 받으면 도 대회에서는 큰 이변이 없는 한 수상을 한다. 2학년 최현지 학생은 두뇌도 명석할뿐더러 발음도 엄청 좋다. 드디어 창원시 대회에서 최우수상을 받았다. 잘난 제자 덕분에 영어 교사로서 나의 자존감이 불쑥 튀어 오른다.

드디어 경남 도 대회, 각 시·군에서 수상을 한 학생들이라 실력이 쟁쟁하다. 그러나 모두 안다. 창원 수상자를 경계한다. 수상자 발표를 한다. 최우수상 '중앙중학교 2학년 최현지!' 그 후로 이런 영광스러운 날은 오지 않았다. 어느 해부터인가, 2000년대에 이르러 이런 대회도 없어져 버렸다.

반장 영혜

창원 중앙중학교는 1988년 3월 1일 자로 개교된 신설 학교였다. 1학년 8반 담임. 창원에는 대부분이 남녀 공학으로 우리 반은 여학생 반이다. 반장은 영혜. 잊히지 않는 아이다. 그 애가 2학년이 되었을 때, 또 우리 반이 되었다. 또 반장을 맡았다. 너무나 믿음직스럽게 모든 일을 잘 처리하는 아이라, 2년 연속 우리 반이 되었음이 너무 좋았다.

그러나 그 애는 어땠을까? 그때는 어떠한 느낌도 받지 못했지만, 틀림없이 싫었을 것 같다. 중학교 3년 동안 2년을 같은 담임? 학생에게는 최악이었지 않았을까? 그 당시 생활 기록부에는 부모님 직업과 학력, 그리고 가정 형편 등이 다 기록된다. 대부분 부모님 이름까지는 외워지지 않는다. 그런데 영혜 부모님 이름은 이상하게도 머릿속에 각인되어 있다. 그 애가 2년 연속 우리 반의 반장이라서? 어쨌든, 교직 생활 중 '그 애는 어떻게 되었을까?' 하고 궁금한 아이 중의 한 명이다.

2022년 어느 날 지인과 부산 송도에 놀러 갔다. 바다를 보면서 커피를 마시고 있을 때, 지인에게 누군가로부터 전화가 왔다. "예, 언니…. 어쩌고저쩌고…." 통화를 끝내고, 사우나에서 매일 만나는 언니란다. 남편은 건축사이고, 그 언니라는 분에 대해 장황한 설명을 한다.

　순간, 머리에 무엇인가 번쩍인다. 이야기 도중 내가 물었다. "혹시 남편이 건축사 김무수 씨? 그리고 그 언니라는 분은 양혜진 씨?" 세상에 이런! 바로, 영혜의 부모님이었다. 생활 기록부에 쓰여있던 영혜 부모님의 직업과 이름이 순간 떠올랐다. 어떻게 아는지 나에게 물었다. 그래서 이러쿵저러쿵, 이런 일이! 너무 반가웠다.

　"지금 영혜는?"
　"영혜는 변호사 되었어요. 결혼도 하고, 아들 하나에, 남편은 어쩌고저쩌고…."

　너무 반가운 소식이었다. 당장 영혜에게 전화를 걸고 싶었지만 참았다. 얼마 후, 영혜 엄마가 만나자고 한다면서, 우린 함께 만나서 옛 추억을 더듬었다.

　"영혜는 중학교 2년 동안 같은 담임이어서 좋지 않았겠죠? 전 너무 좋았는데."

　영혜 어머니는 별말 없이 씩 웃고 만다. 그리고 한 번쯤은 그 애가

'선생님' 하면서 전화가 올 것 같았는데 오지 않았다. 나만 너무 해바라기였나?

그 당시에는 학부모 모임이 있어 열성이 높은 엄마들이 학교에 많이 오셨다. 차분하고 말수가 적은, 흐트러짐이 없는 반장 엄마와 반장 엄마보다 한두 살 나이가 적어 보이는 머리를 올백하고 키가 큰 그리고 늘씬하면서 서울말을 쓰는 패티 김같이 생긴 수빈 엄마가 기억에 남는다. 수빈이에게는 지체 부자유라 항상 집에만 누워있는 여동생이 한 명 있다. 엄마의 모든 에너지와 정성이 큰딸인 수빈에게 집중된다. 얼마나 엄마가 밝고 상냥하던지, 반면에 수빈이는 무뚝뚝하고 모든 일에 별 의욕이 없어 엄마와는 상반되는 아이인지라 애가 탔다. 딸의 담임이랍시고, 나이 어린 나에게 '선생님! 선생님!' 하면서 공경해 주었던, 항상 긍정적인 멋진 수빈 엄마도 보고 싶다.

영혜가 2학년이었을 때, 전교 1등 라은이가 같은 반이 되었다. 영혜나 라은이는 둘 다 심성이 훌륭한 아이들이다. 밖으로는 전혀 표현하지 않았지만, 둘의 라이벌 의식은 대단했으리라. 라은이는 전교 1등을 지키려고 애를 썼고, 영혜는 1등을 하기 위해 노력을 많이 기울였다. 쫓기는 라은이가 더 힘들었을까? 시험 치는 날에 자주 배가 아팠다.

문득문득, 고향에 혼자 계시는 엄마가 무척이나 보고 싶다. 친정에 너무 가고 싶었다. 교무실에 앉으면 학교 앞 큰 도로에 시내버스가 많이 다닌다. 저 시내버스를 타고 마산 시외버스 터미널에 가면 내 고향에 갈 수 있을 텐데…. 하염없이 교무실 창문 너머로 눈길을 준다.

'너'라고 부를 수 있을 때

두 개의 모임

중앙중학교에서는 고등학교와 대학교를 함께 다닌 종주와 미숙이도 함께 근무하였다. 동료 선생님들 간의 관계가 너무 좋다. 쉬는 시간에도 거의 모든 교사가 컴퓨터를 보고 있어서 대화를 많이 하지 않는 요즘과는 달리, 다들 수업 시수도 많은 편인데도 대화할 시간이 많았다. 그 와중에 틈틈이 탁구를 하기도 했다. 아이스크림 내기 등을 하며, 네 명의 선생님들이 짝을 이루어 탁구를 한다. 탁구가 그렇게 재미있는 운동이라는 것을 그때 알았다. 상대와 함께 공을 주고받는 재미가 쏠쏠하다. 탁구는 상대가 없으면 아예 할 수가 없는 운동이기도 하다.

겨울에는 교무실 난롯가에서 삼삼오오 난로를 둘러싸고 노변담화를 한다. 주로 남편, 시댁, 자식 이야기다. 누구 집에 숟가락이 몇 개인지 알 정도이다. 퇴근 후나 시간이 날 때면 누군가의 집을 방문해서 또

수다를 떨기도 한다. 20평짜리 자그마한 우리 아파트에도 많은 선생님이 들락거렸다. 카페가 드물어서일까? 아이들을 데리고 남의 집을 방문하는 일이 흔했다. 그래서 서로의 아이들까지도 너무 친하다. 서로의 집을 방문할 때, 그 당시 최고의 선물은 바나나였다. 한 손에 만 이천 원 정도 했던 바나나는 꽤 비싸고, 귀한 과일이었지만, 아이들이 가장 좋아했던 과일이기도 하다.

연예인 김미숙을 좋아할 때이다. 눈에 띄는 정말 닮고 싶은 긴 머리에 키가 큰, 잘 웃지도 않으면서 지적인 음악과 이 샘. 내 눈에는 꼭 김미숙이다. 한참 동안 친해지고 싶었지만, 교무실 내에서의 자리가 너무 멀리 떨어져 있고, 같은 부서가 아니라 친해지기가 쉽지 않았다. 그럭저럭 세월이 흘러 지금 우리는 35년 지기로 이 샘을 포함해서 여섯 명이 일 년에 두 번씩 만난다. 모두가 다 퇴직한 상태로 요즘은 번개도 종종 한다.

내가 닮고 싶었던 이 샘, 그 풍성하고 길었던 머리는 세월의 흔적이 보이고, 더는 부럽지 않은 몸매에서 다 같이 중년을 맞이하는 느낌이다. 누구 하나 특별히 뛰어남도 없고 모자람도 없이 다 함께 늙어가는 모습을 보는 것도 좋다.

중앙중학교에서 4년을 재직하면서 지금까지 이어져 오는 두 개의 모임이 있다. 35년 전에 만난 사람들이다. 하나는 2학년 모임. 1990년 김도희 선생님이 학년부장, 우리는 각 반 담임들이었다. 학생들을 인솔하여 수학 여행도 다녀오고, 우리끼리 제주도 여행을 함께 다녀온 적도 있다. 그리고 일본 여행도 함께 다녀오기도 했다. 그때의 멤버 중, 여러 사정으로 인해 탈퇴한 선생님들도 계시고, 인성부장님 등 새로운 멤버가 구성되어 지금은 80살을 넘긴 이 교장님과 함께, 김도희 교장님, 또 다른 김 교장님, 대학교에서 퇴임한 이 학장님, 윤 부장님, 2024년 8월에 정년퇴임을 앞둔 또 다른 김 교장님, 그리고 나까지. 이렇게 매달 회비를 내면서 연을 이어가고 있다.

또 다른 비담임 모임. 시험을 치르는 날에는 오전에 학생들이 시험을 치르고 오후에는 집으로 돌아간다. 그 오후에 교사들은 각각 부, 학년 등 여러 모임을 이틀이나 사흘에 걸쳐 갖는다. 담임이 아닌 비담임 선생님들도 또 다른 비담임 모임을 결성한다. 그 비담임 모임에 담임인데도 불구하고 나를 멤버로 끼워넣어 주었다. 신 샘, 김 샘, 배 샘, 이 샘, 정 샘, 그리고 나. 현직에 있을 때 여름방학, 겨울방학 등 일 년에 두 번씩 모임을 했다. 장유에 사는 김 샘 집에서. 우리가 젊고 아이들이 어렸을 때, 빈번히 남의 집을 방문하여 애들은 애들끼리 놀고, 우리는 우리끼리 수다 떨면서 즐겼다.

우리 모임에서 총무를 몇십 년째 맡은 김 샘. 가장 어리지만 모든 면에서 어른스럽다. 과학 선생님이었으나 진로 교과로 전과하여 퇴직한 후에도 '열림'이라는 진로 컨설팅 사업을 운영하고 있다. 음식 솜씨도 좋아 만남이 있는 날에는 많은 새로운 요리를 선보여 사람을 기분 좋게 한다. 참 좋은 아우이자 벗이다.

대전에서 김 샘 둘째 딸 다희의 결혼식이 있었다. 내가 운전을 하고 신 샘, 배 샘, 이 샘과 함께 대전에 가기로 했다. 차 속에서의 대화, 휴게소에서 커피를 마시면서 호호호 깔깔깔, 너무나도 즐거운 가을 여행이었다. 이렇게 세월이 흘러 그 조그마하던 아이들이 성장하여 다들 가정을 이룬다. 그만큼 우리는 나이를 먹었고. 예전에 아무런 꿈도 사랑도 없을 것만 같았던 우리 엄마의 나이가 되어있다. 그때의 엄마 나이가 되어보니 꿈과 사랑은 여전하더라.

Who's speaking?

창원이 이제 막 번성하는 시기였다. 경남 제1의 도시로. 신설 학교가 많이 생기고 학교 규모도 대단하다. 산업도시 창원인지라 회사에 다니는 남편을 따라 젊디젊은 내 또래의 선생님들이 대거 유입된다. 젊은 도시답게 임산부도 산부인과도 지천이다. 1990년대로 접어들며 경제 발전이 눈에 띄게 이루어진다. 특히 창원은 공업 도시로 성장세가 빠르다. 해마다 아파트가 여기저기 쑥쑥 들어섰다. 거리는 활기차고 젊은 부부가 눈에 많이 띈다. 도시가 젊다.

첫째 아이를 중학교에 보내고 나면 부모님의 관심이 엄청나다. 초등학교 시절 공부 못한 아이들이 있던가? 모두가 다 내 아이는 천재라고 부모들은 믿고 있다. 그러나 중학교 첫 시험 결과가 나오면 실망하는 부모, 체념하는 부모, 다음을 기대하는 부모들이 된다.

영어 성적에 관심이 많은 학부모가 많다. 학교에서 가르쳐 준 대로 시험을 치르면 좋은데, 언어인지라 사용하는 사람에 따라 여러 경우에서 예외가 발생한다. 해외에 몇 년 살다 온 사람, 영어를 잘한다고 뽐내고 싶은 사람들이 종종 있다. 교무실로 한 통의 전화가 왔다. "영어 선생님을 바꾸라"고. 내가 받았다. tree 발음을 어느 영어 교사가 '트리'라고 발음했다네. 'tr' 발음은 '츠'에 가까워 '츠리'라나 뭐라나…. 허~참! 낭패다. 어쨌든 수습하고.

1학년 영어 시험에 전화 받는 상황에 대한 문제를 낸 적이 있다. 'Who's speaking?'에 대한 올바른 대화는? 시험 출제 의도로는 'This is~'가 정답이다. 그런데 학부모에게서 전화가 온다. 불쑥 미국 실생활에서는 'I am~'으로도 통용된다고 따지신다. 물론이다. 하지만 문제 출제 의도도 무시하고, 심지어 문제에 '전화 상대자와 관계가 형성되지 않은 상황'이라는 전제도 무시하고, 학교에서 학생들에게 무엇을 어떻게 가르쳤는지도 무시하고 불쑥 전화로 따지는 것이 맞을까? 어쨌든 수습하고.

지금과 같은 휴대 전화가 보편적으로 사용되기 전에는 전화로 통화하는 경우, 전화를 걸고 받는 상대가 누구인지 모르는 경우가 다반사였다. 즉, 전화를 걸고 받는 서로가 상대방을 모르는 상황이다. 'You'라는 말은 특정한 상대와 마주하고 할 수 있는 말이다. 당연히 'You'를 말할 때는 반드시 'I'가 전제되어 있어야 한다. '너'가 누구인지 모르는데 '너'라고 부를 수 없다. '나' 역시 '너'가 있어야 존재할 수 있다.

'너'와 '나'는 서로가 알고 있을 때 비로소 부를 수 있는 말이다. '너'라고 부를 수 있을 때, 너는 나에게로 와서 의미가 되는 것이다.

걸려온 전화를 받고 처음 대화를 시작할 때 불쑥 'You'라고 말하지 않는 이유는 상대와의 관계가 형성되지 않았기 때문이다. 서로 통성명을 하고 나서야 비로소 상대와의 관계가 형성되고 'You'라고 부를 수 있게 되는 것이다. 'I' 역시 마찬가지이다. 이런 배경 설명을 하고, 그래서 전화 통화를 할 때 'I'와 'You'는 서로 관계가 형성되고 난 이후에 사용하는 것이라고 학생들에게 가르쳐왔다. 물론 그때는 휴대 전화가 아예 없었다.

따라서 'Who's speaking?'에 대한 올바른 대화는 'This is~'가 정답이다. 이런 가르침 아래 문제가 출제되었는데, 'I am~'도 통용된다는 말을 하는 것은 최소한 수업을 잘 듣지 않은 것만은 확실한 것이 아닌가? 내 자식이 제대로 정확하게 아는 것이 중요하지 않고, 어찌하든 좀 더 높은 영어 점수를 얻는 것이 더 중요한 학부모들이 가끔, 아주 가끔 있다. 우리를 자괴감에 빠지게 한다.

내 인생의
가장 찬란한 태양

> 승진 점수와 학교 행사들

여러 재능이 많고 본받고 싶은 부분이 많은 여고 2회 선배인 윤 부장님. 중앙중학교에 부임했을 때 젊은 나이임에도 새마을 부장님을 하고있었다. 붓글씨를 잘 써서 모든 행사 식순을 썼으며, 각종 행사 시 꽃꽂이를 도맡아 하셨다. 모든 관리자로부터 신임을 받았다. 인성이 좋아 모든 선생님과 친분도 두터웠다. 집안에서는 장손 며느리의 역할을 잘 수행하는 현모양처의 모습 그 자체이다. '저런 교사가 관리자가 되어야 한다.'라는 생각을 늘 했었다. 그러던 선생님이 50대 중반에 명예퇴직하셨다. 정작 어느 면에서나 관리자가 될 자격이 있다고 생각하는 사람은 그만두고, 간혹 정말이지 '쯧쯧' 하게 만드는 사람이 관리자가 되곤 한다. 그놈의 승진 점수가 무엇인지! 자격 없는 관리자는 여러 사람을 괴롭게 한다.

젊었을 때 승진에 관심이 없었다. 대학교 시절 적당히 공부하여 원하는 곳에 발령을 받고, 남편 직장 따라 다른 도시로 전근 가고, 하루하루 학교 일과 집안일을 병행하느라 승진은 먼 나라 일이었다. 어떤 조건이 승진 점수와 연관되는지조차도 모르고, 또한 관심도 없었다.

대학교 때의 성적이 발령에 큰 영향을 미친다. 그때만 해도 성적이 좋은 사람이 집과 가까운 곳으로 발령이 나고, 그렇지 못하면 오지로 발령이 나는 경우가 흔히 있었다. 오지는 주로 섬이나 산골이라 교통편이 불편하여 오가면서 눈물도 많이 흘렸단다. 너무 힘들어 1~2년 정도 버티다가 다들 내신[7]을 낸다. 우린 그때 그들이 참으로 안타까워 보였다. 세월이 흐르고 난 뒤 우리는 알았다. 전화위복이랄까? 그곳이 승진에 막대한 영향을 미치는 벽지라는 곳임을. 그런 곳에 다들 가기를 꺼리니, 승진 점수를 주도록 법을 바꿔버렸다네. 지금은 가고 싶어도 쉽게 가지 못하는 곳이 되어버렸다. 그때 그 오지로 갔던 그 선생님들은 후에 거의 관리자가 다 되었다.

벽지 점수도 없었고, 아직 나이도 젊고 하여 승진에는 도통 관심이 없었다. '연구 시범 학교'라는 것이 있어, 어떤 주제에 맞게 계획을 세워 1년 동안 계획하고 실천한다. 12월 중 여러 장학사나 관계자들을 모아 놓고 발표를 한다. 그러한 발표 시 윤 부장님은 많은 활동을 하셨다. '왜 이런 걸 하지?' 불만스러웠다. 이런 시범 학교를 하면 학생들과 담임들은 여러 면에서 다양한 활동을 하고, 많은 결과물을 내어야

---

7 다른 학교로 발령을 내달라는 등의 인사 문제를 공개하지 않고 상급 기관에 보고함

하니 진짜 힘들다. '무슨 혜택이 있는 거지?' 시범 발표가 끝난 후 승진 점수가 부여된단다. 모든 선생님에게 부여되면 좋을 텐데, 공헌한 정도에 따라 60% 정도 선생님들에게만 준다네. 공헌한 만큼? 누가 어떻게 얼마만큼 공헌했는지 60%를 줄 세울 수 있을까? 대부분 부장 선생님들이 다 챙긴다. 그리고 담임 선생님 중 일부가 챙긴다. 어쨌든 이런저런 실랑이들이 벌어진다. 승진도 안 할 건데, 난 쿨~하게 패스.

그 점수 받지 않겠다고 했다. 몇 년 후 참 어리석었단 생각이 들었다. 승진 점수에 연구 시범 학교 점수가 5년이 있어야 한다네. 5년이 만점이란다. 난 몰랐지. 발 빠르게 승진에 관심 많았던 선생님들은 뭐가 달라도 달랐다. 나는 이래저래 느렸다. 컴퓨터에 전혀 문외한이었을 때, 우리보다 조금 빠르게 컴퓨터에 입문한 선생님들은 컴퓨터 강사 등 교육청 일에 투입된다. 물론 빠른 승진은 말할 것도 없다.

고성 당항포에서의 수련회

아침 0교시에 보충 수업이 있다. 임신하고 정규 수업도 힘든데, 영어과라 보충 수업을 하지 않을 수도 없다. 아침 일찍 학교 갈 준비를 하는 데 학교에서 전화가 왔다. 불길하다. 평소 존경하는 김 교감 선생님이다. 우리 반 학생이 등굣길에 창원 대로에서 횡단보도를 건너다가 버스에 치였단다. 사화동에 사는 아이였다. 꽤 먼 거리인데 사화동에 중학교가 없어 매일 시내버스를 타고 학교에 오는 아이였다. 딸 부잣집의 막내딸로서 얼굴도 마음도 너무 예쁜 아이였다. 서둘러 학교에 갔다. 사망했단다. 그 애가 스승의 날 준 선물인 가죽으로 된 인감도장 집을 아직도 보관하여 사용하고 있다. 창원대로 그 장소를 지나가거나, 도장집을 볼 때마다 그 어린 그 애의 모습 그대로가 생각난다.

 존경했던 교감 샘 중의 한 분, 미술과 김 교감 선생님. 항상 흰 바지를 입으시고 친절하셨으며, 젊어 보이기까지 하셨다. 아무 말이나 하고 윽박지르고 하는 몇몇 교감 선생님들과는 달리 선생님들에게 늘 다정다감하셨다. 좋은 것은 쉽게 사라지는가! 댁이 마산인지라 교감 샘도 1년 만에 마산으로 전근을 가셨다. 그리고 얼마 있지 않아 정말 뜻밖에 세상을 뜨셨단다. 왜 돌아가셨는지 기억이 없다. 50대 후반 정도였을 텐데 마음이 너무 아팠다.

 이름도 생김새도 독특, 그리고 모든 행동이 비교되는 체육과 최 교감 선생님이 김 교감 선생님 후임으로 오셨다. 고성 당항포에 1학년들을 데리고 수련회를 갔다. 1학년 전체가 500명 정도, 그 많은 학생이 텐트를 치고 야영을 한단다. 낮 동안에는 날씨가 맑았다. 빙 둘러앉아서 함께 밥을 먹었다. 최 교감 선생님 사모님이 피크닉 도시락을 싸서 예쁜 바구니에 보자기를 위에 덮고, 바구니를 여니 시간이 흘러 말라비틀어진 튀김 등 음식이 보인다. 먹고 싶지 않다. 교감 선생님이 신나게 드시고 난 후 고여있는 물에 숟가락을 살살 헹구고 나서는 나에게 주면서 "박 선생, 이거 먹어 보소." 한다. 기겁하겠다.

빈터에 학생들을 모아놓고 교감 선생님 훈시가 시작된다. 지루한 훈시가 계속된다. 드디어 오늘 이 야영이 무사히 끝날 수 있도록 지구의 모든 신을 불러 젖힌다. 그렇게나 신들이 많은지도 몰랐다. 기가 찼다. 신들이 도와주기는커녕 서로의 신들이 자기를 먼저 불러주지 않았다고 화를 낼 지경이다. 텐트를 치기 시작했다. 텐트가 우후죽순 세워지기 시작할 무렵, 마치 우리가 예언이라도 한 것처럼, 하늘에서 천둥과 번개가 내려침과 동시에 비가 쏟아졌다. 엄청난 비가 내린다, 폭풍우가 몰아친다. 일기 예보도 확인하지 않았을까? 어째 이런 폭풍우를 모르고 그 행사를 강행하였을까?

연세가 많으신 조수열 선생님. 바람에 비닐우산이 다 뒤집히는 데도 텐트 주변으로 수로를 만드시느라 동분서주하신다. 난리도 이런 난리가 없다. 교직 생활 중 가장 큰 낭패의 순간이라고 여겨지는 사건 중의 하나이다. 수백 명의 아이가 잘 곳이 없다. 이 장소에서 조금 떨어진 곳에 호텔을 신축하는 공사장이 있다. 그곳으로 아이들을 모두 대피시키고자 했다. 건물은 골조만 세워져 있고 벽 콘크리트 곳곳에 못이 박혀있으며, 바닥에는 건축 자재들이 나뒹굴고, 화장실 문제가 참으로 난감했다.

일단 비는 피할 수 있었다. 밤을 여기서 지새워야 한다. 남녀 학생들이 있는데 화장실이 없다. 아수라장이다. 어쨌든 그 아수라장 속에서 뜬눈으로 밤을 새웠다. 새벽 4~5시쯤 되었을까, 그렇게 요란하던 비바람이 그치고, 어둠 속에서 천천히 여명이 밝아왔다. 내 인생에서 그렇게 찬란하게 떠오르는 태양을 본 적이 없다. 너무나 힘들게 밤을 보낸 우리를 비웃듯, 눈을 떠서 바로 해를 볼 수 없을 정도로, 화가 날 정도로 눈부셨다.

　하룻밤 텐트에서 친구들과 지낼 학생들의 마음을 송두리째 짓밟아 놓고 저렇게 방긋 웃으면서 찬란하게 떠오르다니…. 지금 생각해도 속상하다. 몸과 마음이 만신창이다. 그런데 교감 선생님, 여기서부터 행군을 한단다. 작열하는 태양 아래서 행군하다가 창원으로 버스를 타고 간단다. 그늘 하나 없는 아스팔트 길을 마냥 걸었다.

마크롱도 늙어간다

경제가 태어나다

빡빡한 학교 스케줄에서 한 번씩 해방되는 느낌의 날들이 있다. 시험 기간의 오후, 정말 짜릿한 오후 외출이다. 해가 중천에 떠있을 때 학교에서 퇴근하니 말이다. 주로 야외로 나가서 밥도 먹고 차도 마시고. 그리고 건강 검진하는 날. 매년 1월 1일부터 12월 31일까지 본인의 생년에 따라 개인이 병원에 가서 건강 검진을 하는 요즘과는 달리, 학교 행사처럼 같은 날 모든 선생님이 아침을 거르고 지정된 병원에 모여 건강 검진을 받는다. 학생들도 그날 느지막하게 등교하니 좋았을 것 같다. 거의 비슷하게 검진이 끝나 아침 겸 점심, 피도 빼고 했으니 명서동 병원 근처에서 고기반찬으로 다 함께 식사한다. 그 기억도 설레는 기억이다.

교원 총연합회에서 실시하는 학교별 배구 대회, 지금은 많이 축소되었지만, 그때는 올림픽 공원 등지에서 학교 선생님들이 모여 배구 대회를 한다. 수업은 물론 단축 수업, 선생이나 학생이나 수업 단축하는 것은 정말 신난다. 학생들은 교사들이 수업하고 싶어 하는 줄 안다. 천만의 말씀~. 각 학교의 학부모님들도 동원되어 꽹과리 치고, 다른 학교에 있는 반가운 선생님들도 만나고 정말 신난다. 요즘에는 수업 단축은 있을 수 없는 일이다.

어쩌다 정말 어쩔 수 없이 단축 수업을 할 때도 절차가 엄청 복잡하다. 단축 수업 등 이벤트를 하면서도 수업 진도를 다 나가고, 수능 시험 다 잘 보고 하는데, 그런 몇 개의 이벤트가 훨씬 더 많은 에너지와 즐거움을 주어 교육 활동에 시너지 효과가 나타날 것 같은데…. 순전히 평교사의 생각이다.

1989년 9월 15일 내 아들 경제를 낳았다. 세상이 달라져서 또는 인구가 급격히 줄어들어 인구 정책 때문인지, 요즘 임산부 선생님들은 여러 면에서 많은 배려를 받는다. 우리 때는 임산부가 마치 죄인이 된 듯했다. 임신했다고 담임에서 제외되는 것도 아니고, 그 당시 0교시 보충 수업도 있었는데 보충 수업까지 다 해가면서, 심지어 몰지각한 선생님 중에서는 임산부 앞에서 담배까지 뻑뻑 피우기도 했다. 책상 위에는 재떨이가 있고, 딱딱거리며 손톱을 깎아가면서, 담배 연기를 뿜어대는 것이다. 지금 생각해도 몸서리가 쳐진다.

잊을 수 없이 고마운 분들도 있었다. 럭키아파트에서 중앙중학교까지는 택시를 타면 5분 거리이지만, 걸어가기에는 조금 먼 거리이다. 특히나 임산부이기도 하니 걸어가기가 힘들었다. 항상 럭키아파트 앞에서 택시를 타고 학교에 간다. 학부모님 중, 진희 학생의 아버지가 개인택시 운전기사였다. 진희의 남동생이 반송중학교에 다녔다. 그 애 집이 어디였는지 확실치 않지만, 아침마다 진희를 중앙중학교에 내려주고 남동생을 반송중에 태워 주면서 항상 택시를 기다리고 있는 나를 보셨던 것 같다.

배불뚝이 딸의 담임을 진희 아버지께서 매일 아침 학교까지 태워주고 싶어 하셨다. 그 시간은 아침 출근 시간이라 가장 손님이 많을 때라 극구 사양했다. 사양에 응할 정도면 아예 제안하지 않았겠지. 어떤 실랑이가 있었는지는 기억나지 않지만, 진희 아버지 택시를 타고 한동안 출근했다.

진영 단감이 아주 비싸고 귀할 때다. 한번은 진희 아버지께서 단감까지 한 상자 보내주셨다. 과일을 상자째 사 먹고 하는 시절은 아니었으니 엄청 많았고, 또 엄청 맛있어 보였다. 럭키아파트 3동 12층은 복도식 1호부터 10호까지. 10호 가운데 왕래가 잦은 여러 집이 있다. 각 집에 5개씩 나누어주고 나니 7개가 남았다. 정말 세상을 잊은 듯이 맛있게 단감을 먹었던 기억이 난다. 그런 일도 있었구나. 너무 먼 이야기이다. 진희 아버지의 그 고마움은 잊을 수가 없다.

경제가 태어난 날은 양력으로 9월 15일이지만, 추석 뒷날 음력 8월

16일이다. 임산부라고 시댁에서도 학교에서도 봐주지 않는다. 제발 추석 전에 출산하기를 바랐지만, 내 아들은 장손 집안의 힘든 추석 명절을 지나고 하루 뒷날, 학교에서는 출산 휴가 들어가면 일직 못 한다고 추석 뒷날 일직까지 하라고 한다. 학교에서 일직을 서는 데 오전 10시쯤에 화장실에 가니 뭔가 이상했다. 양수가 터진 것 같다. 남편과 함께 일직을 서고 있었는데. 너무 겁이 나 우왕좌왕, 철없는 남편은 아주 놀랄 만도 한데 너무 태연하다. 남이 봤으면 진중해서 그러는 줄 알겠지만, 그런 것도 아니다. 학교 근처에 사는 선생님께 급히 전화를 걸어 그 선생님과 대체하고, 짐을 싸서 택시 타고 친정으로 갔다. 너무 느긋한 남편한테 화가 났지만, 남편의 예상대로 아기는 밤 11시 정도 태어났다.

처녀·총각 선생님들

처녀·총각 선생님들이 참 많았다. 국어과 총각 선생님이 반응을 잘 보이지 않는 사회과 처녀 선생님 때문에 몸살을 앓는단다. 열 번 찍어 안 넘어가는 나무가 있다던가! 그해 1호 커플로 결혼식을 했다. 체육과 총각 선생님과 국어과 처녀 선생님. 어느 날 두 사람이 똑같이 눈병에 걸렸다. 예사로이 넘겼는데 그렇고 그런 사이, 수건을 같이 사용했다나. 2호 커플이 탄생하는 순간이다.

또 다른 체육과 총각 선생님과 미술과 처녀 선생님. 처음에 두 사람은 서로에게 관심이라곤 눈곱만큼도 없어보였다. 그런데 2호 커플까지 생기고 나니, 이 두 남녀도 마음이 급했나보다. 도시락을 싸 와서 밥을 먹을 때, 체육과 총각 선생님이 꼭 미술과 처녀 선생님 먹는 팀에 와서 밥을 먹는다. 그렇게 어쩌고저쩌고하다가 이 두 남녀도 3호 커플이 되었다. 우리는 그해 한 해만 세 커플 여섯 명에게 축의금을 내야만 했다. 경조사가 그것만 있었겠는가? 그 후 어울리지 않을 것 같았던 3호 커플이 제일 알콩달콩 잘 산단다.

1호 커플 사회과 처녀 선생님과 또 다른 도덕과 처녀 선생님은 단짝이었다. 노래방 문화가 막 시작되었던 때이다. 도덕과 처녀 선생님의 노래 실력은 뛰어나다. 도덕과 처녀 샘의 노랫소리는 동글동글하고 찰진 느낌이다. 이에 질세라 1호 커플 사회과 처녀 선생님도 노래를 부른다. 발라드에 너무나 어울리는 목소리이다. 정말 매력적인 두 아가씨였다. 단짝인 1호 커플 사회과 처녀 선생님이 결혼하고, 어떤 연유에서인지 도덕과 처녀 선생님이 울산으로 전근을 가버렸다.

십수 년이 흘렀다. 울산으로 전근 간 도덕과 처녀 선생님이 고등학교에 부임을 했었나 보다. 거뭇거뭇 수염이 이제 막 나기 시작한 고등학생들 눈에, 작고 귀여운 도덕과 처녀 선생님이 얼마나 예뻐 보였을까? 제자 중 한 명이 선생님을 무척이나 좋아했단다. 그 제자가 대학을 졸업하고 공무원 시험까지 합격한 후, 선생님에게 청혼하여 결혼했다네. 울산 교직 사회에서 엄청 떠들썩한 사건이었나 보다. 정말 용감하고 순애보적인 제자이다.

프랑스 마크롱 대통령도 고등학교 시절의 은사님과 결혼하지 않았던가! TV에서 마크롱 대통령과 선생님을 보면 아들을 가진 엄마로서 마크롱 대통령 엄마의 심정도 헤아려지고, 대단한 열정도 느껴진다. 하지만 저렇게 잘생긴 마크롱도 어쩔 수 없다. 마크롱도 늙어간다.

Chapter 3
쓰린 마음을
안고, 유쾌하게

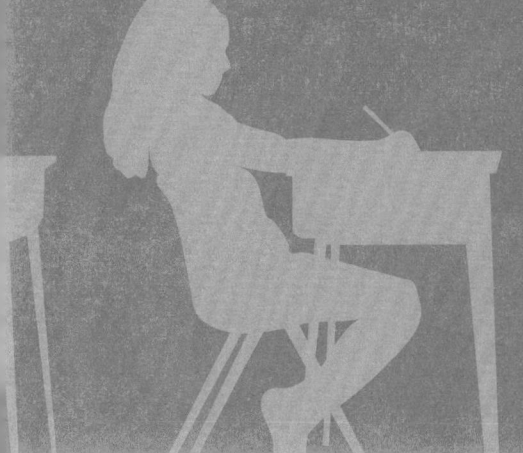

온 마을이 함께 키운 '경제'

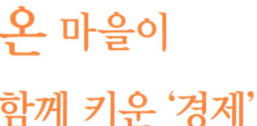
나의 소울 메이트

1992년 4월, 세 번 만에 운전면허증을 땄다. 내 인생에서 가장 잘한 것 중의 하나, 운전. 훨훨 날고 싶었다. 그 당시에 여선생님 중에서는 운전면허증을 상당히 빠르게 딴 편이었다. 첫 번째 차 엘란트라. 옆 동에 사는 음악 선생님을 태우고 출퇴근했다.

중앙중학교에서 4년을 보내고, 1993년 3월 신설 반림중학교로 전근을 갔다. 중앙중학교에 처음 부임했을 때와는 달리, 중앙중학교에서 반림중학교로 많은 선생님이 함께 전근을 갔기 때문에, 새로운 학교라도 서먹하지 않았다. 중앙중과 인근 반송여중, 반송중에서 전근해 온 선생님들이 대부분이었다. 전혀 낯설지 않았다. 신설 학교라 첫해는 한 학년뿐이다. 선생님들도 많지 않아 다른 학교에서 온 선생님들과도 금방 친해질 수 있었다.

몸이 가벼워 커피를 탈 때나 과일을 씻을 때, 무슨 일이든 잡일이 생기면 벌떡 일어나 싱크대에서 씻고있거나 하는 선생님이 눈에 들어왔다. 난 일에 서툴고 약간 게으른 성격이라 그런 선생님이 부럽기도 하고 예뻐 보이기도 한다. 너무나 쉽게 일을 척척 해내는 차인자 샘. 얼마 지나지 않아 내 인생의 가장 친한 동지가 되었다. 그런 부지런하고 착한 선생님을 누가 싫어하겠는가! 관리자분들도 다 좋아했다. 남의 말에 공감을 잘해 주는 선생님이기에 우리 둘의 대화는 그칠 줄을 모른다. 그렇게 우리 둘은 남이 부러워할 정도의 절친이 되었다.

그렇게 한 해가 지나고 1994년 두 번째 해, 새로 학년이 늘어나기 때문에 또다시 많은 선생님이 부임해 왔다. 국어과 류 샘, 사회과 려 샘, 수학과 정 샘, 그리고 국어과 박 샘 등 또 이렇게 새로운 인연들을 만난다. 가장 친한 차 샘을 비롯해 류 샘, 려 샘, 정 샘 등과 재미있게 학교생활을 했다. 학생들이 교우 관계를 학업보다 더 중요하게 생각하듯 우리도 같은 공간에서 생활하면서, 바쁜 와중에도 마음을 터놓고 이야기할 수 있는 벗 같은 동료가 중요하다. 친한 친구가 같은 반이 되었으면 하고 바라는 것처럼, 내 옆에, 앞뒤에 누가 앉느냐가 중요한 것처럼 교사들 역시 마찬가지이다. 1년 동안 학교생활이 즐거우냐 아니냐 판가름 나는 좌석 배치가 너무나 중요한 요소 중 하나이다.

나는 이미 차를 운전하고 있었다. 그 당시 차가 없었던 차 샘이 필요할 때 종종 내 차를 탔다. 귀찮지 않았다. 오히려 함께 차를 타고 오가며 이야기를 나누는 재미가 쏠쏠했다. 류 샘이 전근을 오고부터는 류 샘 차를 탈 때가 눈에 띄게 늘어났다. 점점 차를 운전하는 여교사들이 많아지는 시기였다. 오히려 차가 없는 샘이 차를 골라 탈 수 있다. 퇴근 시간이 되고, 우르르 주차장으로 가서 차를 타고 기다린다. 당연히 내 차를 탈 줄 알았는데 류 샘 차를 탄다. 류 샘 차를 타면 마음이 편안하단다.

하루하루 지날수록 차 샘이 류 샘과 대화를 나누는 시간이 나와의 대화 시간보다 더 길어진다. 보통 교사의 평균 수업 시수는 그 당시 일주일에 20~22시간 정도이다. 학년 초 교사들 시간표가 나오면, 대학 다닐 때 친한 친구들과의 공강 시간을 맞춰보는 것처럼 친한 선생님들 간의 시간표를 비교해 본다. 쉬는 시간이 같으면 서로 대화할 시간이 많으니까 아주 중요한 문제이다. 일주일에 딱 한 번 세 사람 모두 함께 쉬는 시간이 있었다. 떨어져 앉아있어도 한 번씩 말을 툭툭 던져도, 친한 사람끼리 같은 시간에 쉰다는 것은 그저 좋은 것이다. 게다가 같은 부서에 자리가 배치되면 금상첨화이다.

어느 날 다 같이 쉬는 시간인데 두 사람이 없다. 화장실 갔나? 수업 시간이 끝날 때까지 나타나지 않는다. 그다음부터 자주 그런 일이 있다. 한번은 찾아나서 보았다. 보건실에서 대화를 나누고있다. 내가 열심히 업무를 하는 것 같아 둘만 왔다고.

방학 중 세 사람이 모여 점심을 먹고 헤어졌다. 헤어지고 나서 난 집으로 돌아왔는데, 두 사람은 다시 만나 차 샘 집에서 놀고있음을 우연히 알게 되었다. "아! 모르는 뭔가가 있구나. 류 샘이 훨씬 편한가 보다."

'류 샘은 내가 봐도 담백한 성격이거든. 나보다는 훨씬 편안한 성격이지.' 그렇게 생각하면서도 마음 한쪽이 허전했다. 나 또한 쿨한 성격이라 곧 잊기로 했다. 하지만 내 성격은 쿨하지 못했다. 의식적으로 허전하고 씁쓸한 마음을 벗어나기로 했다. 깊은 애착을 버리고 무덤덤한 마음으로….

학생들에게 학교생활에서 가장 고민되는 내용이 뭔지 물어보는 설문이 있다. 1위가 '학업 성적'이 아닌 '교우 관계'이다. 우리도 스스로 맘을 다스리기가 어려울 때가 많은데, 어린 학생들이야 말해 무엇하겠는가? 그래서 좌석 배치도 엄청 신경을 써 주어야 한다. 심지어 수학여행이나 체험 학습 갈 때 버스 좌석까지도 말이다.

아파트의 이웃들

럭키아파트 12층에는 같은 또래의 엄마들이 모여 산다. 친하게 지내는 엄마 중 나만 직업인이고 다른 이들은 가정주부이다. 그래서 나는 방학 때 많이 어울리는 편이다. 4호 상욱 엄마. 상욱 엄마는 나름 흔히 말하는 가방끈도 길고 남편은 삼성 근무, 게다가 시댁이 우리가 갈망하는, 아주 부러워하는 부자란다. 어렸을 때는 값비싼 옷을 입힐 필요가 없다는 나의 의견과는 달리, 메이커가 새겨진 옷을 아이에게 꼭 입힌다. 매일 남편이 집안일을 도와준다고 자랑을 하니 질투와 가십거리의 대상이 된다.

경제 엄마. 경제 엄마 직업은 교사이고 남편은 LG 근무. 상욱 엄마는 '삼성이 LG보다 월급이 많다, 시댁에서 뭘 해줬다, 상욱이가 경제보다 키가 요만큼 더 크다'는 등 약간 밉살스럽긴 했다. 그렇게 사는 사람도 있으려니 하고 같이 지내면 되겠지만, 매번 비교하는 말과 태도가 마음에 거슬린다. 매일 만나는 옆집 엄마들도 그랬을까? 엄마들이 그녀보다는 경제 엄마인 나에게 더 많은 친근감을 표한다. 돌이켜 보면, 자존심 센 상욱 엄마는 다른 엄마들이 본인보다 나에게 더 친근함을 표하니 속상했을 법도 하다. 어른이나 아이나, 사회생활에서나 학교생활에서나, 사람과의 관계가 참으로 중요하고 삶의 많은 부분을 차지한다. 가해자는 모른다, 피해자만 상처받을 뿐. '왕따'는 참으로 무서운 것이다. 아무리 가벼운 따돌림일지라도. 절대 일어나서는 안 될.

요즘 아파트에서 현관문을 열어두는 경우는 없다. 모든 문이 꽉 닫혀있다. 하지만 그때는 아파트라고 해도 여느 동네처럼 서로 왕래하는 일이 잦았다. 여름 방학이 되면 집집마다 아파트 현관문을 열어두고, 아이들은 복도에서 세발자전거를 타고 아무 집이나 스스럼없이 들어갔다. 모닝커피를 시작으로 점심은 수제비 아니면 쫄면, 주로 3호 정현이 엄마가 뚝딱뚝딱. 정말 하루하루 지나가는 게 안타까울 만큼 즐거웠다. 얼마나 즐거웠으면, 여름 방학이 지나가지 않도록 달력을 뜯고 싶지 않았을까!

우리 아이가 태어나서부터 약 6개월 동안 2호 경아네 엄마가 돌봐주셨다. 출근 전, 아침 일찍 데려가 목욕시키고, 병원도 데려가주고, 참으로 정성껏 보살펴주신 분이다. 6개월 후 다른 엄마에게로 보내졌다. 11층 칠성이 엄마께로. 시어머니를 모시고 계시는 듬직한 아줌마. 이른 아침부터 할머니가 경제를 데리러오신다. 유모차에 태워 동네 한 바퀴. 자판기에서 율무차 한 잔을 아이에게 마시게 하고, 출근할 때쯤이면 엘리베이터에서 만나 작별 인사를 한다. 낮에는 칠성이 엄마가 병원에도 데려가고, 마실 갈 때 애를 데리고 다녀 오히려 아파트에서는 내 아들 '경제'가 아니라 경제 엄마 '나'가 되어있었다. 엘리베이터에서, "경제 엄마시네요."라고 하는 인사가 많다.

칠성이 엄마는 마음 씀씀이가 너무 넓고 요리 솜씨는 기가 막힌다. 난 그 집에서 된장찌개 등 얻어먹는 밥이 너무 맛있었다. 남편이 유럽에 한 달 동안 출장을 갔다. 남편이 없으니 밥할 생각은 더 없다. 그것을 안 칠성이 엄마, 내 아들을 데리러가면 꼭 저녁을 먹고 가란다. 퇴근 후 배도 고프고 그 유혹에서 벗어날 수가 없다. 거의 한 달 동안 저녁을 얻어먹었다. 내 마음의 염치 따위에는 두 눈 딱 감고.

칠성이 할머니는 경제가 귀한 자식이라고 치켜세운다. 커피잔에 아이의 오줌을 받았다는 말도 하고. 그런데 어느 날 아이 손에 빵이 들려있다. 그 빵에 곰팡이가 잔뜩 서려있다. 기겁하겠다. 할머니는 아이가 빵을 먹고있다고, 잘 먹는다고 말씀하신다. 눈이 어두운 할머니께는 그 곰팡이가 보일 리가 없다. 할머니 무안하실까 봐, 말씀을 드릴 수는 없었다. 얼른 아이를 안고 나왔다. 손에 빵을 든 채. 애가 먹었을 걸 생각하니 마음이 아프다. 하지만 아픈 마음보다 고마운 마음이 훨씬 컸다. 더 귀한 정을 그 집에서 듬뿍 받고있으니….

몇 년이 흐른 후, 경제가 5살쯤 되었을 때 11층 8호 현진이 엄마가 돌보게 되었다. 경아 엄마, 칠성이 엄마, 현진이 엄마. 남들은 애 키울 때 돌보아 줄 아줌마 고르는데도 많은 애를 먹는다. 부모만큼이나 애정을 갖고 키워 준 이 세 분에게 항상 고마움을 느낀다. 나는 애를 한 번도 업어보지 않은 엄마이다. 병원에도 그다지 데려가보지도 않았고. 항상 마음을 편하게 해주었던 분들이다.

1994년 6월, 이웃과의 정이 돈독했던 럭키아파트에서 상남동 성원아파트 308동 150X호로 이사 갔다. 다들 큰 아파트로 이사 가면 좋아하지만 난 이사 가기가 싫었다. 럭키아파트의 이웃들이 얼마나 좋고 정이 들었던지. 이런 이웃들을 두고 이사 가려니 마음이 아팠다.

20세기 최악의 폭염, 1994년 그 여름

나의 아들 유치원 가다

　대단지 아파트가 없었던 창원에 대동아파트가 세워지고, 그다음에 성원아파트가 세워졌다. 분양가 평당 200만 원, 총 6,400만 원. 1994년 6월 상남동 성원아파트 308동 150X호로 이사했다. 학교와 다소 멀어 조금 더 일찍 아들을 태우고 학교로 향했다. 집은 넓고 좋았지만, 럭키아파트 엄마들을 잊을 수가 없다. 그러던 중, 앞집 아줌마와 대면하게 된다. 나보다는 9살 위, 내 나이 34살 아줌마 나이 43살. 자그마한 키에 일요일 교회 가신다고 한복 입은 모습을 보았는데 서울 말씨로 "안녕하세요, 150X호입니다." 얼마나 예쁜지, 또 목소리는 옥구슬 굴러가는 듯했다. 대기업에 다니는 아저씨, 예쁜 아줌마, 중학교에 다니는 오누이, 그리고 할머니 이렇게 구성된 가족이었다.

그 후 9살 차이인데도 얼마나 말이 잘 통하는지, 방학이 되면 마주 보는 문을 열어 두고 신발도 신지 않고 이집 저집을 왕래한다. 지금까지도 이어져 오는 뗄 수 없는 인연이다. 아줌마의 마음 씀씀이가 얼마나 넉넉한지, 한번은 "경제야! 육개장 끓였다. 좀 줄게." 작은 냄비에 조금 줄줄 알았다. 그런데 가지고 온 육개장, 큰 냄비 한 냄비이다. 어지간한 가정에서 몇 끼 식사 반찬으로 끓일만한 양을. 그 뒤로 우리 가족에게 보낸 인심이 어떠했는지는 정말 말로 표현할 수가 없다. 참으로 고마운 인연이다.

남편은 항상 회사에서 늦게 왔다. 모든 육아의 책임은 당연히 나의 몫이라 생각했다. 그렇게 억울하다는 생각은 하지 않았다. 회사 일이 우선이라고 생각했으니까. 저녁밥을 회사에서 해결하고 오는 것이 더 좋기도 했다. 간혹 학교에서 회식할 때는 앞집에 맡겼다. 당시 경제가 얼마나 말을 많이 하던지, 할머니가 싫어했다. 제발 입 좀 다물라고, 어린 내 아들은 아랑곳하지 않았다. 아줌마는 항상 내 맘을 편하게 해 주었다. 할머니가 싫어하든 말든 아이는 앞집에 가는 것을 너무나 좋아했다. 아줌마가 맛있는 것도 주고, 특히나 많은 말을 함께 하는 것이 좋았나 보다.

김영삼 대통령 공약 중 '일하는 여성을 위해 직장에 돌봄 시스템을 갖춘 유치원을 둔다'는 내용이 있었다. 일하다가 틈틈이 아이들의 상태도 볼 수 있는 유치원이라고 했다. 막상 대통령이 되고 보니 모든 직장 내에 유치원 서비스는 불가능했다. 주변의 직장을 모아 한군데 정도 만들기로 했는데, 그것이 최초로 창원에서는 용호초등학교 건물 뒤편에 '용호초등 부설 유치원' 건물을 세워 인근 학교에서 근무하는 교직원의 아이들을 수용키로 했다.

매우 저렴했다. 자그마한 건물에 그래도 대통령 공약이니 시설도 꽤 좋았다. 그 당시에는 신문물이었던 '볼풀'이라는 것도 있었다. 바로 원서 접수를 했다. 유치원은 세 살부터 연령이 다양했다. 경제는 여섯 살. 모든 원생 중 최고참이었다. 대통령 공약 사업인지라 개원을 했을 때는 방송국에서 나와서 촬영을 했다. 여섯 살인 경제가 그나마 말이 통했던지, 대부분의 촬영을 경제 위주로 했다. 그때 촬영한 자료는 여러 해가 지나도 유치원에 관한 뉴스만 나오면 자료 화면으로 사용되면서 경제가 TV에 종종 나왔다.

많은 부모가 내 아이는 여러 상황에서 좀 더 나은 집단에서 생활하기를 원한다. 나이가 어린 아이들과 함께 생활하는 것은 내 아이도 정신 연령이 낮아질 거라는 걱정을 한다. 굳이 그런 환경을 찾을 필요는 없지만, 또 굳이 그런 환경을 필사적으로 피하고 싶지는 않았다. 그런 환경에서 생활함으로써, 동생들을 보살필 기회를 많이 얻지 않았나 싶기도 하다.

서범이와 영준이, 그리고 현섭이

반림중학교에서 가장 기억에 남는 세 명의 학생이 있다. 서범이와 영준이, 그리고 현섭이. 서범이는 얼마나 모범적인 학생이었던지! 수업 시간에 한 치의 흐트러짐이 없는 학생이다. 아들만 셋인 집안에 장남으로 검소함이 몸에 배어있고 예의 바른 행동, 우수한 성적, 뭐 하나 부족함이 없다. 얼굴은 또 얼마나 반듯하게 생겼으며, 선생님의 말씀은 단 한 번의 어김도 없다. 몽당연필을 볼펜에 끼워 쓰는 아이, 하루는 "서범아, 그 연필 이제 버려라."라고 했던 기억이 있다. 어지간하면 아이들 검소함에 칭찬했을 법도 한데.

전교 회장 영준. 수업 시간에 들어가면, "선생님, 오늘 아이새도 색깔 예쁘네요." 등 꼭 외모 칭찬을 아주 기분 좋게한다. 살집이 있는 아주 마음씨 좋은 아저씨처럼 생겼다. 서범이와는 모든 면에서 대조적이다.

그리고 현섭이. 중학교 2학년인데도 키는 아주 컸으며 그렇게 점잖을 수가 없다. 뭐라고 하면 정말 매력적으로 씩 웃고 마는. 그렇게 큰 키에 작은 바이올린을 가지고 다녔던 현섭이도 멋졌다. 교사들은 마음에 드는 학생을 보면, 내 아이도 저렇게 컸으면 하는 부러운 마음이 생길 때가 종종 있다. 그래도 그렇지, 장난꾸러기 7살 내 아들이 15살 현섭이처럼 의젓하지 못하다고 속상해했던 적도 있으니, 나는 참 철없는 엄마였다.

서범이가 반림중학교를 졸업하고, 중앙고등학교에 진학했다. 들리는 소문에, 연세대를 거쳐 서울대 로스쿨을 갔는지 아니면 서울대에서 연세대 로스쿨을 갔는지는 정확히 모르겠지만, 어쨌든 로스쿨에 진학했단다. 형제 3명이 다 서울대에 진학했다는 소문이 있으니 후자가 맞을지도.

2003년 어느 날쯤인가! 생전 처음으로 황금빛이 도는 똥 꿈을 꾸었다. 빛깔이 얼마나 좋던지, 꿈속에서도 만지고 싶을 정도였다. 잠에서 깨어나니 너무 기분이 좋았다. 돈이 쏟아지려나, 내심 심장까지도 쿵쾅쿵쾅. 일요일 오전 10시쯤 되었을까? 전화가 걸려왔다. 너무나도 오랜만에 중학교 졸업하고 처음으로 서범이에게서 전화가 왔다.

"선생님! 저 변호사 시험 합격했어요."
"아이고, 서범아. 축하한다, 정말 축하해~"

그 예의 바른 녀석은 저쪽 전화 너머에서조차 온갖 예의를 다 갖추는 몸짓이 느껴진다. '녀석! 여전하구먼.' 그리고 몇 년 후 결혼 청첩장이 왔다. 서울 어디에선가 한다고. 그 휘황찬란한 똥 꿈이 서범이의 변호사 합격 소식이었다.

최악의 무더위 1994

1994년 여름은 역사상 가장 더운 여름으로 기억되는 해이다. 반림 중학교는 기역 형태의 건물이라, 동향으로 배치된 교실은 아침에 햇볕이 들어 여름 오전이 너무 덥고, 겨울 오후에는 해가 빨리 져 너무 춥다. 건물의 방향이 얼마나 중요한지를 실감한다. 에어컨도 없었고, 고작 선풍기 두 대가 피 끓는 청춘 50명 이상의 학생들을 위해 힘겹게 돌아간다. 더군다나 맨 꼭대기 층에 있는 교실에서 수업할라치면, 교실 문에 들어서는 순간 숨이 턱 막힌다. 시작도 하기 전에, '어떻게 45분을 보내지?' 정말 신세 한탄을 한다. 복도를 지나가면 창문 너머로 흰 유니폼을 입고 테니스를 하는 현대아파트 아줌마들을 본다. 난 왜 이렇게 팔자가 사납지?

1994년 여름은 진짜 더웠다. 대한민국 역사상 최악의 폭염과 전설적인 가뭄이 함께 했다. 당시 폭염으로 인한 온열 질환 사망자는 92명이라고 한다. 정말 뉴스에서 일사병으로 인한 사망자가 계속 보도되었다. 얼마나 더웠던지, 1994년의 폭염은 하나의 기준점이 되었다. 7월부터 열대야가 시작되었다. 잠을 자기가 힘들다. 새벽이 되어야 잠깐 조금 서늘한 바람이 들어왔다. 그리고 해가 뜨면 곧 땀이 줄줄 흘렀다. 학교에 출근하자마자 기진맥진했다.

당시 학교에는 에어컨이 없었다. 교실당 선풍기 두 대가 양옆에서 덜덜거리며 돌아간다. 땀이 줄줄 흐른다. 그렇게 활기차고 장난을 치던 아이들마저도 너무 더워서 힘이 없다. 교실 안에서 그렇게 시간이 가지 않는 적이 없었다. 한참을 수업한 듯한데, 고작 10분이 지났다. 수업이 끝나는 종이 치기를 그렇게 간절히 바랐던 적이 있을까? 아이들도 선생도 모두 파김치가 되어 수업해야 했다. 더군다나 당시 반림중은 신설 학교라 완성 학급이 될 때까지 여기저기서 계속 공사 중이었다. 창문을 열면 소음 때문에 수업이 될 리가 없다. 그렇게 더운데도 창문을 열지도 못했다.

그래도 그 더위를 잠시나마 잊게 해준 것이 점심시간이다. 학교가 공사 중이라 학교 내에 함바집이라는 곳이 있었다. 원래는 공사하는 노동자들이 점심을 먹는 곳이지만, 교사들도 그 식당을 이용했다. 몇몇 선생님들은 집에서 도시락을 싸 와 삼삼오오 둘러앉아 먹기도 했다. 그 여름 땀을 줄줄 흘리며, 점심시간에 선생님들과 함께 그 함바집에서 먹었던 맛있는 점심을 잊을 수가 없다.

삶의 마지막 여행인 줄

> 경제가 초등학교에 입학하다

　려 샘은 해외여행을 무척이나 좋아했다. 그다지 해외여행이 성행하지 않았던 시절, 여름·겨울 방학 일 년에 꼭 두 번은 해외여행을 갔다. 가기 전 철두철미하게 그 나라에 대해서 공부하고 간다고 했다. 주로 오지를 많이 다닌다. 바람의 딸 한비야처럼 오지를 다니기 때문에 여행비도 많이 들지 않는다고 한다. 비행기, 숙소 등도 미리미리 예약하고. 오히려 한국에서 여름·겨울을 보내는 비용보다 덜 들 때가 많다고 한다. 려 샘은 50대 초반에 명예퇴직했다. 여름이나 겨울에 여행하는 것은 좋은 계절이 아니라고, 사시사철 언제든지 여행을 떠난다고 했다. 진정한 여행자다. 아마 지구 몇 바퀴는 돌았을 듯.

　여행을 별반 좋아하지 않는 나와는 공감대가 다소 형성되지 않는다. 려 샘이 생선이나 나물 등을 좋아해서 친정에 제사가 있거나 설 추석

등이 지나면 초대해서 음식을 대접하곤 했다. 맛있게 잘 먹는 모습은 좋았지만, 대부분 다녀온 나라 등 여행에 관한 이야기라 지루함이 느껴진다. 누군가는 대리 만족이라도 할 법한데…. 난 도통 관심이 없다. 그리고 그 샘은 경기도로 이사를 했다. 여전히 일 년에 9달 정도는 해외여행을 하면서 현지 체험도 하고, 잘 지내고 있는 듯하다. 지금도 SNS를 통해 간혹 그녀의 삶을 접하기도 한다.

경제가 7살이 되었을 때 현대아파트 내의 반림중학교 뒤편에 있는 배꽃유치원으로 보내었다. 럭키아파트에서 성원아파트로 이사 간 후에 아이를 출근길에 함께 데려다가 유치원에 보내기 위해 바로 학교 옆 유치원에 보내게 된 것이다. 너무 이른 시간이라, 유치원이 아직 문도 열지 않아 혼자서 유치원 미끄럼틀 모래사장에서 놀았다. 그 모습을 본 1반 담임 선생님이자 학년부장님이셨던 옥 샘께서 아침 시간에 유치원과 가까운 1반 교실에서 함께 있다가, 8시 50분쯤 유치원에 보내는 수고로움을 기꺼이 해 주시기도 했다.

선생님들과 대화가 많아 대부분 선생님의 가정사를 안다. 내 친구 중 한 명이 책 판매원을 하고 있을 때다. 어린아이가 있는 선생님들을 섭외하여 친구의 책을 엄청 팔아 주기도 했다. 선생님들은 남의 꾀임에 잘 빠지는 선량하고도 얄팍한 귀를 가지고 있어 쉽게 판매 대상이 된다. 그해 나의 친구는 판매왕이 되어 해외 연수를 다녀오기도 했다.

그리고 드디어 1996년, 내 아들이 초등학교에 입학했다. 웅남초등학교, 담임 안다영 선생님. 입학식에 참석했다. 교실에 들어가지 않고 스탠드에 아이들을 앉혀놓고 담임 선생님과 첫 대면을 갖는다. 몇 마디 주의 말씀을 하신다. "아침에 올 때 꼭 화장실에 다녀오너라." 변을 집에서 보고 오라는 말이다. 내 아이가 손을 번쩍 든다. "선생님, 똥이 안 나오면 어떡해요?" 역시 말이 많은 아이다.

생애 첫 수술

이제 막 학교에 컴퓨터가 본격적으로 들어오기 시작한다. 전에 컴퓨터 연수를 받아본 적이 있다. 강사가 시키는 대로 명령어를 그대로 입력하는 연수였다. 적어 주는 대로 명령어 입력하는 이것이 무슨 연수인가? 그리고 컴퓨터에 관심이 없었다. 몇 년 후, 각 학교에 5~6대의 컴퓨터가 교무실 한구석에 비치되었다. 시간 나는 대로 실습을 해보란다. 관심있는 선생님들은 켜 보기도, 자판기를 두드려 보기도 했지만, 나는 기계치이기도 했지만, 신문물에 선뜻 앞서가는 그런 부류는 아니었다. 그리고 그때는 정말 몰랐다. '언제 컴퓨터로 업무를 볼 때가 오겠는가?' 등 부정적인 생각으로 컴퓨터와는 친해지지 않았다.

2년에 한 번씩 공무원 정기 건강 검진을 한다. 한마음병원 산부인과에서, 2년 전에도 자궁에 혹이 있다는 진단을 받았다. 올해 혹이 더 커졌다네, 수술해야겠다고 한다. 그때만 해도 '수술'이라는 단어는 곧 '죽는다'라는 뜻으로 들렸다. 마산 삼성병원에 의견서를 줄 테니 가보라고 한다. 두려움이 강하게 엄습해 왔다. 수술 날짜가 8월 6일로 잡혔다. 학교에 병가를 두 달 냈다.

갑자기 모든 게 불행해 보였다. 작열하는 태양도 우울해 보였다. 내 아들은 이제 고작 8살이 되었는데, 아들과 보내는 마지막 여름일 것만 같았다. 내 삶의 마지막 휴가처럼 남편, 아들, 그리고 나 셋에서 삼천포의 남일대 해수욕장에 갔다. 친정에도 갈 겸. 해수욕장에 가기는 했지만, 마지막 추억을 남길지도 모른다는 마음에 울적하기만 했다. 난 물에 들어가보지도 않고, 슬프게 그들 둘을 바라보았다. "나의 마음을 누가 알겠는가?" 내 마음 따위는 아랑곳하지 않는, 역시나 마음이 느긋한 남편과 아무것도 모르는 아이는 얼마나 즐겁게 해수욕을 즐기던지….

지금 생각해 보면 고작 자궁 근종 수술인데 너무 떨긴 했었다. 드디어 8월 6일. 수술실로 들어가는 것이 너무나 싫었다. 못 들어가겠다고 말도 못 하고 수술실로 들어간다. 그렇게 수술을 하고 일주일 만에 퇴원할 수 있다는 의사의 말에 일주일이 지나가기를 손꼽아 기다렸다. 드디어 일주일이 지났다. 하지만 아침에 열을 재면서 미열이 남아있기 때문에 퇴원할 수 없단다. 그러기를 일주일, 꼭 보름 만에 퇴원했다.

반림중학교 모든 여선생님이 집으로 방문해 주었다. 단 한 명도 빠짐없이. 그러기 쉽지 않은데. 옥 샘이 혼자 오셨다. 그 비싼 대하 새우를 사 가지고. "선생님! 저 그거 어떻게 해서 먹는지 몰라요." 요리 잘하기로 소문난 옥 샘이 직접 삶아 직접 까서 먹게 해 준 고마운 일도 있다.

　자궁 근종 진단을 받기 전, 아침에 출근하면 내가 항상 배를 아파 했다고들 한다. 계속 배가 아파서 한번은 병원에 갔더니만 맹장염인 것 같다고 수술을 하자고 한다. 정말 무슨 배짱이었던지 난 하지 않겠다고 했다. 의사가 진단서에 'deny'라는 단어를 썼다. 내가 거부했다는 거지. 그런데 수술을 하지 않았는데도, 그날의 배 아픔은 점차 수그러 들었다. 나중에야 자궁 근종 진단을 받고 수술을 했으니, 만약 그때 엉터리 진단으로 수술했다면 지금 나의 몸에 맹장은 없었을 것이다. 그나저나 그때 나는 무슨 깡으로 맹장 수술을 받지 않았던 것일까?

내 인생 최고의 그녀들

식당 아줌마

　반림중학교에서의 4년이 지나가고 있다. 창원 한 지역에서 8년간 근무를 할 수 있어서 이제 다른 지역으로 전근을 가야 한다. 가까운 곳이 김해, 마산, 진해 등이다, 고민이 많았다. 학교가 많은 김해를 선택해서 김해 내동중학교로 발령이 났다. 절친 차인자 샘은 거제로 발령이 났다. 하루도 보지 않으면 안 되는 사이였는데 이별을 해야만 했다. 나는 통근할 수 있지만, 차 샘은 거제로 이사를 해야만 했다. 그렇게 또 새로운 삶이 시작된다.

　1997년 3월 1일 자로 내동중학교로 발령이 났다. 집에서 40분 정도가 걸린다. 출퇴근 시간이 길어지는 것은 물론, 좀 더 이른 시간에 출근을 해야 해서 훨씬 더 힘든 하루하루가 될 것이다. 새 학교에 부임하는 첫날은 항상 긴장감이 최고치다. 선생님에게는 일 년 중 3월이 제일 고통스러운 달이다. 거기다 새 학교로 부임하는 3월 2일은 더욱 그렇다. 소개가 끝나고 반 배정을 받았다. 3월 어느 날, 하염없이 교무실 벽만 쳐다보고 있을 때 어느 선생님이 나에게 말을 걸어왔다. "선생님! 이쪽으로 놀러 오세요." 내동중학교에서 가장 기억에 남는 순간이다. 내 인생에 있어 참으로 잘 만난, 무슨 말을 해도 이해해 주고, 함께있어 좋고, 함께 박장대소하고, 의리가 있고, 동생이지만 언니 같은 전연희 샘을 만났다.

내동중학교는 출퇴근 시간이 길어 어려웠던 점이 점심시간에 밥 먹는 즐거움으로 상쇄되고도 남았다. 점심시간을 기대하며 출근을 할 지경이었다. 점심시간이 되면 학교 옆문을 통해서 가정집 1층에 있는 조그마한 식당에 밥 먹으러 간다. 그 식당은 순전히 우리 학교 선생님들만을 위한 식당이다. 간판을 내걸고 하는 식당이 아니라 그냥 선생님들에게 점심만 해주는 식당이다. 식당 여주인은 우리보다는 다소 젊었으며, 항상 큼직한 귀걸이를 하고있고 용모 단정한 모습이다. 바이올린을 들고 다니는 유치원생, 초등학교 1학년 어린 두 딸이 있다.

한 끼 식사 비용은 2,500원. 식대와 비교하면 반찬 가짓수는 열 가지가 넘었다. 달걀 재료만으로도 여러 가지 반찬을 만드는 재주가 있었고, 맛 또한 훌륭했다. 매일 밥을 먹었음에도 반찬이 겹친다는 생각은 들지 않았다. 모든 음식의 재료가 풍성했다. 식사비는 각자가 매일 돈을 소쿠리에 넣으면 된다. 세어볼 생각도 하지 않는다. 값을 올리라고 해도 선뜻 올리지 않는다. 너무 맛있고 풍족하게 먹으니, 샘들이

합의해서 가격을 삼천 원으로 스스로 올린 적도 있다.

급기야 여선생님들이 저녁 반찬을 해달라고 제안을 했다. 처음에는 거절했지만 계속 조르니 허락. 일제히 똑같은 3단짜리 찬합을 퇴근하면서 가지러 간다. 식구가 많은 집은 자주 시키고, 나는 며칠에 한 번 주문하면 된다. 한 번 주문할 때마다 가격은 만 원. 매번 음식에 대한 칭찬과 감사의 말을 아끼지 않았다. 한동안 요리할 걱정 없이 행복한 나날을 보냈다. 그런데 이분 덕분에 뜻하지 않은 느낌을 받게 되었다. 마치 유명하지도 않고, 남들은 전혀 모르는 아이돌을 응원하는 팬의 느낌이랄까? 내가 응원했던 무명의 아이돌이 전 세계적인 스타가 된 것 같은 느낌 말이다. 간판도 없이 운영한 이 식당 사장님이 엄청 유명해지신 것이다.

내동중학교를 떠나온 후, 김해 내·외동 신도시에 아파트가 많이 생기고 상가 건물도 신축되어 가고있단다. 아직은 구획 정리된 빈터가 많은 내·외동 신도시. 인구가 점점 늘어나다 보니 상인들이 손수레에 각종 먹거리를 많이 내다놓고 판다네. 특히 김밥집이 엄청 생겼단다. 여러 김밥집 중 유독 한 김밥집에 사람들이 줄을 서서 김밥을 산단다. 줄이 길어도 엄청 길다고 하네. 그 김밥집 사장님이 내동중학교의 우리 식당 아줌마였다.

샘들 밥해 주는 것을 그만두고 김밥을 손수레에 내다놓고 판단다. 얼마나 재료를 듬뿍듬뿍 넣는지! 천 원짜리 김밥에 햄 등 속 재료를 듬뿍, 다른 김밥집보다 크기에서 압도적, 게다가 음식 솜씨마저 있으니, 줄이 너무 길어 인내심이 없으면 김밥을 살 수가 없다나? 그 후 얼마나 사업이 번창하던지 내·외동에 큰 건물을 사고 남편, 오빠 내외분까지 그 사업에 뛰어들었단다. 이제 그 아줌마는 집에서 재료만 만들고. 그렇게 경남과 부산에 가맹점만 50개가 넘는 프랜차이즈 김밥 전문점으로 성장했다.

어느 날, Hello TV에 그분이 나오셨다. 그분의 이름도 그때 처음 알았다. 세월이 흘렀음에도 단아한 모습 그대로이다. 창원 시내버스 광고판에도 선전한다. 심지어 라디오 방송에서도 그분의 이름을 딴 식혜를 광고하고 있다. 전연희 샘과 만나면 자주 이분에 대해 이야기한다. 물론 기본 음식 솜씨도 있었지만, 너무 돈에 급급하지 않고 성심을 다해 뭔가를 하면 꼭 성공할 수 있다고. 진짜 재료 같은 걸 아끼지 않았거든. 바이올린을 들고 다니던 큰딸에게도 사업체를 하나 줬다고 한다. 내 주변에 이렇게 돈을 번 사람은 많지 않다. 항상 성공한 사람을 예로 들 때 나는 이분을 소개한다. 1997년 남의 집에서 10~15인분 정도의 밥을 해주다가 창원 김해를 대표하는 음식 체인점을 일군 대단한 분이라고, 정말 고객을 위해 최선을 다하시는 분이라고.

전연희 샘과 이은지 샘

항상 웃음거리를 제공하고, 에너지가 넘치는 연희 샘과는 달리 조용하고 별로 웃지도 않을뿐더러 진중한, 학생들에게 카리스마가 있는 이은지 샘. 전 샘과 이 샘은 서로 닮은 부분은 없지만, 형제처럼 잘 지내는 사이였다. 내동중학교에서 두 선생님을 만난 건 행운이었다. 어떻게 그들이 나를 선택했는지? 후에 전 샘이 말하기를, '선생님 이후로 전근해 온 어떤 샘에게도 관심이 생기지 않았다고.'

난 79학번, 이은지 샘은 83학번, 전연희 샘은 84학번. 그날 이후로 우린 마치 오래전부터 잘 알아 온 사이처럼 무수히 많은 대화를 하였고, 그 대화가 그렇게 즐거울 수가 없었으며, 많은 선생님이 우리 관계를 부러워했다. 자녀 이야기부터, 집안 이야기, 그리고 학교 학생들 이야기까지. 그리고 주변에 박 샘, 또 박 샘, 이 샘까지도 함께 어울리게 되었다. 이렇게 여섯 명이 쉬는 시간마다 모여 이야기하고 깔깔거렸으니, 교감 선생님으로서는 우리가 얄미웠겠다. 한번은 우리를 보고 참새 떼에 비유했으니….

이은지 샘은 소리 없는 강자이다. 우리가 컴퓨터에 입문하기를 거부할 때 완전 컴퓨터 도사가 되어있었다. 그때까지만 해도 컴퓨터는 교무실에 3~4대밖에 없었다. 지금처럼 날씬한 모니터가 아니라 모니터만으로도 책상이 가득 차는 컴퓨터였다. 컴퓨터를 잘하는 사람만이 컴퓨터 앞에 앉아서 작업했다. 그녀는 컴퓨터를 자유자재로 사용할 수 있는 몇 안 되는 교사였다. 점점 컴퓨터를 잘하는 교사가 유능한 교사로 인식되는 시기였다. 기계치인 나로서는 최대한 컴퓨터를 사용하지 않는 교사로 버텨보고 싶었다. 새로운 것을 배우기가 너무 싫다.

그러다 점점 무능한 교사로 퇴보되는 느낌을 받기도 했다. 전 샘 왈, "컴퓨터를 부숴버리고 싶어요." 나와 똑같은 마음이다. 하기는 싫지만, 꼭 해야 한다는 사실을 알고있으니, 따라가지 않을 도리가 없다.

교직 생활 중 정말 하고 싶지 않은 일이 또 하나 있다. 신학기가 되면 꼭 해야 하는 환경 미화다. 난 창의력과 손재주가 없어 우리 교실은 항상 초라했다. 환경 미화는 선생님이 하는 게 아니라 학생이 해야 한다면서 꼭 학생들에게 시켰다. 명목상 그럴듯하다. 학생들은 내 속마음을 몰랐겠지. 와! 전 샘은 놀라웠다. 환경 정리 솜씨가 대단했다. 교실 뒷면을 듣도 보도 못한 재료들을 사용해서 완전 입체적으로 만들어 놓았다. 당연히 심사에서도 1등을 차지했다.

우리의 이야기는 끊이지 않았다. 가장 내 유머 코드와 맞는 사람들이다. 조금 심한 말을 해도 웃음으로 깔깔깔. 물론 진짜 못난 사람에게 못났다고 하지 못하고, 진짜 뚱뚱한 사람에게는 뚱뚱하다는 표현을 쓸 수는 없지만, 선을 넘지 않는 선에서 우리는 마음껏 떠들고 놀았다. 우리만의 공감대가 충분히 형성되어 있으니 가능했다. 전 샘 콧구멍이 약간 벌렁거린다고 학생들이 캐리커처를 그렸는데, 콧구멍에 5백 원짜리 동전 넣는 걸 그렸다네. 우리 모두 박장대소. "이 캐리커처 그린 사람 나와. 니 오늘 내 콧구멍에 5백 원 동전 못 넣으면 죽는다." 우리는 또 깔깔깔. 참 그리운 시절이다.

이은지 선생님! 모든 일에 진중하고 능력자이며 학생들에게는 카리스마가 있는 선생님. 절대로 큰 소리로 말하는 법이 없다. 학생들 앞에서 절대 웃는 법도 없고, 학생들 이름을 절대 부르지 않는다. 모든 학생의 이름은, "얘야~" 혹시 이름 모르는 학생을 부를 때 그 학생이 상처 받을까 봐, 이름을 알든 모르든 '얘야~' 로 통한다. 나지막한 목소리로 말해도 수업 시간에 흐트러지는 학생이 한 명도 없다. 처음에는 애들이 샘을 무서워하고 딱딱하다고 생각하는데, 한 학기가 끝나면 존재 가치를 인정받는 선생님이다. 반면 우리와 이야기할 때는 본인은 웃지 않으면서 정말 재미있게 이야기한다. 자기 자식도 가끔 깎아내리면서, 우리를 깔깔거리게 한다.

 교무실에서 미처 다하지 못한 이야기를 수업 시간 종이 쳐서 이 샘과 계단을 올라가면서 계속한다. 계단을 올라 왼편으로 돌아 복도에서 또 이야기한다. 시간이 좀 지난 것 같다. 순간 이 샘의 눈이 커진다. "교감 선생님 올라 왔십니더, 뒤돌아보지 말고 교실에 들어 가입시더."라고 교감 선생님과 마주 본 이 샘이 말은 하고있으나 입은 움직이지 않는, 마치 복화술처럼 말한다. 교감 샘은 아직도 수업에 들어가지 않은 우리를 못 본 척 계단 오른편으로 가셨다. 학생들에게도 미안, 교감 샘께도 얼굴을 들 수 없어 수업을 마쳐도 교무실에 들어갈 수가 없었다.

 교사들에게는 1년에 한 번 정말 기다려지는 휴일이 있다. 개교기념일. 남들이 쉬지 않는 우리만의 휴일이다. 우리 참새 떼들(전연희, 이은지, 박미정, 이혜정, 그리고 나)은 남편은 물론 애들 봐주는 아줌마들에게도 휴일이라는 사실을 숨기고 평소와 같이 출근해서 내 차로 내 고향 바닷가로 여행을 갔다. 얼마나 차 안에서 박장대소하며 조잘조잘 재잘거렸겠나.

드디어 내 고향 삼천포 시내를 통과해서 대방 쪽 횟집으로 간다. 도중에 이은지 샘 왈, "샘, 삼천포 중심지가 어디예요?", "벌써 지나왔는데!" 깔깔깔. 삼천포 시내가 이럴 줄 상상이나 했겠는가! 그래도 명색이 군도 아니고 '시'인데. 조그마한 도시, 그렇지만 풍성한 먹거리와 싱싱한 생선회가 지천인 나의 고향 삼천포. 맛있는 음식을 배불리 먹고, 웃고 떠들다가 퇴근 시간에 맞춰 집으로 돌아왔다.

우리는 하루하루가 즐거웠다. 승진 같은 건 다 가져가라지! 우리는 '수모 파'였다. 55세까지 열심히 학생들 가르치다가 58세까지 남들 승진 다 하면 한 3년간 수모를 겪다가 그만두자는 '수모 파'. 또 그런 말을 하고 깔깔거린다. 승진 안 할 거니까 부장 점수도 필요 없고, 연구 점수 딸 필요 없고, 스트레스받지 말고 편안하게 살자고. 승진할 거라고 스트레스받으면 일찍 죽는다고. 어떻게 이렇게 호흡이 잘 맞는지. 우리 중 아무도 승진한 이가 없다.

그때 깔깔거리던 대화의 내용이 지금도 나를 미소 짓게 한다. 이 샘과는 조금 뜸하지만, 요즘도 전 샘을 만나면 연신 소리 내어 웃는다. 대화 내용이 정말 재미있다. 전 샘과 이 샘은 내 생애 잊지 못할 두 사람, 내 인생 최고의 그녀들이다.

왕따 말고 깍두기

학생들의 고민 1위, 교우 관계

이때쯤 전교조 활동이 아주 왕성했다. 교사들의 전국적인 모임인 교원 단체에는 '교총'이라고 부르는 한국 교원 단체 총연합회와 '전교조'라고 부르는 전국 교직원 노동조합이 있다. 돌아가신 아버지의 권유로 교총에 가입해 있었다. 어떤 활동을 하는지도 잘 모르고 무조건 회비만 내는 거로….

내동중학교는 모 교사를 중심으로 전교조에 가입된 교사들이 많았다. 교사들의 권익을 위해서 많이 애쓰는 것 같다. 전 학교에 근무할 때 옆 반 선생님이 대표적인 전교조 열성 회원이었다. 학생들에게 주말 담임 선생님과 기차 여행하기, 선생님 집에서 라면 끓여 먹기 등 많은 활동을 하게 하고, 자유로운 반 운영으로, 잔소리 많고 규칙에 따라 지도하는 다른 반 학생들이 모두 부러워하였다. 다 그런 것은 아니지만, 전교조 선생님의 학급은 다소 자유스러우며 학생들의 의견을 많이 반영한다.

학생들과 친구가 되어주고 모든 걸 포용하는 긍정적인 측면도 있지만, 교실의 청결 문제 등 약간의 방임과도 같은 지도 방식이 마음에 들지 않아 전교조에 부정적인 생각도 있었다. 그런데도 교총을 탈퇴하고 전교조에 가입했다. 활동은 하지 않고 또한 회비만 내는 거로….

점점 더 학생들 교육하기가 쉽지 않다. 수업 시간에 엎드려 자는 학생은 물론, 교사의 말에 반항하는 학생도 많다. 수업을 맡은 교사는 그 시간을 반드시 책임을 져야 한다. 수업을 방해하고 잠자는 학생이 많은 것은 교사가 자신의 수업 방식을 한 번쯤 반성해 보아야 한다. 그런데 그게 어디 그렇던가? 학생들이 예전과 같지 않다고, 특정 지역의 학생들이 좀 더 힘들다고, 시대와 지역을 한탄한다.

여학생들은 중학교 시절 일상생활에서 교우 관계가 아주 중요한 부분을 차지한다. 설문 조사에도 학교생활에서 가장 고민되는 1위가 교우 관계이다. 2위가 성적, 3위는 진로 등이다.

너희들을 믿는다

우리 반 반장 미선, 단정해 보이고 당당해 보이기도 했다. 반장으로서 최선을 다했다. 얼마 후 미선이를 중심으로 여섯 명의 여학생들이 똘똘 뭉쳐 다니기 시작했다. 경험상 여러 명의 학생이 똘똘 뭉쳐 다니면 왕따가 꼭 생긴다. 얼마 지나지 않아, 미선이가 대장인 그 모임에서도 한 명을 완전 따돌리기 시작했다. 왕따 당한 학생은 마치 세상을 잃은 듯했다. 왕따를 당한 학생의 이름은 공주. 얼마 뒤 공주 부모님이 학교에 오셨다. 학교를 뒤집어놓는다. 갖은 설득과 우여곡절 끝에 공주를 그 무리의 친구들과 다 같이 잘 지내게 임시 봉합한다. 얼마 지나지 않아 희한한 일이 생긴다. 왕따 당했던 공주를 중심으로 똘똘 뭉쳐 또 다른 학생을 따돌리는 사태가 생긴 것이다.

그것을 지켜보는 우리 교사들은 그 사태가 어떻게 될지 다년간의 경험을 통해 불을 보듯 뻔히 안다. 또 당한 학생의 부모님은 학교에 와서 하소연하고. 이 문제가 잘못되면 골치가 아파진다. 더 힘들기 전에 막아야 한다. 성적에는 관심이 없었지만, 반장 미선이는 교우 관계에서는 탁월한 리더십이 있었다. 그 뻔뻔함과 당돌함이 막 밉지만은 않은 학생이었다. 내 앞에서는 항상 잘못했다고 진정으로 사과했다. 유화 작전을 펼치기로 했다.

미선이와 공주를 불렀다. "미선아, 공주야! 선생님은 너희들을 믿는다." 단 한마디를 했다. 정말 믿음을 준 것이었을까? 아이들은 정말 믿기지 않을 정도로 순한 양이 되었다. 물론 그동안 충분히 담임과 제자 간의 라포[8]가 형성되어 있었겠지만. 다른 반은 교우 문제 때문에 아주

---

8   사람과 사람 사이에서 상호 이해와 공감을 통해 형성되는 신뢰관계와 유대감

난리다. 전 샘 등 내동중에서 함께 근무했던 샘들과 만나면 아직도 회자 된다. "애들아, 선생님은 너희들을 믿는다. 깔깔깔."

그러나 나는 그 말의 힘을 교직 생활 내내 많이 느꼈다. 아이들은 믿어주는 만큼 성장하는 경우를 정말 많이 보았다.

모두에게 상처로 남는 '왕따'

이런 왕따의 세계에도 나름의 규칙이 있다. 무리를 이루어 친하게 지낼 때, 얼마 못 가 반드시 왕따 학생이 생긴다. 첫 번째 왕따 당하는 학생이 보통 그 무리의 2~3인자이다. 리더를 중심으로 말발이나 행동에서 리더 다음으로 영향력을 발휘하는 경우의 그 학생이 첫 번째 왕따 대상이 된다. 나름대로 무리 속에서 힘이 있는 학생이다. 리더와 함께 졸지에 본인보다 못한 힘을 가진 친구들로부터 자신이 왕따 당하니 충격이 이만저만 아니다. 왕따 당한 2인자는 구렁텅이를 헤매다가 구사일생, 또 다른 누군가를 따돌린다. 맨 마지막 힘없는 친구는 이리저리 잘 살아남는다. 한번 왕따 당해 본 아이는 더욱더 악랄하게 다른 학생을 따돌리는데 최선을 다한다.

요즘도 여학생반을 담당하는 교사들의 가장 큰 골칫거리는 '왕따' 문제이다. 그런데 많은 경우 이런 학생의 부모님들은 더 강한 분들이 많다. 아이들의 행동에 있어 부모님의 양육 태도가 많은 영향을 미친다고 생각한다. 문제 행동의 아이들에게는 대체로 문제 행동의 부모가 있다. 하지만 문제 행동의 부모 밑에는 문제 행동의 아이가 될 수도, 아닐 수도 있다.

또 다른 왕따는 스스로 왕따를 자처하는 아이들이다. 여러 가지 이유가 있겠지만 평범한 아이들과 수준 차이가 난다고 생각하는 아이들도 스스로 왕따를 자처한다. 이런 아이들은 또래 집단의 아이들 수준이 너무 낮아 보이거나 대화의 상대가 되지 않는다고 생각한다. 또는 너무 연약하거나 다른 친구들이 힘에 버거워 스스로 집단에 속하지 못하는 아이들이 있다. 이런 아이들은 교실에서 혼자 책을 보거나, 점심시간이 되면 도서관에 모이는 특성이 있다. 속마음은 어떨지 몰라도 문제를 발생시키거나 하지는 않는다.

성인들도 인간관계 때문에 많은 상처를 받는다. 하물며 아이들이야 어떻겠나! 가정이나 학교에서 여전히 많은 관심을 기울여야 할 문제이다.

2023년 11월 16일 대학 수능일이다. 이날은 중학교 선생님들도 수능 감독에 차출되는 때도 있어 창원 시내 대부분의 중학교가 휴교를 한다. 감독에 차출되지 않은 천정은 샘이 점심을 같이 먹잔다. 함께 가을 나들이를 갔다. 점심을 맛있게 먹고 커피를 마신다. 이런저런 얘기로 웃음꽃을 피우고, 그녀는 현재 중학교 1학년 여학생반 담임, 담임으로서 고충을 얘기한다.

어젯밤에도 왕따 문제로 부모님에게서 전화가 왔다. 심각한 문제란다. "부장님! 어떡하면 좋겠어요?" 달리 할 말이 없다. 여러 상황을 고려해야 하는데, 그렇다고 내가 했던 방식대로 "얘들아! 난 너희들을 믿는다."라고 말하라 할 수도 없다. 그렇게 하면 경우에 따라 담임이 방관한다고 여겨질 수도 있기 때문이다. 왕따 문제는 여전히 해결이 쉽지 않은 문제이다.

TV에서 폭력, 왕따 문제가 대두하여 오디션 프로그램 등에서 참가자가 퇴출당하는 경우가 근래 종종 방송된다. 탤런트, 가수, 스포츠 선수 등 유명인으로부터 과거 학교 폭력을 당했다는 폭로가 계속 이어지고 있다. 이른바 학폭과 미투를 합쳐 '폭투'가 사회적인 이슈로 떠오른 것이다. 요즘은 이런 사회 문제를 연결하여 학생들에게 경각심을 주려고 한다. '너희들이 몇 년 후에 어떤 모습으로 성장할지 아무도 모른다. 지금 너희들의 행동이 후에 너희들의 진로를 방해할 수 있다고.' 하지만 이것으로 될까?

같이 놀자! 얘들아!

왕따 문제의 해결이 쉽지는 않다. 드라마 '더 글로리'의 동은이처럼 연진이에 대한 분노를 키워 폭력적인 방법으로 복수한다고 해결될 일이 아니다. 과거에 학교 폭력을 저질렀던 친구들이 폭투로 자신의 지위를 잃게 하는 것으로 속이 시원해질 수는 있다. 학생들에게 조금의 경각심을 심어줄 수도 있다. 하지만 이렇게 '이에는 이, 눈에는 눈'과 같은 응보적 정의로는 근본적인 해결은 멀기만 하다.

최근에는 처벌에 초점을 둔 응보적 정의가 아닌, 회복적 정의의 관점에서 학교 폭력 문제에 접근하려는 시도가 이어지고 있다. 가해자가 법적인 처벌을 받는 것도 중요하다. 하지만 정작 피해를 본 당사자들은 그 피해에서 회복되지 못하고 오랫동안 고통받게 되는 경우가 허다하다. 이러한 관점에서 회복적 정의는 학교 폭력 처리에서 긍정적인 해결 방안으로 평가받는 모델이다. 가해자가 자신의 행동에 책임을 지고 피해를 복구하며, 피해자가 능동적으로 문제 해결에 참여할 수 있도록 하는 데 중점을 두는 것이다.

최근에는 학교 폭력에 관한 인식을 개선하기 위한 '깍두기 캠페인'도 진행되고 있다. 과거 우리들의 놀이문화에는 '깍두기 문화'가 있었다. 놀이를 하기 위해 편을 나누다 보면 한 명이 남는 경우가 있다. 대체로 나이가 가장 어린 친구나, 능력이 조금 떨어지는 친구들이다. 이들을 깍두기라고 불렀다. 이들은 자기가 가고 싶은 편으로 또는 조금 약한 편으로 간다. 그리고 무엇보다 이 깍두기는 실수해도 아이들이 뭐라고 하지 않았다. 실수를 용납하는 범위를 넓게 두는 것이다. 깍두기니까! 그런데 어느 순간부터 깍두기 문화가 사라졌다. 조금 뒤떨어진 사람은 쓸모가 없는 사람으로 취급한다. 왕따가 생기기 쉬운 토양이 만들어진 것이다.

왕따의 근본 원인이 '아이들'만의 문제가 아닐 수도 있다. 때때로 왕따의 근본 원인은 지나친 경쟁 교육에서 오는 경우도 허다하다. 한 가지 기준으로 아이들을 재단하고, 순서를 나누어 능력에 따라 차별을 정당화하는 교육이 이런 나쁜 문화를 만들어 내기도 한다. 누구에게나 다양한 능력이 있다. 공부를 잘하는 아이도 있지만, 자연과 교감을 잘하는 아이도, 축구를 잘하는 아이도, 악기 연주를 잘하는 아이도, 논리적인 아이도, 친구들과 잘 지내는 아이도, 잘 먹는 아이도 있는 것이다. 단일한 기준을 절대적으로 여기며 사람을 나누어 등급화하는 일은 마땅하지 않다.

나도 대한민국
어딘가에 내 땅을

부동산 투기에 기웃거리다

여러 평판이 있지만 남의 시선에는 아랑곳하지 않고, 내 가족 내 재산 증식에만 에너지를 쏟았던 선생님이 있었다. 소소한 뒷담이나 잡담은 아주 오래전부터 인류에게 중요한 정보였다. 누가 어떤 사람인지를 알아내기 위해 꼭 필요한 의례다. 심지어 함께 뒷담을 나눈 사람과는 끈끈한 연대감까지 형성된다. 평범한 일상에 다른 사람에 대한 소소한 뒷담이나 잡담이 없는 삶이 무슨 재미가 있겠는가? 나의 이런 뒷담론과는 달리, 그녀는 타인의 일에 관심이 없어 남의 가십거리에 아무런 흥미를 느끼지 않았으니, 장점이라면 장점일 수도 있겠다.

그 선생님이 장유 신도시가 세워지기 전, 1억 원을 주고 산 땅을 고작 1년 만에 3억 원에 되팔았단다. 1997년 즈음에 1억 원도 엄청 큰돈이었는데, 그게 일 년 만에 3억 원이 되었다고? 야~ 여태껏 꼬박꼬박 은행에 저축하는 것밖에 몰랐는데, 갑자기 패배자가 된 느낌이다. 그 샘이 샀다는 또 다른 땅 부근에 눈먼 땅이 있을까 봐 부동산에 어떻게 연락해 보았다. 부동산에서 당장 땅을 보러 가자고 한다.

그 샘이 투자해서 처음이자 마지막으로 손해를 본 땅 부근에 있는 절대 농지를, 아무런 망설임 없이 일확천금을 노리고 700평 땅을 평당 7만 원, 총 4,900만 원에 계약했다. 중도금 주는 도중 뭔가 부동산에서 이상한 낌새가 있었지만, 설마 하면서 전혀 신경 쓰지 않았다. 그때까지 한 번도 땅 주인과는 만나지도 않은 상태에서, 땅 주인이 바빠서 부동산에 일임했다는 말만 믿고 계약을 했다. 중도금을 절반 정도 줬을 때 사건이 터졌다. 부동산이 그동안 낸 중도금을 가지고 튀었다는 사실을 알았다. 나중에 알고 보니 본래 그 땅은 주인이 평당 3만 5,000원에 내어놓았다고. 지금까지 준 4,900만 원의 반값은 부동산이 가져갔고, 난 평당 3만5,000원에 살 논을 7만 원에 사게 된 것이다. 남의 투자 성공에 정작 내 눈이 먼 것을 모르고, 오히려 눈먼 땅을 찾으려 했다.

그 외에도 그녀는 계속 땅을 사고팔아 이제 장유 신도시에 건물까지 지었다. 그녀는 여러 이야기로 우리의 가십거리를 충족시켜 주었다. 무엇보다 우리와는 비교도 되지 않는 부를 이룬 선생님이 부러웠다. 꾸준히 돈 잘 벌고 퇴직 후에도 돈이 되는 사업에 열중한다는데.

경남 김해시 생림면 도요리

그 선생님이 도요리에 땅이 있다는 소문을 들었다. 나도 대한민국 어딘가에 나의 소유 내 땅을 갖고 싶었다. 어쩌다가 그 부동산과 거래를 하게 되었는지는 생각나지 않는다. 어쨌든 인상이 좋은 젊은 중개인의 아주 고급스러운 차를 타고, 난생처음 도요리라는 곳을 가고 있었다. 기도 차지 않게 도요리는 도시의 요지가 될 거라고, 가는 길이 한창 4차선을 만드느라 도로 옆은 온통 빨간 깃발, 도로가 넓어지면 더욱 발전될 곳이라고 한다. 인정 넘치게 계약도 하지 않았는데 추어탕도 사주고, 얻어먹을 수만은 없지! 아직 땅을 보지도 않았는데, 꼭 계약하겠다는 굳은 결심이 섰다.

도요리를 돌아서는 길목은 강변을 끼고 있어 이 또한 얼마나 아름다운지. 이미 마음속은 벌써 계약을 마친 상태이다. 폐교가 있고 마을이 있었으며 저쪽은 온통 논이다. 농로 하나 보이지 않는 꾸불꾸불한 논들. 마을 어귀에 서서 먼 곳을 가리키며, "저~기, 저 논입니다." 모두가 다 같은 논. "아~ 네."

"다른 논은 지목이 농지인데 저 논만 잡종지입니다. 잡종지와 농지는 엄청난 차이가 나죠. 잡종지는 뭐든 할 수 있어요. 집도 지을 수 있구요."
"아~ 네네~"

논 한가운데 있는 논이 잡종지면 어떻고 나대지면 대수냐! 논 한가운데 집을 지을 거냐? 마을 한가운데도 집 지을 땅 천지인데? 지금 생각해 보면 모두 사기인데, 내 땅이 생긴다는 생각 때문에 그때는 얼마나 가슴 부풀었던지….

몇 년 후, 그 샘에게서 일요일 이른 아침 전화가 왔다. "샘, 도요리 그 땅이 전부 구획 정리가 된다네요. 농로가 생기고. 이제 완전 절대 농지가 됩니다. 그리고 농로를 만들려면 샘 땅을 몇 평씩 내어놓아야 해요. 근데 샘 땅은 절대 농지로 들어가는데, 다행히 내 땅은 포함되지 않아요."라고 진짜 염장 지르는 소리를 해댄다. 구획 정리에 포함되는 내 땅의 정보를 제공하는 건지, 구획 정리에 들어가지 않는 본인 땅을 자랑하는 건지…. 아이~씨, 험한 말이 삐져나온다.

내가 산 땅이 잡종지고 뭐고 이제 영원히 논으로만 사용할 수 있는 땅으로 된다는 것이다. 다행히 내 성격이 저지른 일에 그렇게 애끓지 않는다는 것. 땅덩어리는 남아있으니, 가치야 어떻게 되든 될 대로 돼라. 한참 동안 누군가가 농사를 지어주어, 추수 때가 되면 여행 삼아, 또 쌀을 가지러 경치 좋은 그곳을 다녀왔다. 이제 농로가 생겨 그제야 내 땅 가까이에 가보기도 했다.

그렇게 십몇 년의 세월이 흘러, 어느 날 도요리 이장님에게서 전화가 왔다. 누군가가 땅을 사고 싶어한다고, 대토[9]를 해야 해서 급히 사

---

9 기존에 가지고 있던 땅을 팔고 다른 땅을 대신 장만함

야 한다고, 아주 비싸게 파는 거라고 했다. 기억으로 일억 조금 못 받았던 것 같다. 화폐 가치야 엄청나게 떨어졌지만, 그래도 평당 13만 원 두 배 가까이 받아 그나마 다행이라고 생각했다. 화폐 가치로 따지면 손해인데도 500만 원의 세금을 내었다.

그 농지를 샀던 4,900만 원으로 그 당시 거의 재개발이 확정되려는 반송아파트를 두 채나 살 수 있었는데, 그때 반송아파트 두 채를 샀다면 5~6억은 벌었을 듯. 발전된 곳을 보면서 '그때 사두었더라면…' 하는 꼭 투자에 실패한 사람들이 하는 뒤늦은 생각만 든다. 떠나간 돈은 다시 돌아오지 않는다는 사실만 쓰게 곱씹는다.

그런데 얼마 있지 않아 엄청난 소문이 들려온다. 내 논이 있었던 그곳에 이명박 대통령 4대강 사업의 목적으로 경마장이 들어온다네? 땅값이 천정부지, 평당 50만 원도 넘는단다. 이게 무슨 말인고? 또 눈물이 찔끔. 십 년 이상을 가지고 있었는데 그 소문도 모르고 팔아 버렸으니, 바보도 이런 바보가 없다. 아니다. 도처에 사기꾼들이 즐비한 것이다! 그 땅을 판 그 날, 부동산 중개업자와 이장님이 함께 생림면 어딘가 한우 집에서 소고기를 사주고 할 때 알아봤어야 했는데….

다행인지 불행인지 아직도 거기에 경마장 들어왔다는 소식은 없다. 그 후로 한 번도 가보지 않았지만 그대로 절대 농지에 묶여있을 듯하다. 어쩌면 그러한 소문 때문에 나의 그 땅도 조금이나마 비싼 값에 팔리지 않았을까 싶다.

경남 김해시 진영읍 방동리의 내 땅

그쪽 소문은 듣고 싶지 않았다. 귀를 막았다. 그 땅 판 돈 약 8,000만 원으로 창원에 있는 오피스텔 하나를 샀다. 오피스텔은 절대 투자하지 말아야 한다는 사실도 모른 채, 약 15년이 흐른 지금 시세는 4,500만 원! 기가 찬다. '이때껏 월세 받았잖아.' 이때껏 받은 월세를 합치면 3,000~4,000만 원, 그나마 다행이라고 나를 위로해 본다.

그녀의 영향으로 이은지 선생님도 밀양에 있는 대추밭을 2,000만 원에 샀다. 중개 수수료 엄청 주었더구먼. 대추밭 들어가는 길목도 없다네? 완전 맹지. 나보다 더 사기당한 느낌이다. 20년이 흘러 물어보았다. "아무 쓸모 없는 땅이에요. 신경 쓰지 않아요." 이런 슬픈 얘기도 전연희, 이은지 샘과 만나서 이야기하면 깔깔깔 배꼽 잡고 난리다. 우리는 그녀가 투자해서 몇 배로 벌어들인다는 소문 때문에, 막무가내로 땅을 사서 낭패를 보는 잘못을 저질렀다.

우연히 교차로 신문에서 아파트 매매란을 보았다. 대동아파트 48평이 1억 6,500만 원. 너무 헐값이다. 부동산 중개소와 연결하여 이 아파트를 샀다. 그리고 이 아파트를 1년 후에 2억 원에 되팔아 3,500만 원의 차익을 남겼다. 가끔 이런 일도 있다. 지금 사는 성원아파트도 팔아야겠다는 생각이 들었다. 그리고 주택을 사보기로 했다. 그 당시에는 주택이 아파트보다 훨씬 비쌌다. 1억 2,000만 원에 성원아파트 32평 308동 150X호를 팔고, 2층 단독 주택을 2억 원에 샀다. 그리고

2000년도에 단독 주택으로 이사를 했다.

대동아파트를 판 3,500만 원의 시세 차익으로 진영읍 방동리에 있는 토지 120평을 샀다. 평당 30만 원, 총 3,600만 원에 토지 등기부도 떼어보지 않고 순전히 부동산 말만 믿고, 네모 반듯한 땅이었다. 아무런 관리는 하지 않았고, '나도 대한민국에 어딘가에 내 땅이 있다'라는 심리적 안정감만 느끼고. 10년도 지난 어느 날, 전화가 한 통 걸려왔다. 걸걸한 60대 정도의 남자 목소리, "이 땅이 왜 아줌마 땅이요? 내가 언제부터 사 놓은 땅인데." 웬 청천벽력 같은 소린가? "아니, 아저씨. 그 땅은 제 땅이에요." 그런데 아니었다. 그 땅의 주인은 전화를 걸어온 아저씨가 맞았다.

이럴 수가! 10년 동안 내 땅이라고 알고 있었던 그 땅은 내 땅이 아니고, 그 옆 풀로 뒤덮인, 쓰레기로 뒤덮인 옆에 있는 땅이 내 땅이란다. '아이고, 그래도 그 땅이라도 있으니 다행이네.' 사기를 당해 내 땅이 아예 없는 줄 알고 혼비백산했는데. 내 땅이라고 생각했던 바로 그 옆에 형체도 알아볼 수 없는, 주인이 없을 것 같은, 쓰레기로 뒤덮인 그 땅이 진짜 내 땅이었던 것이었다. 사기를 당해도 적당히 당했다고 좋아해야 하는지, 슬퍼해야 하는지 모르겠다. 동료 선생님들과 또 '깔깔깔' 할 일이 생겼다.

Chapter 4
영화는 기억에 없지만, 너희들은 남는다

'토미앤'의 탄생

생애 두 번째 수술

그렇게 내동중학교에서의 생활이 지나가고 있었다. 1999년 9월, 2년 6개월의 내동중학교 생활이 끝나고 토월중학교로 발령이 났다. 놀랍게도 남들이 인정하는 내 정신적 절친 차인자 선생님도 거제에서 발령을 받아 토월중학교에 온 것이다. 그것도 교무부 내 옆자리, 업무도 한 사람은 전출 또 한 사람은 전입, 기가 막힌 인연이다. 새 학교에서의 서먹함도 낯섦도 아무 문제가 없다. 우리 둘만 있으면 되니까. 점심도 둘이서 먹으러 다니고, 한 시간의 점심시간에 학교 밖까지 어떻게 밥을 먹으러 다녔는지.

골프에 입문했다. 두 달 정도 레슨을 받았지만, 흥미를 느끼지 못하고 관두었다. 골프를 그만두고 배드민턴을 차 샘과 시민 생활체육관에서 하였다. 동호회에 가입해서 퇴근 후 매일 배드민턴을 했다. 레슨

받을 생각도 없이, 우리 수준에 맞는 동호인들과 함께 매일 즐겁게 운동했다. 얼마나 재미있는 운동인지, 지금까지 약 25년 동안 이 운동을 하고 있다. 누가 뭐래도 이 운동은 내가 참으로 잘한 최고의 선택 중 하나이다.

그녀는 남의 말을 잘 들어준다. 그리고 호응도 잘해준다. 게다가 내가 가지지 못한 부지런함도 있다. 그래서 모두가 다 좋아한다. 그런 사람이 나와 절친이니, 나 또한 모난 성격이 아니라고 자부해 본다. 하기야 나를 다소 직선적이라 생각하고 싫어하는 사람도 있지만, 모두가 다 나를 좋아할 수는 없지 않은가? 나의 교직 생활은 차 샘을 빼놓고는 말이 되질 않는다. 오죽하면 어떤 이는 나를 차인자로, 차인자를 박소심으로 부르는 경우도 종종 있다. 차 샘을 한 번도 본 적 없는 나의 지인들도 차 샘 안부를 물을 정도이다. 그렇게 우리는 그렇고 그런 사이다. 그녀와 나와는 서로 집에 숟가락이 몇 개인가를 알 정도로 비밀이 없다. 서로 이야기하고 공감해 주며, 위로하고 맞장구친다. 서로 방패막이도 되어 준다. 그렇게 1999년 2학기가 지나고, 2000년 새 학기를 맞는다.

민규식 선생님을 2학년부장으로 차 샘, 송 샘, 하 샘. 또 송 샘, 이 샘, 김 샘, 오 샘 그리고 나, 학년 모임으로는 가장 기억에 남는 담임 배정이 이루어진다. 나보다 4~5년 영어과 후배이지만 내심 진지한 민규식 부장님. 그 진지함 속에 엄청난 유머가 발산된다. 노래 실력 또한 뛰어나다. 노래방 문화가 성행하여 학년 모임을 하면 자주 노래방에 갔다. 부장님과 오 샘이 듀엣으로 부른 코요테의 '순정'은 신지·김종민보다 더 낫다. 그리고 이 샘, 김 샘 노래 실력 뒤처지지 않는다. 당시의 젊은 샘들과 중년 샘들의 구성원들이 최고의 학년 조합이라는 생각이 든다.

여름 방학 워크숍으로 경호강에 갔다. 래프팅 활동을 한다네? 활동적인 체험 활동을 좋아하지 않지만, 모두 참여해야 한다고 하길래 무서움을 무릅쓰고 참여했다. 누군가가 물속 깊숙이 빠뜨려 엄청 힘들었지만, 물놀이는 엄청나게 재미있었다. 물론 피로와 배고픔을 동시에 가져다주었다. 래프팅을 끝내고 식당으로 갔다. 식사 전 식당에서 제공하는 담금주를 마셨다. 달짝지근한 담금주는 평생 먹어본 술 중 가장 맛있었다. 사실 여태껏 술이라곤 한 번도 마시지 않았다. 입에서부터 배 속 깊숙이 전해 내려오는 짜릿함이 좋다. 이런 느낌이구나! 핑 돈다, 기분이 최고다.

맛있는 저녁을 먹고 경호강 근처 새로 지은 여관에 묵었다. 아직 오픈 식도 하지 않은, 우리가 맨 처음 사용하는 여관이다. 여관 건물 안에 노래방도 있네. 모두 술기운도 있겠다, 노래방으로 갔다. 병뚜껑을 한쪽 눈에 끼워 애꾸눈을 만든 샘, 두루마리 화장지를 머리에 감는 샘 등 서로 노래를 부르겠다고 마이크를 빼앗고 난리다. 인원이 많아 차례가 되려면 한참을 기다리고, 1학기 동안의 스트레스를 모두 날려버렸다. 노래방 행사가 끝나고 여관방에 들어오니 온몸이 스르르 녹는다. 참으로 기억에 남는 워크숍이었다. 그날 이후로 난 소주 한잔

정도는 마실 수가 있다. 이렇게 좋은 걸 여태 모르고 있었다니!

학년 모임을 자주 하였다. 주택으로 이사한 나는, 자주 우리 집으로 사람들을 초대했다. 그때만 해도 주택을 갖고 있으면 부자라는 인식이 있었다. 지금은 정반대의 상황이지만, 그때는 주택값이 아파트보다 훨씬 비쌌다. 집도 무척 예뻤다. 엄마가 집들이에 오셔서, "쪼맨한 게 간도 크네. 어찌 이리 큰 집을 샀노? 집에 화단도 있네!" 그랬다. 집에는 화단도 자그마한 게 있었다. 그냥 보기에는 참 예쁜 화단이다.

화단 주변에 잔디가 있다. 그 잔디가 얼마나 잘 자라던지, 자르는 기계도 없고 가위로 쪼그리고 앉아 하루에 조금씩 자른다. 며칠에 걸쳐 다 자르고 나면 또다시 처음 잘랐던 부분이 자라있다. 괴롭다. 평소에 치질 기운이 좀 있다. 쪼그리고 앉아서 잔디를 깎았더니만 요것이 성을 내었다.

그다음 날이 2학기 개학일인데 밤새 온 방을 헤맸다. 도저히 잠을 잘 수가 없다. 너무 아프다. 산고는 비할 바가 아니다. 해가 뜨기만을 기다렸다. 학교에 연락하고 항문 외과에 가서 수술하였다. 안 해본 사람은 말을 말아야 한다. 학교에서는 추측이 난무했다. 심지어 임신 중절 수술이라고. 그 수술이라면 방학 때 하지 이렇게 개학 날 하겠는가? 휴가 사용하는 게 어려운 때라 참으로 학교에 미안했다. 관리자들도 '왜 방학 때 하지 않고 개학일에 맞춰 하는지.' 속으로 쯧쯧 했을지도…. 그렇게 내 인생의 두 번째 수술을 했다.

마음씨 여린 교장 선생님

　수모 파라고 하면서 승진에는 통 관심이 없더니만, 친구 종주 샘도 부장을 하고, 나보다 젊은 샘들이 부장하니 슬그머니 '부장을 한 번 해볼까?' 하는 생각이 든다. 부장을 하면 담임에서는 빠지니까, 오히려 부장을 한 번 해본 선생님들은 계속 부장만 한다. 이제 한 번쯤은 담임에서 벗어나고 싶기도 했다. 가장 초보가 하는 환경부장을 해보기로 하고 희망서를 내었다. 다른 여선생님이 인성부장님의 권력을 등에 업고 환경부장에 낙점되었단다. 그렇게 하기 싫었던 부장인데, 막상 하려고 했을 때 내 뜻대로 되지 않고 다른 누군가에게 밀렸다고 생각하니, 마치 내 자리를 뺏긴 것 같다. 그 기분을 그녀에게 표출했다. 창피한 일이다. 결국, 마음 여린 교장 선생님은 나를 하라고 했다가, 그녀에게 하라고 했다가, 둘 다 포기하니 어부지리로 젊디젊은 어느 선생님에게 그 자리가 돌아갔다.

　큰소리도 못 치고, 시종일관 허허허. 젊은 여자와 재혼하여 산다고 싱글벙글, 아들이 유명한 한의사라고 자랑하는 마음씨가 여린 박 교장 선생님. 하루는 중앙 현관에서 나를 보고 웃으면서 깍듯이 고개 숙여 인사를 한다. 옆에 있던 학년부장님이, "교장 선생님, 이분이 누구신데요?"라고 물었다. "축구부 학부모님이신가?" 우리 모두 기가 차서 깔깔 웃었다. 전입·전출 서류를 들고 그렇게 교장실을 들락거렸는데 본교 직원을 학부모라고 생각하다니, 기가 막히고 코가 막힐 일이다. 그렇게 존재 가치가 없었던가? 나도 반성할 일이다.

8월 말, 아직도 태양이 뜨겁다. 교장 선생님의 정년퇴임식이다. 전 교생을 교정에 모아 놓고 퇴임식을 한다. 아직 여름이 끝나지 않았는데, 나는 왜 그날 가을옷을 입고 갔을까? 예를 갖추느라고 새로 산 가을옷을 입고 갔다. 퇴임식이 점점 길어진다. 재혼한 단발머리의 사모님도 소개하고, 창원에서 무척 잘나가는 한의사 아들도 소개한다. 어눌한 말투의 교장 선생님 연설도 길어진다. 햇볕은 내리쬔다. 땀이 온몸에 송골송골. 토할 것 같다. 그렇게 한참을 더 지나 끝이 났다.

　그렇게 장황하던 퇴임식이 끝났건만, 우리에게 남겨진 것은? 한의사 아들이 있으니, 맛있는 점심이 기다리고 있겠지. 정말 허망하게도 그들은 그대로 가버렸다. 자랑이라도 하지 말지. 자랑 풍년인 퇴임식에 참여했다가 학생들 줄 세우고 노력까지 했는데, 더워 죽는 줄 알았는데, 점심은 스스로 사 먹어야 한다니. 돈 많은 한의사는 이럴 때 돈 좀 쓰지.

토월중학교 미인들의 모임, 그리고…

　강창식 교감 선생님. '교사가 행복해야 학생도 행복하다.'라는 말씀을 자주 하시어 우리 교사들은 교감 선생님께 환호했다. 멋쟁이 교감 선생님이라고. 속마음은 어떠했는지 모르겠지만, 교사들 관점에서 말씀하시곤 한다. 토월중학교에서 승진해서 바닷가 오지중학교 교장으로 전근을 가셨다. 교감 선생님을 좋아했던 우리네가 뭉쳐, 떡과 과일을 사서 오지중학교로 갔다. 오면 생선회를 사주겠다고 하시네.

　승용차 3대에 나눠 타고 오지중학교를 찾아갔다. 학교를 방문하고 바로 횟집으로 가서 회를 먹었다. 어쩌다 보니 적극적으로 생선회값을 내겠다는 제스처가 아닌 교장 선생님을 제치고 우리가 회값을 내었다. 다음에 사주시겠다는군. 글쎄다…. 그때 알아봤어야 했어. 다음이라는 약속은 정말 의미 없는 약속이거든.

　계속 인연이 이어졌다. 한번은 시내 횟집에서 만났다. 재능이 많은 따님이 미대를 졸업하고, 국선에 입상하여 상금 1,000만 원을 받았다고 한다. 온통 교장 선생님의 자랑으로 그 자리가 마무리되었다. 은근히 이번에는 회값을 내겠지 기대했건만, 그 회 값은 또 우리들의 몫이 되었다.

　어느 날, 귀산동 횟집에서 또 한 번의 모임을 했다. 교장 선생님의 장소 추천으로. 관리자와 하는 모임은 대체로 관리자에 대한 치적과 자랑으로, 또 우리가 예우해줘야 하는 차원이라 특별한 인연이 없는 한, 그러한 모임을 잘 가지려 하지 않는다. 하물며 돈까지 우리가 내어야 하는 자리라면 더 말할 것도 없다. 이미 몇 번의 실망으로 인해 이번에는 아니겠지, '설마 이번에도!'라는 맘으로 모임을 했다. 삼세판이다. 역시나! 우리 모두 다짐한다, 더 이상의 모임은 없다고. '나이가 들수록 입은 다물고 지갑은 열어라.' 하지 않던가! 그 후 여러 핑계를 대면서 교장 선생님과의 모임은 하지 않았다.

   몇 년 후, 자랑스러워하던 그 딸이 결혼한다고 또 연락이 왔다. 그동안 한 번도 연락이 없더니만, 멤버 열 명 중 가겠다는 사람이 별로 없다. 할 수 없이 나를 포함해서 세 명이 다녀왔다. 그 후로도 와줘서 고마웠다는 인사말은 없었다. 나이가 들수록 자랑은 줄이고 베풀어야 함을 느낀다. 받으려고만 하지 말고.

   오지중학교 강 교장 선생님을 찾아갔던 우리 멤버 열 명. 교장 선생님을 제외하고 우리는 똘똘 뭉쳤다. '토월중학교 미인들의 모임, 그리고…'라는 의미로 '토미앤'이라는 모임 명칭을 만들어 현재까지도 이 모임을 이어오고 있다. 3개월마다 한 번씩 정기 모임 외에 가끔 약속 없이 만나기도 한다. 제주도, 마카오, 치앙마이 등 여행도 함께해온 귀중한 모임이다. 천정은 총무님이 애를 많이 쓰기도. 2010년도에 명퇴를 한 큰언니 이혜숙 선생님도 진주에서 매번 참석하신다. 현재 6명이 퇴직하고 4명이 재직 중이다.

   우리의 총무 천정은, 몇십 년째 총무직을 수행하고 있다. 미인이면서 단아한 원리원칙주의자다. '가정교육을 참으로 잘 받았다'는 생각이 드는 교육자 집안의 맏딸이다. 모든 면에서 내가 인정할 수 있는 그녀가 어느 날, "부장님이 제 롤모델이에요."라고 했을 때 얼마나 감동적이었던가. 반듯한 삶을 살아야겠다는 책임감마저 느껴지는 순간이었다. 비록 우리가 7~8살 차이가 나지만 둘이 만나면 시간 가는 줄 모른다. 내 이야기에 귀를 기울여 주며 공감해 주는 친동생같이 애정이 가는 선생님이다. 수업 준비도 철저하다. 2월의 수업은 학생이나 교사들 모두 크게 신경 쓰지 않는다. 다소 가벼이 여기는 경향이 많다. 그러나 그녀는 용납하지 않는다. 마지막 시간까지 철저한 계획하에 진행한다. 본받을 점이 많은 교사이다.

영어와 체육은 힘들다

어쩌다 체육 선생님들과 한바탕

해마다 학생 체력 검사가 있다. 수업하지 않고 모든 교사가 체력 측정을 하는 데 투입된다. 다소 쉬운 종목이 있는가 하면 힘든 종목도 있다. 제발 쉬운 종목이 걸리기를 빈다. 전년도에는 음지에서 측정하는 '윗몸 일으키기'이었던가? 시간이 너무 걸려 맨 마지막에 끝이 났던 기억이 있다. 제발 그 종목이 걸리지 않기를 빈다.

학교 일이란 게 보통 계획을 기안하거나 할 때는 전년도 기안문을 참고하여 수정 보완한다. 전년도 기안문에서 전출한 교사 대신에 새로 전입한 교사 명단을 끼워 넣는 경우가 많다. 체육 교사들도 그렇게 했겠지, 작년 그대로 그 종목에. 안내문을 받았을 때, "아이고, 이거 힘들던데 작년에 이어 또 그대로 넣어 놓았네? 좀 바꾸지." 하고 가까이에 있는 사람들이 들을 수 있도록 구시렁거렸나 보다. 그래도 어쩌겠나? 하라면 해야지.

응달진 그곳에 가서 빨리 끝나기를 바라면서 했다. 해도 해도 끝이 없다. 피로가 엄습해 온다. 드디어 끝났다. 교무실에 들어가니, 거의 모든 선생님이 체력 검사를 마치고 쉬고 있었다. "샘, 왜 이렇게 늦게 끝났어요?" 한마디씩 하니 춥기도 하고 울컥, "아이고, 좀 바꿔주지. 해마다 똑같은 거 하게 하지 말고." 낮은 소리로 한마디 했다. 그런데 뜻하지 않게 일이 커진다.

무슨 이유에서인지, 정의로운 어느 교사가 '아니, 박소심 샘처럼 나이도 있고 하는 샘들은 좀 편한 거 해 주지 않고, 전년도와 똑같은 거 하게 했다'며 체육 교사들에게 한마디 했다. 이 행사를 하려면 체육 교사들의 피로도는 엄청나고, 이제 끝났다는 안도감에 한숨 돌리고 있을 때 이런 불만이 터져 나오니, 체육 샘들 입장에서는 얼마나 황당했겠는가! 그 샘과 체육 교사들 사이에 언성이 높아지고, 머릿속이 하얘졌다.

이렇게 공개적으로 표출할 불만이 아니었는데, 그냥 구시렁거리는 거였는데, 이런 날벼락 봉변이 있나? 얼굴을 들 수가 없다. 당시에는 나이도 그다지 많지 않은데, 42살 정도였나? 30대 중반의 그 샘에게는 내 나이가 엄청 많다는 생각이 들었나 보다. 그날 체육과 교사들은 중요한 행사라 저녁 모임이 있었을 게다. 행사 후의 그 일에 대해서 얼마나 분노하고 목소리 높였겠는가? 누구든 나름의 기준은 있을 테니 말이다.

　한참 지난 후, 우연히 들었다. 나를 중심으로 여러 선생님이 똘똘 뭉쳐 체육과를 공격했다고. 내가 엄청난 불만을 표출해서 나와 친한 교사들을 선동했다고, 정의로운 그 샘이 선봉에 섰다고. 그렇게 오해를 하고 있었다니. 난 그냥 지나가는 말로 약간의 불만을 표현한 것이었고, 정의로운 그 샘은 '계획을 세울 때 끼워 넣기보다는 한 번씩 상황을 고려해 주는 것이 좋지 않을까?' 하는 마음을 표현한 것이고. 각자 다들 할 말은 있는 법, 어디 든 오해는 있기 마련이다.

　영어 교사들은 영어 과목이 다른 과목보다 고달픈 과목이라 생각한다. 다들 본인 과목은 고달프다고 하겠지만. '왜 공부를 잘해서 영어과에 갔는지.' 지금까지도 회자하는 나의 어록 중 하나이다. 그런 말을 해도 내 주변의 그 샘들은 또 깔깔깔 웃어준다.

　통근하면서 라디오 방송을 듣는다. 무슨 사연이었던지, 교사 중 정년이 가장 짧은 과목이 영어와 체육이란다. 너무나 이 말에 공감이 간다, 40살이 정년이라니! 영어는 젊은이들의 발음과 비교할 수 없고, 언어이다 보니 가르치는 교수법 등이 변화무쌍하여 젊은 교사들에 비해 많이 뒤처진단다. 수업 시간에 영어를 얼마나 구사하는지를 묻는 설문이 정기적으로 공문으로 내려와 체크한다. 어떻게 영어를 가르치던 발음 좋고 회화 능력이 뛰어난 교사가 최고의 교사라고 여겨지니, 우리도 할 말이 많다.

체육 교사 또한 여름이든지 겨울이든지 운동장에서 수업하던 시절이라 나이가 들면 힘든 과목이라 여겨지겠다. 그러나 어느 순간 거의 모든 학교가 체육관을 가지게 되어 많은 경우 체육 수업이 체육관에서 이루어지며, 영어 수업 또한 수준별 수업 등 확대 수업으로 큰 어려움 없이 40년을 영어 교사로서 재직할 수 있게 되어 다행이었다.

아들의 영어 교육

영어 교사로서 아들의 영어 교육에는 어떠하였는가? 요즘 젊은 엄마들은 어릴 때부터 아이들에게 조기 영어 교육을 하게 한다. 나이가 어릴수록 영어 환경에 노출시키는 것에 대해서는 대찬성이다. 영어 발음 등 언어는 모방의 영역이다. 어릴 때부터 원어민 발음 환경에 노출되면 그대로 그 발음을 모방하게 되어, 놀랍도록 원어민의 발음과 비슷해진다. 발음이나 영어에 대한 친숙도는 어릴 때부터 영어에 접하게 하는 것이 좋다는 것을 누구도 부정하지 못한다. 한국말도 잘되지 않는 2~3살의 내 아이가 cat(고양이), dog(개), horse(말) 정도의 단어 습득도 영어 사교육 비용이 아깝지 않을 정도로 기쁘고 놀랄만한데, 어른에게도 생소한 ostrich(타조) 정도의 단어를 발화라도 할라치면 그 아이의 부모는 엄청난 희열을 느낄 것이고, 그 모습을 본 또래 엄마의 마음은 더욱더 바빠지기 시작할 것이다. 하지만 글쎄다. 어린 시절에 조금 더 많은 단어를, 조금 더 어려운 단어를 안다는 것으로 영어 실력을 가늠할 수는 없다.

그렇게 영어를 잘한다고, 영어 유치원에 다녔다고 뽐내던 학생도 중학교 2학년이 되면 성실한 학생을 절대로 따라가지 못한다는 사실을 확인하고 또 확인했었다. 물론 내신 성적에서 말이다. 난 어릴 때부터 영어에 그렇게 많은 돈을 투자하고 싶지는 않았다. 그냥 영어 환경에 젖어들게 해주고 싶어, 가장 값싼 학교 방과 후 원어민 수업에 다니도록 했다.

중학교 1학년 여름 방학을 이용해서 중학교 전 학년 문법을 강의해 주었다. 교과서에 딸린 문제집을 구해서, 문법을 설명하고 문제를 풀도록 했다. 틀린 문제 위주로 같은 유형의 문제를 여러 번 풀게 하여 완전히 이해하도록 했다. 그리고 다른 학교 교과서의 문제집으로 또다시 풀게 했다. 교과서에 딸린 문제집은 문법뿐만 아니라, 교과서 지문 위주로 독해력 향상과 더불어 단어 습득에도 아주 유용하다. 그리고 교과서 지문을 큰소리로 내어 읽도록 했다. 눈으로만 영어 지문을 읽는 것이 아니라 입으로 크게 소리 내어서 말이다. 큰소리로 읽는다는 것은 시각뿐만이 아니라 청각 등 여러 감각 기관에 자극을 주기 때문에 영어 발음 등 발표력 향상에도 많은 도움을 준다. 물론 학생들에게도 '부엌에 있는 엄마가 들을 수 있도록 거울을 보면서 크게 소리 내 영어를 읽는 습관을 지녀라'고 항상 강조하는 말이다. 내신을 위한 완벽한 예습 과정이라, 여러모로 큰 효과를 가져왔다.

후에 아들은 이러한 엄마의 영어 수업 방법이 아주 만족스러웠다고 가끔 말하곤 했다. 영어 학원에는 다니지 않았다. 아들이 중학교 3학년이었을 때, 길거리에 나도는 캐나다 교환 학생에 관한 광고지를 가지고 와 나에게 보여주었다. 나의 만류에도 불구하고, 중학교 3학년 말쯤에 캐나다로 교환 학생으로 갔다. 그 기간에 말하는 능력은 향상되었지 싶다.

말하는 능력과 수능 시험과는 크게 연관이 없는 것 같다. 하기야 듣기 문항이 많은 요즘, 수능 시험 또한 말하는 능력과 일맥상통하는 면도 있긴 있네? 의사소통을 원활하게 하고 싶으면 대학생 시절이나 그 후에라도 어학연수를 다녀오는 것이 시간과 금전적인 면에서 훨씬 낫지 않을까? 내 아들은 캐나다 교환학생으로 1년 다녀온 후, 고등학교 2학년에 편입학을 해야 했지만 1년 동안 수학 등 다른 과목의 소홀함으로 인해 1학년으로 편입학을 했다. 본인보다 한 살 어린 학생들과 고등학교 3년을 보냈다. 잘한 건지, 못한 건지 아직도 확신이 없다.

오븐? 오봉? 쟁반!

힘든 영어 선생을 잠시 벗어난 적이 있다. 교사 수급의 여러 원인에 의해 어느 해 가정과 상치 과목[10]의 수업을 맡게 되었다. 2학년 열 반 중 1반만 가정과 교사가 맡고, 나머지 아홉 반은 내가 가르쳤다. 영어를 가르치는 것보다 훨씬 재미있고 색다른 경험이었다. 영어

---

10 특정 과목의 교사가 모자랄 경우, 해당 과목을 전공하지 않은 교사가 담당하는 교과목

를 사용하지 않는 수업이라 얼마나 편안한지. 학생 때 배웠을 때는 그렇지 않았는데, 새삼 수업 내용도 재밌다. 준비를 열심히 했다. 수업에서의 어려움은 없었다. 다만 실습이 문제였다. 요리에는 영 소질이 없었다.

 가사 실습시간이다. 요리에는 젬병인 내가 학생들 대상으로 햄버거 만드는 법을 시범적으로 보여주고, 학생들이 만드는 것을 도와줘야 한다. 내가 비록 요리는 못 하지만 고작 햄버거 아닌가! 더군다나 가사실 칠판에 미리 가정과 선생님이 재료 및 만드는 법을 다 적어 놓으셨다. 수업 시간에 학생들에게 각종 재료를 나눠주고, 칠판에 적힌 순서대로 하면 되는 것이다.

 조별 조장에게 지시한다. "각 조 조장들! 탁자 위에 있는 오븐 가지고 나오너라." '오봉'의 표준말이 무엇인지 잠시 망설여진다. 보통 우리는 오봉이라고 하는데 순간 오봉이 사투리인 것 같다. 이미 내뱉은 말을 어쩌랴! 큰 쟁반도 아닌 것 같고, 애들 앞에서 사투리 쓰기도 그렇고, 오봉의 표준말이 오븐인가? 학생들이 당황한다. '오븐을 가지고 나오라고?', '붙박이가 되어있는 오븐을 가지고 나오라고?' 애들이 고개를 갸우뚱거리며, 또한 옆 조의 눈치를 살피며 어쩔 줄을 모른다.

 순간 진땀이 난다. 단어는 생각도 안 나고, 머리가 하얗다. 한 아이가 재료를 담을 수 있는 큰 쟁반을 가지고 나온다. 용케 오븐이라 말하니, 오봉이라 알아들은 아이가 있었다. "아니~ 아니, 재료들 가지고 가게 오봉 가지고 나오라고." 그것을 쟁반이라고 해야 할지, 접시라고 해야 할지, 오봉이라고 해야 할지. 에라, 모르겠다. 오봉이라고 하자. 아! TV 프로그램에 '쟁반 노래방'이 있었네. 큰 쟁반이 맞구나!

크리스마스이브의 심야 영화

무단 횡단과 메소드급 연기

학교생활의 큰 즐거움 중 하나는 아이들과 쌓는 추억이다. 나에게도 소중하지만, 아이들도 값진 추억을 만들 수 있다는 기쁨이 크다. 물론 항상 그런 것만은 아니다. 어느 해 우리 반, 거짓말을 정말 감쪽같이 하는 재주를 가진 학생들이 있었다. 출근길 우리 반 여학생 두 명이 태연히 무단 횡단하는 광경을 목격했다. 학교에 도착해서 두 명을 불렀다. 아이들의 안전을 위해 간단하게 주의만 주려 했다. 눈이 왕방울같이 크고 예쁜 김방울. 그 큰 눈에서 눈물이 뚝뚝, 절대로 무단 횡단을 하지 않았다고. 또 한 명의 여학생도 하늘을 두고 맹세한다고. 순간, 이런 착한 애들을 의심한 내가 나쁘다. 그때 알았다고, 선생님이 잘못 본 모양이라고 돌려보냈어야 했다.

내가 잘못 보았겠지 싶다가도 너무 뚜렷하다. 눈앞에서 무단 횡단한 내 제자를 몰라보겠는가? 그리고 항상 단짝인 두 명을. 아무래도 솟아오르는 의심을 거둘 수가 없다. 조용히 타이르며 물어본다. 절대 아니란다. 기가 막히고 코가 또 막힐 일이다. 배신감도 느끼고 더욱더 화가 난다. 엄하게 사실 관계를 확인해 본다. 둘 다 울고불고 난리다. 내가 뭐가 씌었나 싶었다. 별일도 아닌데 교무실이 소란하다. 선생님들도 무슨 일인지 관심을 보인다.

난 그냥 다음부터 교통 신호 잘 지키라고, 무단 횡단하지 말라고, 단지 그 말만 하고 싶었는데…. 이게 이렇게 아침부터 샘은 다그치고, 애들은 울고불고할 일인가! 너무 황당하고 힘이 쑥 빠진다. 결국은 졌다. 끝까지 부인하는 학생들 앞에서 찍어놓은 사진도 없는데 어찌할 도리가 없다. 뒤늦게 "내가 잘못 봤나 보다. 미안하다." 하면서 돌려보냈다.

나중에 알았다. 그 애들이 무단 횡단했다는 것을! 걔들은 교무실을 나오자마자 그렇게 뚝뚝 흘리던 눈물을 쏙 감춘 채, 샘이 자기들 술수에 속아 넘어갔다고 배꼽을 잡으면서 좋아했다나. 그 이야기를 전해 듣는 순간, 마치 엄청난 반전 영화의 마지막 장면이 떠올랐다. 그녀들은 모든 관객을 속아 넘긴 뛰어난 배우들이었다. 그 애들의 메소드급 연기에 혀를 내둘렀다. 더는 걔들을 부르지 않았다. 거짓말을 자신이 이겨야 하는 게임처럼 여기는 걔들이 무서웠다. 그렇게 예쁜 애들이 그런 천연덕스러운 거짓말을 할 수가 있을까 믿기지 않았다.

시간이 한참 흐르고, TV 뉴스에서 펜싱 금메달리스트 남현희와 약

혼자 전청조 사건이 대서특필 되었다. 전청조를 보는 순간 걔들이 생각났다. 전청조의 그 뻔뻔한 눈물이 걔들의 눈물과 오버랩되었다. 젊은 나이에 얼마나 달변이며 쏟아내는 눈물은 또 어떻던가!

머리카락이 타는 줄도 모르는 효심

2학년부장을 맡았다. 2학년부장의 업무 중 가장 힘든 업무가 수학여행이다. 난 수련회나 수학 여행을 좋아하지 않는다. 우리 집을 두고 다른 곳에서 잔다는 건 괴로운 일이다. 또한, 버스를 타면 멀미도 해서 맨 앞에 앉아 눈을 감고 간다. 드디어 수학 여행 날, 버스 맨 앞칸에 앉았다. 부담임 예 샘과 함께.

둘째 날인가, 버스를 타고 목적지를 향해 달려가고 있는데 학생들이, "선생님, 민지가 쓰러졌어요!" 듣는 순간 아뿔싸! 뒤를 돌아보니 한 학생이 버스 통로에 쓰러져서 이물질을 토해내고 있다. 아! 수습하는 도중 내가 쓰러질 판이다. '벌써 냄새가 나고 토할 것 같다.'라는 생각을 잠시하고 있는 사이, 예 샘이 빛의 속도로 두루마리 화장지를 풀어 모든 이물질을 치우고 아이를 안정시켜 놓는다. 손쓸 엄두도 나지 않았지만 손쓸 겨를도 없었다. 그녀는 기간제 교사이다. 교직 생활을 하면서 항상 미안함과 고마운 맘을 가지고 있는 교사이다. 한번 만났으면 하는 선생님 중 한 분이었다.

퇴직하고 파크 골프에 입문했다. 입회를 하고 몇 개월 동안 열심히 다녔다. 조금 지나니 시들, 2023년 8월에 퇴직한 어느 선생님이 파크 골프에 빠졌나 보다. 어느 날 같이 가자고 전화가 왔다. 오랜만에 한번 가보기로 하고 약속 장소에 갔다. 낯선 분이 또 한 분 와 있었다. 차를 타고 목적지로 가면서 통성명을 했다. 2000년 초반에 우리 학급 부담임 예 샘이었다. 꼭 한번 만나고 싶었던 선생님이다. 와! 여기서 만나다니, 너무 반가웠다. 그녀도 잊어버렸음 직한 여행 사건을 이야기하면서, 꼭 만나서 '고마웠다.' 말하고 싶었다고, 그리고 식사 대접 한번 하고 싶었다고 반갑게 인사를 나누었다. 종일 골프를 치고 저녁에 간단한 식사 대접을 하였다. 여전히 부지런하고 행동이 민첩하단다.

2학년부장에게 수학 여행이 있다면, 1학년부장에게는 수련회가 있다. 수학 여행과 수련회가 나에게는 개인적으로도 힘들지만, 힘든 주된 이유는 학생들의 안전을 책임져야 한다는 마음이다. 대부분 교사는 안전하게 행사를 마쳐야 한다는 생각으로 수학 여행과 수련회 기간 내내 긴장해 있다. 학교 밖은 위험하기 때문이다. 더군다나 학생들의 마음은 부풀어 올라 둥실둥실 떠다닌다. 무슨 일이 생길지 모른다. 긴장을 풀 수가 없다.

1학년부장의 힘든 업무 중 하나는 수련회이다. 수련 활동의 대부분은 업체에서 맡아 해서 수학 여행보다는 업무 강도가 훨씬 덜하다. 수학 여행이나 수련회는 학창 시절 학생들이 기다리고 기다리는 행사 중 하나이다. 막상 행사를 진행하면 힘들다거나 집에 가고 싶어하는, 부모님을 그리워하는 학생들이 많아진다. 아무리 즐거운 행사라도 기다리는 순간이 최고인 것 같다.

   2박 3일의 고된 수련 활동 마지막 날 밤, 부모님의 은혜에 대한 감사의 시간을 갖는다. 각자 촛불 하나씩 들고 고개를 숙여 눈을 감은 채 부모님을 떠올린다. 사회자가 부모님에 대한 감성을 울리는 나레이션을 한다. 힘든 훈련과 부모님이 보고 싶다는, 집에 가고 싶다는 감정이 최고조에 달한다. 여기저기서 훌쩍거린다. 그런데 어디서 머리카락 타는 냄새가 난다. 난 고개 숙인 채 한쪽 눈만 살포시 뜬 채 주위를 살핀다. 비스듬히 마주 앉은 학생의 흐느낌 속에, 고개가 손에 든 촛불 쪽으로 가까이 간다. 이미 앞머리가 꽤 많이 탔다. 감정을 깨뜨리고 싶진 않았지만, 기어서 가까이 가 어깨를 톡톡 쳐서 그 분위기에서 헤어 나오게 했다. 겨우 이틀이 지났지만, 얼마나 부모님을 보고 싶은 감정이 복받쳤으면 자기 머리카락이 타는 것도 몰랐을까 싶다.

추억의 한 페이지

   남녀 공학이지만 남녀 합반을 하는 경우는 드물었다. 남녀 합반을 하면 화장실 사용이 가장 큰 문제이고, 탈의실 또한 문제가 된다. 여러 문제가 있음에도 이왕 남녀 공학이니 남녀 합반도 시도해 봄 직하다. 장점도 많으리라. 아이들이 다소 온순해진 듯하다. 남학생반에서는 다소 거칠던 아이들도 여학생들 앞에서는 기사도 정신을 발휘하는 때도 많았고, 서로 양보하고 절제하는 모습도 보인다. 학생들 이름 외우기도 훨씬 수월한 것 같다. 같은 성별 50명을 외우는 것보다 각각의 성별 25명씩 외우는 것이 훨씬 빨리 외워진다.

그때는 나도 강심장이었나 보다. 12월 크리스마스이브에 심야 영화를 보기로 학생들과 의견을 모았다. 영화 제목은 생각나지 않지만, 롯데 백화점 시네마에서 심야 영화를 관람했다. 관객은 거의 우리 반만 있었다. 80~90%의 아이들이 롯데 백화점 건너편 은아그랜드에 살았지만 그래도 밤 12시가 넘어 영화가 마치는데, 귀가까지 책임져야 하는데, 어찌 그런 위험한 짓을 했는지 모른다. 애들하고 의기투합이 잘 되었던 것 같다.

애들을 속이기는 쉽다. '선생님이 아줌마의 힘으로 할인을 많이 받았다.'라고 하면 '우리 선생님 최고!'라고 엄지 척 해준다. 심야 영화라 본래 할인을 많이 해주거든. '선생님이 너희들 모두에게 콜라 쏜다'고 하면 또 애들은 '우리 선생님 최고!'라고 한다. '팝콘은 너희들 돈으로…' 영화 내용이야 무슨 상관이 있으랴! 애들은 밤에 친구들과 영화 보는 자체가 엄청 즐거웠으리라. 영화를 다 보고 아이 대부분은 걸어서 집으로 갔고, 집이 먼 몇몇 여학생들은 집까지 태워다 주었다.

그날 밤, 남학생들은 또 다른 추억을 선생님 몰래 계획했나 보다. 반에서 제일 키 작은 동우와 함께 한 키 큰 학생들은 누구네 집에서 밤새 컴퓨터 게임을 하면서 하룻밤을 보냈고, 그 외 중간치 애들은 찜질방에서 하룻밤을 보냈다네. 흥에 겨워 재잘재잘, "잘했어."라고 나는 그들의 학창 시절 추억의 한 페이지에 동참해 주었다.

워드 1급 도전기

교장 선생님에게 대들다

　교장 선생님이 새로 부임하셨다. 잘 웃지도, 에너지도 없는 전체적으로 공부만 했던 샌님 타입이다. 나이스가 막 도입되던 시기이다. 컴퓨터와 친하지 않던 많은 교사가 거부감을 느꼈다. 특히 전교조에서 나이스 도입에 많은 반대를 했던 것 같다. 전교조 열성 멤버 중 강 샘이 완강히 나이스를 거부했다. 많은 이유를 내세워 우리를 설득하고, 지금은 이유가 전혀 생각나지 않지만 나 또한 무조건 반대했었다. 나이스 도입에 반대하는 이유에 설득당하고 싶은 이유는 충분했다. 아날로그에 익숙해져 있던 우리 세대는 신문물 접하는 데 뒷걸음질 친다.

　학교마다 도입하는 시기가 조금씩 달랐던 것 같고, 처음 시도하는 거라 많은 에러가 발생해서 불만이 많았던 프로그램이다. 우리는 손과 머리로 하는 작업은 빨랐다. 교장 선생님과 강 샘의 대립이 심했다. 직원 모임에서도 그녀는 벌떡 일어나 강경하게 반대했다. 또한, 선생님들 대부분이 반대하니, 교장 샘이 죽을 맛이다.

이제 교사들 개개인에게 책상마다 데스크톱 컴퓨터가 놓였다. 컴퓨터의 보급 속도는 엄청났다. 아무리 발버둥 쳐도 이제는 컴퓨터 시대이다. 시험 문제 출제도 B4용지에서 A4용지로 바뀐다. 교장 선생님은 강 샘과 합세한 우리를 싫어했다. 난 1학년부장을 맡고 있었는데, 부장 교사가 교장 선생님 반대 의견 편에 서니 얼마나 얄미웠겠는가? 다른 학교로 옮겨 가기를 종용한다. 나이스가 싫으면 사용하지 않는 학교로 가라고. 다른 학교로 가지 않겠다고 정면으로 대들었다. 가고 싶을 때 다른 학교로 갈 거라고, 나름의 계획이 있다고. 그렇게 교장 선생님 부아를 치밀게 했다.

시간 지키기는 신뢰다

고사 원안을 이제까지는 B4용지에 인쇄할 수 있도록 제출했다. B4용지는 글자가 커서 보기는 쉽지만, 커닝을 쉽게 할 수 있는 단점이 있고, 학생들도 시험을 칠 때 번거롭다. 다른 학교에서는 A4용지를 사용한다네. 평가 부원에게 건의해서 A4용지에 제출하도록 갑작스레 바꾸었다. 그 사실을 미처 몰랐던 과학과 박 샘이 화가 나서 언성이 높아졌다. 외모가 화려하고 씀씀이도 상당해서 교사하기는 아까운, 사업가가 되었으면 한몫했을 큰손 스타일의 과학과 박순주 샘. 에너지와 카리스마가 넘치고 학부모님에게도 기죽지 않는다. 외모 꾸미기에도 소박함이 없다. 옷 한 벌 사면 전 교무실에 피자나 만두를 쏜다. 참으로 가까이하기에는 한 번씩 벅차다. 자식 교육에도 따라갈 자가 없다. 그녀의 교육론은 시킬 수 있을 시기에 자녀에게 투자하라는 것이다. 몇 년 안에 끝나는 투자라고, 듣고 보니 그럴싸하기도 하다.

  시간이 흐를수록 그녀와 함께 활동을 많이 한다. 이야기하면서 내숭 떨지 않는 부분이 통하기도 하고, 나를 많이 챙겨준다. 여전히 에너지가 넘치고 다소 어눌해 보이는지 나에게 많은 잔소리를 해댄다. 이제는 잔소리 그만하라고 퉁을 줄 수 있는 사이이다. 그래도 그녀는 아랑곳하지 않고 계속한다.
  2023년 7월에 둘이 북유럽을 다녀왔다. 주변에서, 일반적으로 둘이 여행을 가는 것에 대한 부정적인 말들을 쏟아낸다. 둘만이 여행을 하면 결국에는 좋지 않은 감정들이 남는다고. 그럴까? 둘이 간 여행은 정말 좋았다. 에너지 넘치는 그녀는 고맙게도 시종일관 나를 보살펴주었고, 여러모로 만족스러운 여행이었다. 물론 그녀는 모든 곳에서 새로운 것을 먹어보아야 하고 새로운 것을 사보아야 하는 성격이고, 난 그러함에 도통 관심이 없었다. 그러한 면은 함께 즐거워하지는 못했다. 그게 뭐 대수인가!

  친한 벗이자 동료 이귀주 선생님. 매사에 엄격·진지하고 정확하다. 알뜰살뜰하며 현모양처라는 단어가 어울린다. 일을 잘하는 사람에게 항상 일이 따라붙든가? 명퇴한지도 꽤 오래되었건만 여전히 바쁜 나

날들이다. 부지런한 남편과 함께 퇴직 후 제2의 인생을 알차게 보내고 있다.

나는 약속 등 시간 지키기에 지나칠 만큼 엄격하다. 무슨 일이든 느긋하게 미리 해두며, 약속 시각에는 거의 1등으로 나가 남들을 기다린다. 남들이 10분 정도 늦으면 거의 20분 정도 기다리는 셈이다. 반면, 평생을 늦게 나타나는 사람도 있다. 세월이 흐른 후, 그들의 삶과 나의 삶은 별로 다르지 않다. 시간을 잘 지키는 나도, 못 지키는 그네들도 다들 잘 살아가고 있다. 어릴 때부터 지켜온 '시간을 잘 지키자.'라는 말이 영 신뢰가 가지 않는다.

귀주는 정확하다. 나만큼 잘 지키는, 오히려 나보다도 더 잘 지킨다. "귀주야! 몇 시 몇 분에 만나자!" 정확히 몇 시 몇 분에 온다. 믿음이 간다. 신뢰가 간다. 아! 그렇구나, 눈에 보이지는 않지만, 시간을 잘 지킨다는 것은 그 사람에 대한 믿음과 신뢰였구나.

독수리 타법의 격려

즐거웠던 5년 6개월의 토월중학교 생활이 끝나고 있다. 차 샘은 고등학교로 내신을 내었고, 난 별 목적 없이, 누구나 승진의 목적을 가지고 가는 창덕중학교로 내신을 내었다. 2005년 3월 1일 자로 창덕중학교에 발령이 났다. 첫해 교직 생활 처음으로 인성부의 부원이 되었다. 보통 영어과는 교무부 아니면 연구부이거든. 인성부장, 1·2·3학년 부장, 인성 기획, 그리고 출결 업무를 맡은 홍일점 나. 정말 능력 있고 쟁쟁한 멤버들이었다. 후에 나만 빼고 모두가 다 승진, 두 분이 교육장까지 하고 나머지 세 분이 교장으로.

담임이 없었던 인성부장님, 인성 기획 그리고 나 이렇게 3명이 번갈아 가면서 아침에 교문 지도를 한다. 2005년도부터 놀토 격주제가 시행된다. 배려 차원으로 나는 금요일과 토요일! 너무나 하기 싫은 업무였다. 약간의 고지대라 경유차를 운전하는 교사들이 액셀러레이터를 밟으면 부릉부릉하며 시커먼 매연이 뿜어져 나왔다. 또한, 그늘이라고는 없는 언덕에 한참을 서서 내리쬐는 햇볕을 그대로 받아야 했다. 금요일과 토요일이 되면 비가 오기를 얼마나 고대했던가! 그나마 2주에 한 번은 토요일에 학교에 가지 않아 참으로 다행이었다.

인성부의 업무에는 교외 지도가 있다. 교외 지도를 하면 교외 지도비가 조금이나마 월말에 나온다. 우리는 그것을 모아 인성부 협의회비로 사용하였다. 총무는 홍일점인 나, 우리는 그 돈으로 창원 상남동에서 협의회를 가진다. 내가 홍일점이니 최고의 예우를 해준다. 술 한 잔 마시지 못하던 내가, 경호강 래프팅에서 담금주 한잔의 맛을 경험한 후 '한 번 마셔볼까?' 유혹이 오는 때가 이즈음인 것 같다.

인성 기획 안종헌 샘이 내 옆에 앉았다. 느긋하며 가끔 농담도 잘하는 선생님이다. 컴퓨터 기능은 아주 탁월하나 독수리 타법. 그 당시 승진 점수에 워드 프로세서 자격증 점수도 포함되어 있었다. 우리 둘 다 담임이 아니었다. 내게, "아침 30분만 워드 연습하면, 워드 1급 딸 수 있습니다." 내가 말했다. "내가 워드 1급 따면 기적입니다." 선생님도 굴하지 않았다. "기적 일어납니다, 딸 수 있습니다."

정작 본인은 독수리 타법이면서, 끊임없이 용기를 북돋워주신다! 담임들이 각 학급에 자율학습 등 조례하러 들어간 후, 워드 연습을 하였다. 점점 속도가 빨라진다. 영어과라 영어 타자도 다른 이들보다는 빠르다. 기적 같은 워드 1급에 도전하기로 했다.

그때는 창원에 상공회의소가 없었던지 진주까지 시험을 보러갔다. 시험 감독관이 들어오고, 시작 벨이 울린다. '타타타, 타타타…' 열심히 두들겨 보지만 긴장을 해서 그런지 손이 자꾸 미끄러진다. 결국, 불합격. 두서너 번 시험을 보았지만 역시 또 불합격. 이제 창원 상공회의소에서도 시험을 본단다. 가벼운 마음으로 갔다. 가볍게 또 불합격. 또 도전해 본다. 저쪽에 보니 인성부장님도 시험을 보고 계시네. 사실 아무리 마음을 편하게 먹으려 해도 자꾸 떨어지는 것은 마음이 좋지 못하다. 시험을 치르고 말없이 헤어졌다. 떨어지면 창피한데…. 며칠 후 합격자 발표 날, 아침 출근길이다. 인성부장님에게 전화가 왔다. "박 샘! 합격했네요!" 본인 합격을 확인한 후에 나의 합격도 확인했단다. 운전면허를 딴 이후로 그렇게 큰 기쁨을 느껴본 것이 처음이다. 운전면허는 자유를 얻은 기분이었다면, 워드 프로세서는 나를 극복한 기분이었다.

컴퓨터는 넘기도 힘들고 넘어설 생각도 하지 않았던 인생의 장벽이었다. 고작 워드 프로세서이지만 큰 산을 넘어선 것 같았다. 말로 표현하지 못할 환희를 느꼈다. '기적은 이루어집니다.'라고 항상 나에게 희망과 용기를 주었던 안종헌 선생님, 합격 발표가 난 그날 출근길 교무실 문을 열었을 때 안종헌 샘과 마주쳤다. 빵긋 웃었다. 그렇게 활짝 웃는 모습은 처음이라고, 진정 너무나 환희에 찬 웃음이었다고 말씀하셨다.

에너지 절약 시범 학교

'종근당'의 탄생

내가 일곱 번째로 발령받은 창덕중학교는 창원 시내에 인접해 있으면서, 승진에 필요한 농어촌 점수를 딸 수 있는 곳이기 때문에 승진을 염두에 두고있는 교사는 모두가 원하는 학교이다. 승진에는 별 관심이 없었지만, 충분히 그 학교에 갈 수 있는 점수인지라 지원했다. 사람 일이란 어떻게 펼쳐질지 아무도 모르는 일이기도 하고.

2005년부터, 아니 내가 부임하기 1년 전 2004년부터 내리 6년간을 모든 학교에서 유치하고 싶어 하는 연구 시범 학교에 계속 선정되어 승진 점수에 반영되는 5년간 점수를 이 학교에서 다 채우게 되었다. 승진에 관심 없었던 나였지만 한 학교에서 만점을 다 채운 기회를 얻게 된 것이다. 모든 교사가 일사불란하게 모든 과제를 최고의 양질로 만들어 놓았다. 모두 재능이 장난이 아니다. 재능 있는 교사가 다 모인 것 같다.

창덕중학교는 역사가 아주 오래된 학교이다. 건물도 아주 낡았다. 여교사 화장실의 환경도 참으로 열악하다. 좌변기는 말할 것도 없고, 칸이 한 칸만 있어 보통 애로가 아니다. 문의 유리가 반투명이라 옷을 내리고 올리는 실루엣을 밖에서 다 볼 수 있다. 점심시간 한 칸짜리 화장실 밖에서는 양치질한다고 난리고. 그러한 학교인데도 창원 인근에서 승진을 원하는 능력 있는 교사들이 다 모여있다. 처음 부임하였을 때는 24학급이었지만 점점 학급이 늘어난다. 그나마 낡은 교실도 모자란다.

창덕중학교 출신인 김종근 교장 선생님, 참으로 인자하시고 열정적인 분이시다. 모교를 위해서 공모 교장까지 8년을 창덕중학교를 위해 애쓰셨다. 시청과 도청을 오가면서, 모교의 환경 개선을 위해 이리 뛰고 저리 뛰고. 본관 건물을 반쯤 허물고 운동장에 임시 교무실을 만들어 이사도 하고, 허문 건물이 반듯하게 지어지고 나면 또 다른 반을 허물어 공사하였다. 몇 년에 걸쳐 강당까지 갖추는 신식 건물이 지어졌다. 또다시 이사, 이런 환경 속에서도 교사들은 단결하며 불평불만 없이 학교는 잘 운영되고 있다. 관리자의 훌륭한 리더십 때문이 아닐까?

김종근 교장 선생님의 모교에 대한 열정은 정말 대단했다. 오래된 학교를 정비해서 새로운 건물로 환골탈태할 수 있도록 도청과 시청, 경남 교육청을 오가며, 얼마나 많은 스트레스와 곤란을 겪고 하였는지 옆에서도 안쓰러울 지경이었다. 많은 열정으로 학교 운영을 하였으며, 그런데도 교사들과의 유대 관계도 좋아 우리는 많은 존경심을 표하기도 했다. 교장 샘을 중심으로 모임도 자주 가졌다. 여교사들 앞에서는 약간의 수줍음을 타시는 귀여운 일면도 있다.

 2010년도에 나는 다른 학교로 전근을 갔다. 그런데도 우리는 모임을 종종 가졌다. 교장 샘을 비롯하여 아직도 창덕중학교에 근무하고 있는 교사들과 전근 간 몇몇 교사들이 함께 중국의 장가계 여행 계획을 세웠다. 교장 샘 사모님도 함께 15명 정도, 추운 겨울이었다. 여행 내내 교장 샘이 화장실을 찾는다. 너무 잦았다. 배탈 나셨나? 교장 샘은 우리 일행들에게 얼마나 미안했을까? 여행을 마치고 온 후 알았다. 대장암 말기란다. 교장 샘은 그해 돌아가셨다. 이제 막 환갑을 넘긴 연세인데, 믿을 수가 없었다. 참 건강한 분이라고 생각했는데…. 장례식을 창덕중학교 교정에서 치렀다. 많이 울었다. 교장 샘이 돌아가신 후로도 모임을 계속 갖는다. 교장 샘의 이름으로 '종근당'이라는 모임이다. 교장 샘의 환하게 웃는 모습이 떠오른다.

 '종근당' 멤버들은 나름 내로라한다. 20명의 회원 중 거의 다 승진하고, 나를 비롯해 3명이 평교사로 명예퇴임을 했다. 엄청난 재주와 능력의 곽 샘, 무궁무진 아이디어가 떠오르는 아이디어 뱅커 송 샘, 편안함을 추구하며, 노력은 하지 않고 그런데도 뭔가 될 것 같다고 항상 생각하는 나! 이렇게 3명이 승진을 하지 못했다. 누군가에게 농담 삼아 웃으면서 말한다. '우리 종근당 멤버 중 승진 점수로 내가 꼴등이라고, 학교 공부는 그다지 못하진 않았는데.'라고. 자신만 믿고 노력하지 않는 자는 더 높은 꿈을 이루지 못한다는 것을 느낀다. 다행히 교직 생활은 성공의 기준이 다른 직장인들과는 많이 달라 낭패감을 느껴 본 적은 없다.

무시의 상처는 오래 남는다

창덕중학교는 시내가 아닌 창원과 인접한 덕산면 용잠리에 있는 농어촌 학교이다. 출근 시간에는 교통 체증으로 인해 통근 시간이 꽤 걸린다. 나는 남교사들만 있는 인성부에 배정되어 주로 안 샘과 많은 대화를 나누었다. 어느 날, 눈에 띄는 여교사가 있다. 첫인상은 아주 우아하고 쉽게 말을 붙일 수 없는 아우라가 느껴진다. 차림새도 아주 단정한 연구부장 박현숙 선생님. 그 후 어떻게 친분을 트게 되었는지는 기억이 없지만, 지금에 이르도록 좋은 만남을 유지하고 있다.

여름·겨울 방학이 되면 방학 첫날 1박 2일로 워크숍을 간다. 이 학교에 5년을 근무했으니 총 10번의 워크숍을 간 것이다. 한 번은 여름 방학 워크숍을 경기도 여주 쪽으로 갔다. 세종대왕릉도 보고, 저녁을 먹고 하이라이트 노래방으로 직행. 여름 방학 워크숍이라 진지한 회의보다는 한 학기 동안의 노고를 날리는 스트레스 해소용이다. 조금 과하게 술맛을 느낀 그 날 밤, 조금 달짝지근한 매실주를 꽤 마셨다.

무서울 게 없는 느낌으로 노래방으로 직행. 노래방에서 서로 노래 부르겠다고 마이크를 빼앗고 나도 한 곡 부른다. 추가열의 '나 같은 건 없는 건가요'. 내용은 슬프지만, 리듬은 다소 빨라 그즈음 나의 애창곡이다. 술기운 때문일까? 왜 그렇게 눈물이 나는지, 같이 옆에서 손뼉 치던 박현숙 샘 등 몇몇도 눈물을 흘리고. "그때 왜 울었어요?", "몰라, 그냥 눈물이 나더라." 정말 잊지 못할 유흥이었다. 그날 이후로 노래방 가는 것을 무척이나 좋아했다. 방학 때가 되면 가끔 오전에 노래방에 가서 마음껏 혼자서 3시간씩 노래를 불러 젖혔다.

그 당시 노래방 문화가 대성황이었다. 회식도 잦았지만, 회식이 있는 날은 무조건 2차는 노래방에 간다. 교사들이 한 곳에 모여 노래 부르고 즐겁게 논다. 노래방이 없었을 때는 어떻게 살았는지 모를 정도다. 안 샘의 '행복한 사람', 한 샘의 '봄날은 간다', 송 샘의 '열정', 그리고 나, '나 같은 건 없는 건가요.' 등 레퍼토리가 이어진다. 서로 노래 부르겠다고 마이크는 놓지 않고, 그 와중에 끝까지 노래는 부르지 않고 손뼉만 치는 샘들도 있다. 김종근 교장 샘의 애창곡 나훈아의 '홍시'도 있구나.

한 샘은 마이크만 잡았다 하면 놓지 않는다. 우리도 부르고 싶은데 말이야. 그리고 내가 노래방에서 제일 싫어하는 건, 내가 선택한 노래를 한껏 분위기 잡고 부르는데, 옆에서 다른 마이크로 내 노래를 함께 부르는 것이다. 더 싫은 건 박자조차도 맞추지 못하는 것. 아! 싫다. 어느 날은 술에 취해 마이크를 빼앗는 도중 모 여교사가 마이크로 내 앞니를 쳤다. 얼마나 아프던지, 지금도 그때의 그 일로 앞니에 잔금이 가있다. 그녀는 그렇게 한 사실조차 모른다. 즐거운 노래방은 늘 아수라장이다.

겨울 방학의 워크숍은 다소 진지하다. 올 한해를 반성하고 내년을 계획하기 때문이다. 평생부장을 맡았던 어느 해 겨울 방학 워크숍, 평생부는 학교에서 중요한 부서는 아니지만, 꼭 해야만 되는 모든 잡스러운 업무가 모여있는 부서이다. 어떤 일을 해도 표도 나지 않고 종류가 많아 다소 힘이 실리지 않는 부서랄까! 내년 부서의 업무에 따라 각 부장은 인원을 요구하기도 한다. 모두가 다 본인 부서의 업무량이 많다고들 한다. 우리 부서는 별 동의를 해줄 것 같지 않아 말없이 앉아있다.

갑자기 젊디젊은 송 부장이 별로 할 일 없는 평생부를 없애자고 한다. 이기 무슨 말이고? 얼굴이 붉으락푸르락, 말소리는 떨리고. 기가 막히고 코도 막히고. 일 년 동안 우리의 노고는 깡그리 무시당하고 부원들에게는 미안하고 무엇보다 분하다. 목소리가 높아졌다. 교장 선생님께서 중재하신다. 평생부를 없애는 것은 안 된다고. 그렇게 마무리는 되었지만 찜찜한 기분은 어쩔 수가 없다. 송 부장은 연신 미안하다고 머리를 조아리고, 난 여전히 게거품 물고…. 무시의 상처는 꽤 오래 남는 법이다.

에너지 절약 시범 학교

　다른 학교에서는 하기 힘든 연구 시범 학교를 근무하는 5년 동안 내리 운영하였다. 기억에 남는 주제는 '에너지 절약 시범 학교'. 에너지 절약은 모든 영역에 적용된다. 교사들은 Car Sharing 운동을 벌인다. 같은 지역에 사는 교사들이 차 한 대로 출퇴근한다. 차에서 함께 출퇴근하는 교사들을 촬영하고 인터뷰하는 설정이다. 그 인터뷰에 내가 지목되었다. 카메라 앞에 서니 떨린다. 몇 번의 NG 후 드디어 Okay. 눈 가리고 아웅 하는 이런 시범 학교에 난 회의적이다. 그래도 학교 정책에 반기는 들지 않는다. 적극적으로 참여하지 않을 뿐이다.

　한번은 차를 운행하지 않는 날도 있었다. 시내버스를 타고 오거나 Car Sharing으로 출근해서, 퇴근 시에는 정병산을 걸어서 넘어 창원에 간다는 것이다. 수요일 직원 체육을 겸해서 체력 단련도 할 겸, 진짜 그날 산을 넘어 창원으로 퇴근한 적이 있다. 그때는 등산을 좋아하지 않을 때라 얼마나 힘들었던지. 절약한 에너지보다 소모한 내 에너지가 훨씬 더 많다고 속으로 계속 투덜거렸다. 그 산을 넘으면 창원 사격장 쪽이 나온다. 전 교직원이 사격장 쪽 삼겹살 식당에서 뒤풀이하고 헤어졌다. 에너지를 절약했다고 기쁜 마음이 생겼나? 이건 오히려 차의 편리함과 소중함을 몸으로 느끼는 행사인가 싶기도 하고, 뭔 생고생인가 싶기도 했다.

　학생들은 '에너지 절약'이 귀에 못이 박힐 정도다. 학급 내 모든 스

위치를 철두철미하게 온·오프 해야 하고, 학급 에너지 절약을 위한 노랫말을 지어 발표 대회를 하기도 했다. 에너지 절약 운동은 급식 시간에도 적용된다. 한 톨의 밥알도 조금의 반찬 남김도 허용하지 않는다. 당번 교사들이 잔반통 앞에 대기해서 모든 학생의 식판을 점검한다. 조금이라도 남겨오는 학생들은 그 자리에서 억지로 다 먹어야 한다. 이 무슨 해괴한 일이란 말인가? 물론 다 먹지 못할 반찬을 많이 담지 말라는 의도는 알겠는데, 경고하는 정도로도 충분하지 않을까 싶다. 어차피 남은 음식은 일체 급식소 밖으로 가져 나오지 못하고 한꺼번에 음식물 쓰레기로 처리된다. 그런데 학생 개개인이 남긴 음식은 억지로 먹어야 한다니! 이런 불만이 있어도 표출하지는 않는다. 업무를 담당하는 담당자들은 무슨 아이디어를 짜서라도 열심히 하고있는데, 도와주지는 못할망정 깽판 치는 짓은 할 수 없으니.

시범 학교 발표회가 다가온다. 모든 부장과 업무 담당자들이 퇴근 시간 후에도 학교에 남아 발표회 준비에 여념이 없다. 나도 부장인데, 매번 정시에 퇴근하는 것이 미안하다. 며칠 남아보기로 한다. 다들 '시간외근무'라는 것을 나이스에 신청하네? 생전 처음으로 '시간외근무'라는 제도에 대해 알게 되었고, 신청도 해보았다. 언제부터 이런 시스템이 생겼는지 모르겠다. 반성해 볼 일이다.

남아도 별 할 일이 없네. PPT 담당, 안 종헌 선생님 옆에서 전체화면 배열 등 적당한 낱말 사용 등에 관해 거들뿐, 다른 부장들은 무얼 하는지 다들 바쁘다. 노력의 결과는 발표회 날 화면으로 나타난다. 동영상 등 PPT 기술은 10년 후 다른 학교의 발표회와도 차이가 날 만큼 훌륭하다. 화면에 나타나는 곡 선정까지도 완벽하다. 다들 대단하십니다! 직접 업무 참여는 많이 하지 않았지만, 보는 안목의 레벨은 참으로 높은 수준까지 올랐다.

시범 학교 운영에 대해 많이 부정적이지만, 한편으로는 내 머릿속에도 에너지 하면 그 당시의 에너지 절약 시범 학교가 생각나듯, 그 당시의 학생들에게도 그 지긋지긋함이 오히려 습관으로 남아있지 않을까? '이것이 교육의 선순환이지 않을까'라고 나름 긍정적으로 생각해 보기도 한다.

영어 교사 하실래요?

끊임없는 연수

　교감 샘이 경상남도 중학교 영어과 독서 논술집 집필 위원장이라면서 나랑 또 다른 영어 샘을 집필 위원으로 추천하신다. 진짜 이런 활동을 싫어하는데, 창덕중학교의 모든 교사가 열심이니 나도 뭔가 해야 할 것만 같았다. 하겠노라고 했다. 또 다른 그녀도 한단다. 지문을 만들고 그 지문을 읽고 논술 구조에 맞춰 글을 쓸 수 있도록 안내하는 책을 집필하는 것이다. 그림은 저작권에 위배될 수 있어 학생을 동원해서 직접 그림을 그려 내용에 삽입했다. 머리를 땅에 처박고 싶을 정도로 힘들고 고된 작업이었다. 그러나 끝은 있는 법, 각 학교의 도서관에 처박혀있을 책이지만 결국 만들어내었다. 아무도 거들떠보지 않고, 있는지도 모를 그 책 뒷면에 집필 위원으로서 내 이름이 적혀있다. 뿌듯하기도 하다. 한 번씩 나는 그 책으로 논술 수업을 하기도 했다.

2007년 여름 방학, 경상남도 교육청에서 영어 교사를 대상으로 하는 해외 영어 연수 과정이 있었다. 캐나다로 연수를 간다고 한다. 해외여행을 싫어하고 변화에 잘 적응하지 못하는 편이라 이러한 연수에 별 관심이 없는 편인데, 이상하게 마음이 움직였다. 노력한 만큼 성과로 이어지는 결과를 맛본 탓인지 도전을 해야겠다는 생각이 들었다. 캐나다 연수 명단에 내 이름이 보였다. 좋기도 하고 싫기도 했다. 한 달 동안 캐나다 토론토 근처에서 연수를 받았다.

　오전 9시부터 오후 3시까지 수업을 마치고 나면 자유 시간, 그리고 주말이면 문화 체험을 많이 하였다. 나이아가라 폭포, 퀘벡, 오타와, 몬트리올 등 캐나다 동부 지역을 여행하기도 하고, 40대 싱글 교사의 타운 하우스에서 홈스테이했다. 캐나다 생활 중 가장 힘들었던 것은 먹는 것이었다. 토종 입맛인 나는, 캐나다에서 먹은 어떤 음식도 내 입에 맞지 않았다. 한 달 내내 변비로 고생했다. 입맛에 맞지 않는 음식들을 매일 세 번씩 억지로 먹어야 하는 것은 매우 곤욕스러운 일이다. 김치찌개가 간절했다. 누가 나에게 된장찌개를 준다면 영혼을 내어줄 수도 있을 판이다.

　때로는 그 당시 느끼지 못한 것을 뒤늦게 느낄 때가 있다. 캐나다 연수가 꼭 그랬다. 그때 느끼지 못했던 느낌들이 요즘에 새록새록 돌아난다. 연수생 중 5명이 금요일 수업을 마치고, 그레이하운드 버스를 타고 밤새 미국 뉴욕 맨해튼으로 갔던 기억은 전율이 일 정도이다. 새벽 5시쯤 도착했을 때 지하철도 운행하지 않았고, 어디에도 갈 수 없어 터미널에서 지하철이 운행되기를 기다렸다. 잠시나마 아무 곳에서

나 사람들은 잠을 자고. 그 짧은 2박 3일 동안 자유의 여신상 등 맨해튼 거리를 막 쏘다녔다. 911테러로 움푹 파인 역사적인 장소 앞에서 햄버거를 사 먹기도 했다. 하루는 한인 민박집에서 잠도 자고, 오랜만에 아침 식사를 한국식으로 배불리 맛있게 먹을 수 있었다.

이명박 정부는 영어 몰입 교육 등 수월성 교육을 지향하였다. 자사고 확대, 국가 수준 학업 성취도 평가 전면적 실시, 자사고·특목고 위주의 교육이라 고소득층에게 유리했다. 모든 시험에서 영·수·국 과목은 빠지는 데가 없다. 그렇다고 중요 과목 교사들에게 월급을 더 주는 것도 아니고, 스트레스가 가득하다. 이경숙이었던가? 이명박 대통령 시절의 인수위원장인가 하는 이 사람은, TESOL(Teaching English to Speakers Other Language) 교육 과정을 강조한다.

발맞추어 경상남도 교육청에서도 TESOL 과정의 연수를 개설한다. 고신대학교에서 개설하고 경남 교육청이 주최하는 연수이다. 장소는 부산역 어디쯤 강의실에서. 내로라하는 젊은 영어 교사들과 함께 매주 토요일 반년 동안 열심히 다녔다. 과제 제출도 많았고 발표도 많았던 연수, 하기야 자격증을 주니 웬만해서 되겠는가? 젊은 샘들 사이에서 그럭저럭 2010년 6월까지 매주 토요일 부산까지 가서 연수를 받았다. 연수를 받을 때는 많은 Input이 있었지만, 받고 나면 실제 교실 수업에서 사용하기란 쉽지 않았다.

영어과는 수시로 연수가 많다. 몇 년 안에 연수를 받지 않으면 계속 연수받기를 강요당하기 때문에 방학을 이용해서 연수를 받는다. 원어민과 하는 연수를 종일 받고나면 귀에서 영어가 웽웽거린다. 회화 실력이 다 들통나니 쪽팔리는 경우도 종종 있다. 이러한 모든 연수가 한국어가 아닌 영어로 진행되기 때문에 연수에서 오는 스트레스가 이만저만이 아니었다. 다른 과 선생님들은 말하기도 한다. 영어과는 외국으로 가서 하는 국외 연수가 있어서 좋겠다고. 그땐 몰랐는데 지금 생각하니 그렇긴 하네.

정기 감사

감사가 시작되면 학교는 또다시 바빠진다. 학교 전반에 걸쳐 3년간의 모든 것이 감사 대상이 된다. 난 평가부장이라 3년간의 모든 성적에 대해 재검토를 한다. 감사에서 걸리지 않게 이미 지나간 것을 점검하고 수정도 해야 한다. 무엇보다도 성적의 오류는 큰 문제가 될 수 있다. 내신 성적으로 고등학교에 진학하니 한두 명의 학생에게는 치명타가 될 수도 있다. 되돌릴 수 없는 상황도 발생할 수 있지만 이렇게 감사를 함으로써 앞으로 성적 처리를 더욱 완벽하게 할 수 있는 계기가 되기도 한다.

몇 날 며칠을 신중을 기해 점검했다. 가끔 오류가 보인다. 전근 간 선생님도 있어 난감하기도 하다. 될 수 있는 범위 내에서 오류를 수정 보완하고 나름 눈이 빠지도록 샅샅이 점검했다. 그러나 감사를 하는 분들은 나보다 한 수 위. 전혀 생각지도 않았던 부분에서 오류를 발견한다. 어느 한 과목에서 이원목적 분류표 상·중·하 비중이 맞지 않는

단다. 담당 교사는 물론이고 평가부장, 교감, 교장 선생님까지 다 함께 주의를 받는다나 어쩐다나. 교장 선생님께 죄송하다고 말씀드렸다. 박 부장 책임 아니라고 위로를 해주신다. 눈물이 난다. 그다음 교감샘, 죄송하다고 이야기를 해도 내 눈을 바로 바라보지 않는다. 퇴근 시간 후 남아서 매일 점검하는 모습을 보았을 텐데도 말이다. 나 또한 속 좁은 인간인지라 또 다른 의미의 눈물이 났다.

감사를 받음으로써, 또 감사에서 지적을 받음으로써 한층 더 평가를 신중히 하게 될 것은 틀림없다. 평가부장으로서 원안 고사 및 채점 등을 철두철미하게 점검을 하니, 그 점검에 대해 기분 나빠하는 교사도 있다. 인간은 각양각색, 점검해 주면 고마워할 줄 알았는데 그것도 아니다. 나는 평가부장직을 수행함으로써 그해부터 노안이 오기 시작했다. 급격하게 시력 저하가 온 것이다. 이제 노안이 올 나이도 되었네.

연구 점수

승진 점수에 연구 점수 3점이 있다. 연구 점수란 연구 주제를 정하여 1년 동안의 과정을 논문화하여 발표하면 경상남도 내에서 교사들 간의 경쟁으로 등급을 매겨 부여하는 점수다. 1등급이 1점, 2등급이 0.5점 등 정확한 점수는 기억나지 않는다. 더불어 대학원을 나오면 1.5점을 주었던가. 주변의 교사들이 모두 승진에 매달리는 것을 보니 쉽게 도전할 수 있는 부분부터, 애쓰지 말고 차근차근히 해보자는 생각이 들었다.

　주제를 정해서 논문을 쓰는 것도, 경쟁해야 하는 것도 번거롭다는 생각이 들어 대학원에 진학하기로 마음먹었다. 가장 쉬운 게 '돈만 내고 가방만 들고 다니면 되지 않겠느냐'는 얕은 생각으로, 또 한편으로는 '학생들 심리파악 등 학생지도에 선한 영향을 끼칠 수 있을 것 같다'는 생각으로 대학원 상담 심리학과에 진학했다. 역시 학생들도 주변 환경이 중요하다는 생각이다. 노는 학생이 많은 학교에 가면 나도 함께 어울리게 되고, 공부하는 학생이 많은 곳에 가면 덩달아 공부를 하는 수밖에 없는 것이다. 쉽게 마음먹고 간 그곳에는 하필, 열심히 공부하는 '학생'들이 많았다. 덩달아 할 수밖에. 이러려고 온 것이 아닌데 이상하게 주변 분위기를 따라간다. 이래서 특목고에 진학시키려고 그렇게들 애를 쓰는구나 싶기도 하다.

　토요일마다 2년 반 동안 대학원을 다녔다. 학교 가는 토요일에는 학교에서 바로 대학원을 가고, 놀토에는 세 명의 박 샘들, 쓰리박 교사들이 함께 차를 타고 다녔다. 드디어 졸업하게 되어 '전문 상담 1급 정교사' 자격증도 취득하게 된다. 석사 논문의 주제는 '부모의 양육 태도와 학생들의 진로 결정과의 상관관계'에 관한 내용이다. 역시 논문에서도 부모의 양육 태도가 얼마나 중요한가를 강조하고 있다. 2년 반 동안 여러 내용의 수업을 들었지만, 내 머릿속에 확실하게 남은 것은 '공감'이라는 단어뿐이다. '라포 형성과 공감 능력'. 상담이나 교육에 있어 이 항목이 얼마나 중요한가는 많은 경험으로 느낄 수 있었고, 나는 이 항목을 교육 활동에서 철저히 실천했던 것 같다. 2008년 2월 한국 심리학회지에 나의 석사 논문이 수록되었다.

이즈음 반림중학교에서 함께 근무한 이화진 선생님의 도움으로 경남 진로 교과 연구회에 회원으로 가입하였다. 다른 지역의 연구회와 정보를 교류하기도 하고 세미나에 참석하기도 한다. 많은 경우에 회원으로 활동하다가 점수만 채워지면 탈퇴하는 모양새다. 나 또한 대학원 점수를 제외한 나머지 점수를 얻기 위해 그 연구회에 가입했다. 2년에 걸쳐 여러 교사와 함께 활동한 결과 1등급과 2등급을 얻어 연구 점수 3점을 창덕중학교 근무 하면서 다 채웠다. 연구 점수 시작을 다른 교사들보다 훨씬 늦게, 그러나 훨씬 쉽게 이루어낸 셈이다.

이화진 선생님은 비록 내가 승진은 못 했지만, 승진으로 가려는 길목에 실질적으로 나를 도와준 유일한 사람이라는 생각이 든다. 다들 말로는 이러쿵저러쿵 도와준다고들 하지만, 실제로는 남의 일에 그다지 신경 쓰지는 않는다. 다들 제 살기도 바쁜데 남 도와주는 일이 쉽겠는가?

진로 교사로 교단에 다시 서다

상담 심리학과를 2년 6개월 만에 졸업하고 석사 학위를 받았다. 그 과를 졸업하니 전문 상담 1급 정교사 자격증도 함께 주어졌다. 학교에 근무하는 동안 한번도 사용해 보지 않은 자격증이라 아까운 마음이 있었다. 퇴직하고 하루하루를 즐겁게 보내고 있었다. 늦게 시작되는 하루는 눈 깜짝할 새 지나가 버린다. 학교에 대한 미련도 여전히 남아 있다. 일을 할 수 있는 여력이 불끈불끈 생길 때쯤, 명예퇴직하고 기간제 교사를 하는 순주 샘이, "언니, 한 달 동안 진로 교사로 일해 보실래요?" 한다. 진로 교사는 인원이 많지 않아 기간제 교사 구하기가 쉽지 않다. 보통 2순위로 전문 상담 교사가 지원할 수 있다. 망설임 없이 하겠노라고 했다. 한 번도 사용한 일이 없던 전문 상담 교사 자격증을 이제 한번 써먹어 보겠네.

2023년 12월 1일부터 12월 31일까지 진해 중앙고등학교에서 진로 교사로 근무하게 되었다. 불규칙한 생활 습관에서 허우적거리던 하루하루였는데, 1년 6개월을 쉬다가 학교에 오니 너무 좋았다. 출퇴근 시간도 즐거웠고, 40년 동안 영어 교사로 지내다가 진로 교사가 되어 보는 것도 새로운 경험이었다. 학년 말이라, 시험 기간이라, 학생들에게 알찬 수업을 한 건 아니지만, 나름대로 최선을 다해서 하루하루를 보냈다. 잊을 수 없는 경험이었다.

교사들의 지위는 수평적 관계이다. 교장, 교감 선생님을 제외하고는 모두가 다 교사이다. 중간에 부장 교사가 있지만, 보직이라 해마다 바뀌고, 원하면 쉽게 할 수 있어 수직 관계로 볼 수 없다. 나의 인사 기록 카드를 보면 현 직위 임용일이 1983년이고, 2022년에도 현 직위 그대로였으니. 40년 경력이 있어도 1년 차 교사에게 깍듯이 존칭을 씀과 동시에 동료 교사로서의 예우를 해줘야 한다. 나 역시 젊었을 때도 같은 직원 때문에 무시당하거나 스트레스를 받은 적이 없는 아주 좋은 직장이다. 가끔 라디오라든지 매스컴에서 상사 때문에 괴로워하는 직장인들의 에피소드를 들으면 참으로 좋은 직장이라고 새삼 느낀다.

하지만 다음 생에 교사가 된다면 또 영어 교사 하실래요? 'No, thank you.'다. 교사는 좋지만, 영어 교사는 싫다. 다른 어떤 과목보다 교육 정책이 많이 바뀌는 과목이 영어다. 교사 시절 내내 공문이 내려온다. 일주일에 몇 번 영어로 영어 수업을 하는가? 몇 %의 영어 사용으로 수업하는가? 그래서 뭐 어쩌라고! 수업 시간에 쓸 수 있는 영어가 얼마나 되겠는가? 기껏 Classroom English 정도, 영어를 쓸 수 있는 환경이 아니지 않은가?

환경만 조성되면 생존적으로 저절로 습득되는 게 언어일진대. 미국의 거지들도 『타임』을 보면서 웃기도 하고 필리핀 구두닦이 소년들도 유창하게 영어를 구사하지 않는가? 그것은 학교에서 Classroom English 정도로 되는 게 아니고 실생활에서 살아남기 위해 습득되는 게 언어 아니던가? 얼마나 영어에 노출되느냐가 관건인데. 이명박 대통령 시절의 영어 몰입 교육. '오렌지가 아니고 어륀지라고!' 대통령의 한마디에 학교마다 영어 전용 교실에 막대한 예산을 투입하고, 원어민이 각 학교에 배치되고, 영어 교사는 그 원어민의 거처 등 모든 잡일처리까지 하여야 하고, 애들은 영어를 조금이라도 과하게 사용한다 싶으면 한국말로 수업하라고 아우성이고. 정말 영어 교사는 힘들다. 한국말로 수업하는 진로 교사, 와~ 좋다.

설마 '죽' 때문이겠냐만은

> 나의 골프 인생

　2000년도에 잠시 레슨을 받았던 골프는 정말 재미가 없어 그만두었다. 그리고 배드민턴에 입문하여 약 25년 동안 매일 배드민턴을 하고 있다. 운동은 무슨 목적에서가 아닌 재미로 해야 한다는 것이 나의 지론이다. 혹자는 배드민턴은 과격한 운동이라 위험하다는 둥, 관절 손상이 심하다는 둥 남의 일에 걱정이 많다. 정작 나는 이렇게 건강하고 재미있게 운동하고 있는데 말이다.

　주변에서 꾸준히 골프를 치자고 권유를 하지만 구미가 당기지 않는다. 한참 후 2021년 즈음, 창덕중학교에서 같이 근무했던 모 샘이 골프 연습장 비용 및 레슨비까지 구체적으로 알려 주면서 진심으로 권유한다. 나도 한번 해 볼까? 박현숙, 송외숙 샘과 함께 등록했다. 두 분은 이미 10년 이상 골프를 하고 있지만 나와 함께 한다는 의미에서 같이 등록해 주셨다. 연습장에서 1년 동안 열심히 연습했다.

  그녀들보다 나의 실력은 형편없지만, 마음 좋게도 필드에도 데려가 주고 스크린에도 함께 간다. 박 샘은 느긋한 성격대로 묵묵히 지켜보는 편이고, 송 샘은 체육과 출신이라 짜증 내지 않고 친절하게 코치를 해 준다. 나의 골프 인생에 있어 두 분은 참으로 고마운 사람들이다. 실력이 한참 미치지 못하는 나를 줄곧 챙기고 함께하며 느긋하게 기다려 준다. 오히려 내가 재미없다고, 이게 무슨 운동이냐고 앙탈을 부린다. 나 같으면 절대 같이 놀아주지 않는다. 그래서 더욱 그녀들의 고마움은 잊지 않는다.

  좋은 골프 클럽에도 관심이 없다. 공부 못하는 놈들이 꼭 연장 나무란다고. 아무거나 가지고 치면 된다고. 노력도 않고 골프 클럽에도 관심 없으니, 무슨 골프 실력이 늘겠는가? 보다 못한 박 샘이 본인이 사용하던 클럽을 하사한다. 냉큼 잘 받아쓰고 있다. 그런데도 골프에는 별반 흥미가 없다. 비가 오나 눈이 오나 배드민턴은 하고 싶은데. 골프는 더워서 싫고, 추워서 싫고, 가성비가 떨어져서 싫고 등 여러 이유를 내세우며 열심히 하지 않는다. 자기가 재미있는 운동 하면 되지 뭐, 즐겁게 하는 운동이 최고 아닌가?

  퇴직 후, 다 함께 파크 골프에 입문했다. 파크 골프, 스크린 골프, 어쩌다 가끔 필드로. 그렇게 바쁘게 보내던 어느 날 박 샘이 아들의 사업으로 인해 세종시로 이사를 하게 된다. 참으로 서운한 일이다. 다행히 한 달에 한 번씩은 꼭 창원에 내려온다. 그때마다 만나 스크린 골프를 한다. 한참 점수 차이가 나지만 어쩌다 샷이 좋으면 엄청난 격려를 해 준다. 오전에 스크린 골프를 치고 점심과 커피까지 마시고 나면, 학교에서 근무했던 시절의 퇴근 시간이 된다. 골프를 통해 그녀들과 함께 하루를 즐겁게 보낼 수 있음에 감사하다. 이사 간 공백을 많이 느끼지 못한 채, 여전히 우리는 만남을 이어가고 있다.

조카 소영

작은 언니의 딸 소영이가 우리 집에서 함께 살고 있었다. 호주 어학연수를 마치고 창원에서 학원 교사나 개인 과외를 하기 위해서이다. 더불어 영어 교육과 대학원에 진학하여 석사 학위를 받았다. 영어영문학과를 졸업했기 때문에 교사 자격증이 없었다. 이제 대학원에서 교육학 교육을 받아 영어 교사 자격을 얻을 수 있었다.

창덕중학교에 영어 교사의 개인 사정으로 영어과 기간제 교사 모집이 있었다. 마침 집에 함께 살고 있던 소영이에게 말해 주었다. 어쩜 시기가 딱 맞아 소영이가 채용되었다. 함께 출퇴근했다. 퇴근 시에는 내 차를 타지 않을 때도 더러 있다. 젊은 교사들이 많아 함께 어울리곤 하기 때문이다. 한 번씩 늦게 집에 들어온다, 술도 마시고. 진지하게 물었다. 사귀는 남자가 있단다. 그럼 그렇지! 같은 학교 체육 교사란다. 기가 막히고 또 코가 막힌다.

그네들은 그렇게 결혼했다. 이제는 딸 둘을 가진 엄마로, 여전히 기간제 교사로. 요즈음은 철두철미하게 기간제 교사를 공개 채용한다. 소영이는 벌써 기간제 경력이 엄청나다. 담임에서부터 힘든 업무까지. 1년마다 다른 학교로 옮기는 상황이 좋지는 않지만, 이러한 경력과 성실성 때문에 매년 별 어려움 없이 채용된다. 마음으로 항상 응원한다. 나의 끈으로 연결된 이 커플, 항상 행복하고 잘 살기를 바란다.

내 아들의 수능 시험

그즈음 캐나다 어학연수를 마치고, 한 살 아래인 학생들과 3년 고등학교 생활을 보낸 내 아들이 수능 시험을 쳤다. 고등학교 시절 내내 최상위권이라 의대에 진학하려는 목표가 있었다. 마치 내가 시험 보는 것처럼 안정되지 않는다. 수능일 점심 도시락으로 죽을 싸 달랜다. 아무 생각 없이 '그러마' 하고 대답을 했다. 수능 전날 퇴근하는 내게 도시락 반찬 뭐 싸 줄 건지 누군가가 묻는다. "죽 싸 달라네." 옆에 있던 샘 왈, "죽 쒀서 개 줄라고." 너무 신경이 쓰인다. 저녁에 아들보고 다른 반찬으로 도시락 싸주겠다고. 예민한 아이가 고집을 피운다, 꼭 죽을 싸 달라고. 께름칙하긴 했지만, 본죽에서 죽을 사서 싸주었다.

서로 이사한 후로도 왕래가 잦은 150X호 앞집 아줌마가 항상 교회 가기를 권했다. 수능일은 지푸라기라도 잡고 싶은 심정이다. 교회에서 수능 대박 기도가 수능 시간표에 맞추어 있다네. 교회에 다니지도 않는 사람이 하루 내내 교회에 가서 기도를 올렸다. 왜 그렇게 눈물이 나던지. 수능을 마치고 나면 홀가분한 마음으로 다 함께 맛있는 저녁을 먹어야지, 집에서 아이가 오기를 기다렸다.

숨죽여 바깥소리에 귀를 기울인다. 택시 문 닫는 소리, 현관문 번호 누르는 소리, 숨이 막힌다. 아이는 내 얼굴을 쳐다보지도 않고, 제 방으로 들어가버린다. 저녁이고 뭐고 다 틀렸다. 초상집이다. 온 밤거리를 쏘다녔다. 12년의 고생이 물거품이 되는 느낌이다. 하늘을 보고 인적이 드문 곳에서 대성통곡을 했다. 몇 날 며칠을 우울하게 보냈다.

이렇게 힘든 적은 없었다. 그리 노력하는 것을 옆에서 지켜보았는데 마음이 아팠다. 자식이 힘들 걸 생각하니 더욱 어찌하기가 어려웠다. 가채점을 하니 전교 1·2등 하던 놈이 전교 3·40등 성적이란다. 모든 의대에서 탈락했다. 수시로 인제대 후보 2위였지만 의대라 그런지 꿈쩍도 하지 않는다. 모든 게 후회스럽다. 캐나다에 교환 학생으로 가지 않고 2008년도에 정상적으로 수능을 치렀다면, 2008년도는 점수가 아니라 등급이었기 때문에 의대에 진학할 수 있었을까? 별생각이 다 든다.

결국, 일 년 재수하기로 했다. 그즈음 메가스터디 손주은 대표가 창덕중학교에 다녔던 인연으로 학교에 방문했었다. 틈새를 이용해 내 아이의 이야기를 했더니 서초 메가스터디에 보내란다. 그렇게 2009년 메가 스터디에 등록하여 재수하였다. 이제 이 아이의 초등학교 동기들은 2년이나 앞서나가고 있다. 서울에 방을 얻어 열심히 하더라.

드디어 그다음 해 수능일, 이번에는 더욱더 절실하게 지푸라기라도 잡는 심정으로 길상사에 가서 하루 내내 기도를 올렸다. 교회에서 안 되니, 절로 간 것인가? 마칠 때쯤 아이를 데리러 갔다. 도시락을 들고 저 위에서 내려온다. 발걸음이 가볍다. 빈 도시락 가방이 제법 힘 있게 흔들거린다. 아이가 기분이 좋아 보인다. 안심이다. 올 1등급! 이번에는 성적이 너무 좋다. 그러나 또 겁이 난다. 학교의 선택폭이 좁아진다. 더는 재수는 안 된다고, 안정 위주로 가야 한다. 아주 소심하게 가·다 군에 인제대 의대, 나군에 계명대 의대에 지원했다. 나군 계명대에서 전체 수석이라고, 특전이 많다. 인제대 의대에서는 등록금 절반 장학생인 3등으로. 전체 수석 계명대를 포기하고 인제대 의대를 선택하였다.

나중에야 아들이 이야기한다. 왜 엄마가 죽을 싸주지 않겠다고 하는지에 대해 그날 밤 자꾸 그 생각이 떠올라 잠을 이루지 못했다고….

가장 왕성하게 교직 생활을 했던 창덕 중학교의 5년을 마무리하고 2010년 3월 1일 자로 대곡중학교로 전근을 갔다. 내 나이 50세, 내 아들 의대 1학년 입학, 새로운 기분으로 학교에 간다.

Chapter 5
끝까지 좋지 않을 수만은 없다

내 인생의 화양연화

> 결국, 복이 되어 돌아오다

창덕중학교를 비롯한 창원 시내에서 10년 동안 근무를 했기 때문에 이제 관외로 이동해야만 했다. 김해 장유 지역에 지망하고 어디에 발령이 나도 괜찮다는 심정으로 편안하게 지내고 있었다. 다른 지역으로의 이동 점수로는 최고치였으니까.

방학 중 여전히 TESOL 연수 때문에 토요일마다 부산으로 갔다. 도교육청 홈페이지에서 전보 발령 명단을 먼저 확인한 전연희 샘에게서 연수받으러 가는 도중 전화가 왔다. "샘! 대곡중에 발령 났어요. 대곡중이 어디예요?" "나도 모르는데요." 듣도 보도 못한 학교에 발령이 난 것이다. 별 신경 쓰지 않고, '어딘가에 있겠지'라고 생각하고 있는데, 김해 시내에 있는 중학교는 어지간하면 거의 다 아는 학교인데, 진주 대곡중은 들어봤어도 김해 대곡중은 듣는 게 처음이라. 또다시 전 샘이 전화해 김해 대곡중은 동김해에서도 인제대학교 즈음에 있는 창원에서 아주 먼 거리라고 알려준다.

고속도로를 타고 가도 출근 시에는 1시간 정도가 걸린다나. 연수를 받는 동안 맘이 계속 심란하다. 아니! 어떻게 동김해까지. 그 방면의 학교는 주로 부산이나 양산에서 출퇴근하는 교사들이 많이 근무하는 학교이다. 창원에서는 주로 장유나 서김해에서 근무한다. 이동 점수로 치자면 나만큼 높은 사람도 드물 텐데. 그 이동 점수는 김해에 전입하는 것까지 영향을 미치는 점수이고, 일단 김해에 전입하면 그다음은 점수와는 상관없이 연고지 등에 의해 근무 학교를 정하는 것이다.

나중에 알고 보니 대곡중학교 교감 선생님께서, 그 학교에는 신규교사들이 너무 많아 중견 교사들을 보내줄 것을 교육청에 부탁했다나 뭐라나…. 그 희생타로 50세인 나를 필두로 나보다 조금씩 젊은 미술 샘, 음악 샘이 전보 명령을 받은 것이다. 음악 샘이야 김해가 거주지니 별문제가 없겠지만, 미술 샘과 나는 기가 찰 노릇이었다.

2010년 2월 어느 날 전입 교사와 기존 교사의 만남이 있다고 대곡중학교에서 오라고 한다. 혼자 갈 수 있는데 창덕중학교 교감 선생님께서 굳이 데려다주신단다. 너무 안타까웠나? 어쨌든 전입 인사를 하고, 무슨 업무든 잘하겠다고 하고 교문을 나섰다. 멀기는 진짜 멀더라. 모든 일에 될 대로 되겠지 하는 면이 다소 있는데도 영 마음이 심란하다.

며칠 후 학교에서 또 오란다. 신학기 부장들만 모인다고, 먼 거리를 운전해서 갔다. 야, 그래도 지하 주차장이 있네. 평생교육부장과 2학년 담임을 같이 맡으란다. 뭐든 하라는 대로 다 하겠다고 했더니 부장에 담임까지? 나보다 젊은 미술 샘, 음악 샘도 다 부장만 하는데. '하여튼 영·수·국 샘들은 담임에서 빠지는 경우가 드물지, 불평불만 하지 말자.' 다짐했지만, 속은 부글부글. 회의를 끝내고 다 함께 식사하러 간다. 기존 부장 샘들 차를 타고 가기로. 주차장 입구 양지바른 곳에 기존의 부장 2명이 이야기를 하며 서있다. 나보다는 한참 젊은 최 부장님과 홍 부장님, 잘 차려입고 이야기를 나누고있는 두 사람의 외모에 눈길이 간다. 첫인상이 참으로 좋았다. 그렇게 점심을 먹고 드디어 2010년 3월 1일 자로 김해 대곡중학교에서 근무하게 되었다.

모든 일에는 끝까지 좋지 않을 수만은 없다. 나는 전화위복, 새옹지마와 같은 사자성어를 좋아하는 편이다. 아무리 기가 차고 견딜 수 없는 상황일지라도, 결과는 생각보다 나쁘지 않은 경우가 많은 것이다. 이번에도 그랬다. 내 아들이 의과대학 예과를 김해에 있는 인제대학교로 다니게 된 것이다. 대곡중학교 바로 옆이다! 창원에서 김해까지 참으로 교통이 불편한데, 나와 함께 아침에 등교하면 되는 것이었다. 대학생치고는 좀 이른 시간이지만 우리 학교에서 내려 대학교까지 걸어가면 되는 것이다. 정말 잘된 일이었다.

찬란하고 즐거운 학교생활

창덕중학교에서의 급식은 최고였다. 이 학교에서의 급식은? 비빔밥에서부터 엄청난 차이가 났다. 여러 나물을 가지런히 한 줄씩 놓고 우리가 필요한 만큼 덜어갈 수 있게 하는 창덕중학교 급식과는 달리, 세 가지 정도의 나물을 한데 섞어 먹게 하는 대곡 중학교 급식. 맛이라도 있으면 좋을 텐데, 어지간하면 비빔밥은 다 맛있는데…. 그렇다고 급식 예산이 다른 것도 아니다. 같은 예산으로 이렇게 차이가 나도록 맛없게 급식을 제공하는 것도 재주라면 재주이다.

이러한 급식 때문에 최 부장님, 홍 부장님, 강 샘 등은 자주 외식을 하러 가는 것 같았다. 다행히 그 학교는 무조건 한 달 치를 계산하는 것이 아니라, 본인이 먹은 날만 체크를 해서 돈을 내기 때문에 외식이 자유로웠다. 고맙게도 이 세 사람은 그 멤버에 나를 끼워주었다. 우리는 점심을 먹으러 학교 근처에 참 많이도 다녔다.

세 사람은 동년배라 의기투합이 잘 되었다. 체육과인 최 부장님, 얼마나 유머와 재치가 넘쳐나던지, 조금씩 첨가하는 비속어로 말의 재미를 한층 더 했다. 비속어의 위력이 이 정도일 줄이야! 전혀 상스럽게 들리지 않았고 우리의 웃음 샘을 팡팡 터지게 했다. 심지어 엔도르핀을 돌게도 한다. 그들은 오랜 라포가 형성되어 있어 남녀 교사가 아닌 친한 동성 간의 대화인 듯 거리낌이 없었다. 홍 부장님은 약간 진중한 면이 있어, 이러한 분위기를 어색해할 줄 알았는데 오히려 그러함을 즐기는 듯하다. 우리는 자주 모여 웃고 떠들었다.

우리가 이렇게 모여서 함께 웃고 떠드는 것이 다른 어떤 이에게는 불편한가 보다. 교감 샘은 표현은 하지 않았지만 그럴 것 같았고, 정년 퇴직을 앞둔 수학 선생님께서 못 마땅해하는 기색이 역력하다. 또 다른 부장님, 내 또래이지만 건들거리는 모습이 영 마음에 들지 않는다. 학년부장을 하면서 승진 점수에 관심을 많이 가진다. 승진에 필요한 많은 점수를 따 놓았다고 포석을 깔기도 한다. 우리의 모임에 한마디씩 말을 던지기도 한다. 우리는 전혀 개의치 않는다. 또 모여 웃고 떠든다.

언변이 뛰어나고 재치가 넘쳐 함께 대화하다 보면, 시간 가는 줄 모르게 하는 대단한 능력의 소유자 최 부장님. 체육 교사이지만 출근 시에 항상 옷을 말끔하게 차려입고 학교에 온다. 학교에 와서는 바로 체육복으로 갈아입는데도, 옷차림에 신경을 많이 쓰신다. 무슨 옷을 입어도 잘 어울리는 호남형이며, 패션에도 많은 관심을 기울인다. 성격이 서로 맞지 않을 것 같은데 함께 잘 어울리는 홍 부장님, 모든 일에 철두철미하고 약간 진중한 면이 있어 거리감이 느껴지기도 한다. 뭔가 그 샘 앞에서는 실수하면 안 될 것 같은 분위기다. 본인의 이런 면 때문에, 최 부장님의 유연함을 좋아하고 함께하는 것 같다. 그리고 최 부장님은 나름 홍 부장님의 이런 면을 존중해 주기도 하고.

그렇게 작지도 않은 학교임에도 대곡초등학교와 체육관을 함께 사용하였다. 거의 모든 학교에서는 수요일에 직원 체육을 실시하지만, 초등학교 교사들의 직원 체육 관계로 우린 목요일 직원 체육을 했다. 주로 배구를 많이 하지만 배드민턴을 하기도 했다. 배드민턴을 시작한 지도 거의 10년이 다 되어가는 세월이라, 아무리 운동에 젬병이라도 엉망인 수준은 아니었다. 최 부장님과 자주 배드민턴을 했다. 축제나 온갖 워크숍 등 사회를 도맡아 할 정도로 언변이 좋은 샘이라 배드민턴을 하면서도 연신 깔깔거렸다.

  부장 모임 첫 회식, 생전 처음 폭탄주를 마셨다. 최 부장님의 현란한 폭탄주 만드는 솜씨, 탁월한 언변과 분위기를 이끄는 행동들이 멋져 보인다. 기분에 폭탄주 한잔을 원 샷. 이래 본 적은 없는데, 그런데 술이 잘 넘어간다. 얼굴은 달아오르고 기분은 황홀하다. 또 한 잔씩 돌린다. 분위기에 또 원 샷. 자리에서 일어설 수가 없다. 겨우 일어나서 화장실로 갔다. 일어날 기력이 없다. 술을 좋아하지 않는데 그날 저녁에는 술이 술술 넘어갔다. 그날의 분위기와 누구와 마시는 가에 따라 맛이 달라진다는구먼.

  이렇게 재미있고 내 유머 감각에 꼭 맞는 남녀 샘들의 모임으로, 학교에서의 하루하루 생활이 너무 즐거웠다. 가끔 저녁에도 모인다. 또 다른 남녀 교사들도 합류하여 인제대 부근에서 젊은 대학생들이 가는 술집에도 가보고, 말로만 듣던 돼지 껍데기 파는 집에도 가보았다. 이 모든 일상은 최 부장님 중심으로 이루어진다. 처음 이 학교에 발령 명령이 났을 때 참으로 허탈하고 속상했었는데, 이런 재미가 있을 줄

이야. 모든 일에는 다 이유가 있는 법이라고, 통근하면서 힘들 수도 있었던 대곡중학교에서의 생활이 이들로 인해 정말 즐거웠던 한 해가 되었다. 자칫 힘들 수 있었던 대곡 중학교의 생활이 여러 선생님 덕에 찬란하고 즐거운, 교직 생활에 있어 잊을 수 없는 화양연화의 시기가 되었다.

언제나 그렇다. 이렇게 많은 시간을 보내고 나서야 비로소 깨달음이 온다. 그때가 소중했다는 것은 그때가 지나고 나서야 알게 된다. 안타깝게도 지나간 시간은 다시 오지 않는다. 그러니 지금 이 순간에 마음을 열고, 감각을 깨워 내 주변의 소중한 것들을 만끽해야 한다. 눈 내리는 날도, 비가 내리는 날도, 흔하게 보이는 길가의 작은 꽃도, 새잎을 돋으려는 나뭇가지도, 매일 볼 수 있는 노을 지는 하늘도 얼마나 아름다운지 모른다. 내가 좋아하는 음악은 또 어떤가! 이토록 아름다운 세상에 작은 생명으로 태어나 주변의 것들과 소통할 수 있다는 기쁨을 느낄 수 있다는 것에 감사한다. 매일매일 주변의 모든 것을 만끽하며 살아갈 일이다. 단둘이 마주 앉아, 또 여럿이 둘러앉아 눈 마주치며 웃는 즐거움은 또 어떤가!

평교사로 당당하게

지랄이 풍년인 영어 교육 정책

2009년 겨울 방학부터 시작했던 TESOL 연수는 2010년 상반기에도 계속되었다. 영어과 교사들은 원어민과 대화하는 연수가 매년 있다. 매년 공문이 와 3년에 한 번씩은 연수를 받도록 종용받는다. 짧게는 30시간, 길게는 60시간, 그리고 외국에서 받는 한 달 동안의 연수, 외국과 국내에서 동시에 받는 6개월짜리 연수 등. TESOL은 기존에 있던 연수와는 다른 연수이다. 이명박 대통령의 영어 몰입 교육과 더불어 이경숙 위원장의 영어 교육 방향이 맞아떨어져 새로이 개설된 연수이다. 물론, 얼마 못 가 폐지되었다.

이경숙 위원장이 재직했던 숙명 여자 대학교는 TESOL 과정의 연수를 개설하고, 우후죽순 각 대학 여기저기서 이 과정을 개설하여 돈벌이에 앞장선다. 여기에 발맞추어 경남 교육청도 재빠르게 부산 고신대학교와 손잡고 개설한 것이다. 연수를 하고 나면 자격증도 주어지기 때문에, 다른 국내 연수와는 달리 반드시 180시간을 이수해야만 한다. 그리고 토요일마다 연수를 하기 때문에, 한 학기가 넘는 기간 동안 연수를 하는 것이다. 힘든 연수 과정을 무사히 마쳤음을 감사하게 여긴다. 그러나 요즘 어디에서도 TESOL의 중요성을 이야기하는 곳은 없다.

그해, 경남 교육청에서는 TEE(Teaching English in English) 교사를 선발했다. 최우수 교사는 심사 위원 앞에서 직접 수업해야 하고, 우수 교사는 각자 본교에서 수업한 내용을 동영상으로 촬영해서 교육청에 제출하면 된다. 많은 자료를 모아서 우리 반을 대상으로 영어 수업을 하였다. 촬영한 동영상을 경남 교육청에 보내어 심사받도록 했다. 다행스럽게도 우수 교사로 선정되어 인증패와 상금 100만 원을 받았다. 2~3년 지속하였을까? 이 TEE 교사 선발 제도도 얼마 못 가 없어져버렸다.

대한민국에서 영어 교사로 살아가기란 힘이 들 때가 많다. 다시 태어난다면 교사는 하고 싶어도 영어 교사는 하기 싫다. 이명박 대통령 시절 영어 몰입 교육 정책은 절정을 이룬다. 2011년 영어 실력이 곧 국가 경쟁력이라며, 초등학교에서도 영어로 영어 수업을 진행하란다. 영어가 공용어인 인도에서 교사를 데려오자, 영어 잘하는 학부모를 활용하자, 영어 능력이 뛰어난 대학생을 영어 인턴 교사로 활용하자 등 영어 만능주의 교육에 제안하는 의견들이라니, 정말 지랄이 풍년이다.

영어 공교육 완성 프로젝트라나! 우리나라의 영어는 인도·필리핀 등과 같은 나라의 Second Language가 아닌 Foreign Language이다. 기껏 작은 습관이 이루어지는 것도 66일의 시간이 필요하다고 하고 일만 시간의 법칙 등이 있는데, 우리나라 학생들이 학교에서 영어에 노출되는 시간은 일 년에 '1주에 4시간×34주=136시간' 그것도 수업 시간 45분 지나고 나면 바로 쉬는 시간부터 한국어에 노출되는 환경이다. Second Language로써 영어를 사용하는 나라와는 전혀 다른 환경이다. 그런데 국가 정책은 인도·필리핀처럼 모든 국민을 환경은 무시한 채 영어를 자유자재로 말할 수 있게 만들려 한다. 우와~ 또 열이 오른다.

실용 영어 중심으로 수업 시간의 대부분을 학생들과 프리 토킹만 한다면 어느 정도의 효과는 얻을 수 있을지도 모르겠다. 그러나 학교에서의 영어 교육은 대부분 평가에 목적을 둔다. 물론 수행 평가에 말하기 영역이 있지만, 현실적으로 채점 기준이 모호하고 시험 시간의 제약 등으로 인해 많은 어려움이 있다. 이런 이유로 가끔 영어 과목은 평가가 없어져야 한다는 웃지 못할 푸념들이 영어 교사들 사이에 나오기도 한다. 그러나 평가 없는 교육이 있을 수나 있단 말인가!

의사소통 능력 향상을 위한 영어 교육으로 가려면 표현 방식에 정답이 없다는 것을 강조하여 다양한 의사소통 능력을 장려해야 한다. 이렇게 표현해도, 또 저렇게 표현해도 의사소통을 할 수 있다고 가르쳐야 한다. 하나의 정답을 정해 놓고 하는 교육으로 의사소통까지 가능할 수 있을까? 그러나 앞서 8·90년대 학교 영어 시험 문제에서도 보았듯이, 학교 시험은 정답을 정해 놓고 가르치는 경우가 많으며, 또 그렇게 하지 않으면 안 되는 시험 출제 조건을 요구하기 때문에 어려움이 많다. 사실 발음이 나빠도 영어로 의사소통하는데 별문제 없다. 반기문 영어, 김대중 영어도 훌륭하다. 영어는 발음이 아니라, 소통이다!

영어를 배우는 목적은 혓바닥을 굴려 '있어 보이게' 하는 것이 목적이 아니고, 서로 의사소통할 수 있도록 하는 것이어야 한다. 그러니 입을 떼어 말하는 것, 귀 기울여 듣는 것, 모르는 것은 적극적으로 묻는 것, 온몸을 사용해서 적극적으로 말하는 법을 배워야 한다. 그러나 우리나라에서는 발음이 구리다는 생각에 입을 벌리기도 힘들게 만든다. 그깟 발음이 뭐 그리 중요한지. 이상한 사대주의에 젖어 영어 교육을 망친다. 영어 자체가 의사소통의 도구일 뿐이다. 본질을 잃은 영어 교육은 달을 쳐다보지 못하게 하고, 달을 가리키는 손가락만 보게 하고있는 셈이다.

가장 기억에 남는, 보지도 못한 졸업식

졸업식 날이다. 일어나 창문을 열어보니 밖이 새하얗다. 밤사이 이렇게도 많은 눈이 내렸단 말인가! 꼼짝을 할 수 없는 상황이다. 내려도 내려도 이렇게나 많이 내린 적이 없다. 학교에서 무슨 소식이 올 것 같다. 아니, 와야만 한다. 학교에 가야 하나, 말아야 하나? 아직 출발도 하지 못하고있는데, 강 샘에게서 전화가 왔다. 교장 샘은 벌써 학교에 도착했다고, 졸업식이니 교장 샘이 빠지면 안 되지. 아침 일찍부터 출발하셨나 보다. 우리도 가야 한다. 교장 샘이 가셨는데 우리는 당연히 가야지.

창원에 사는 교사 두 분이 내 차를 타고 가겠단다. 그렇게 하라고 했다. 창원 터널 방면은 위험하니 차라리 고속도로로 가기로 했다. 창원 시내 벗어나기도 쉽지 않다. 겨우 고속도로에 차를 올리니 거의 주차장이다. 난감하다. 고속도로에서 몇 시간을 지체했다. 차가 미끄러질까 봐 팔과 다리에 잔뜩 힘이 들어간다. 어찌어찌해서 도착하니, 이미 졸업식이 끝났다. 차에서 내려보지도 못했는데, 되돌아가란다. 허참, 허탈하고 기운 빠진다. 어쨌든 오는 길은 창원 터널로.

아! 창원 터널 쪽은 훨씬 더했다. 길이 아니다. 차들이 뒤엉켜 차선도 없고, 차라리 고속도로로 갈 걸 그랬나 싶다. 여기저기 바퀴가 헛도는 차들이 가득하다. 악몽 같은 하루다. 운전대를 꽉 잡고, 어찌어찌 집에 왔다. 집에 도착하니 저녁 7시, 차에서 한번 내려보지도 못하고. 눈길에서 온종일을 긴장하며 운전을 했더니, 온몸에 힘이 빠진다. 오지 말라 그러지, 2학년 담임이라 참석해야 할 이유도 없었는데…. 화장실은 어떻게 갔는지? 화장실도 못 가고 온종일 차 안에서만 있었다는 기억뿐이다. 2011년 2월 어느 날, 그날의 악몽 같은 눈길을 잊을 수 없다. 그리고 1년 만에 김해 장유에 있는 학교에 내신을 내었다.

하찮은 아쉬움

2011년 3월 1일 자로 김해 장유에 있는 율하중학교로 발령이 났다. 2010년 3월 1일 자로 개교한 학교인지라, 학교 전체가 깨끗하고 교직원 간의 관계가 가족적이었다. 장유 신도시가 막 개발 중이다.

교장 선생님 같지 않은 외모를 지닌 김 교장 선생님, 걸음걸이와 외모가 얼마나 경쾌하고 호남형인지 완전 멋쟁이시다. 항상 다정하게 미소를 보이시며 소곤소곤 격려를 잘해 주시는 교장 선생님이셨다. 그리고 이미란 교감 선생님. 예전에 함께 근무했던 김 교장 샘의 부인으로, 두 분 다 승진의 세계에 발을 디딘 능력을 갖춘, 그리고 합리적인 관리자이다. 특히, 교감 샘은 여태껏 겪었던 여느 교감 샘과는 달리, 일을 항상 합리적으로 추진하시고 솔선수범하는 편이며, 권위를 내세우지도 않는 지혜로운 관리자이다.

인정도 많아 수업에 힘들어하는 교사들에게 쉬는 시간 과일을 제공하는 등 모든 교사에게 다정다감하게 대하는 분이었다. 그 무엇보다! 돈을 씀에서도 본인이 항상 먼저 지갑을 연다. 교장 자격 연수를 서울에서 받기로 되어있어, 부장 교사들이 식사를 대접하려고 했다. 미리 눈치를 채고 식당에 들어갈 때 미리 본인 카드로 계산을 해버리기도 한다. 본인이 연수받느라 학교를 비울 때, 부장 샘들이 고생할 것이기 때문에 당연히 자신이 밥을 사야 한다고. 보통 이런 관리자는 많지 않다.

업무 면에서도 완벽하다. 다른 이들의 일 처리가 마음에 들지 않을 때도 비난하지 않는다. 본인이 예시를 보여주면서 알기 쉽게 설명해 주신다. 존경할 만하다. 모든 교사가 잘 따른다. 보통의 관리자들은 교감 샘이 교장 샘을 많이 보필한다. 교감 샘이 너무 교장 샘에게 머리를 조아리는 것도 꼴불견이지만, 너무 소홀히 하는 것 같아 한 번씩 농담 삼아 얘기한다. "교감 샘! 교장 샘 좀 챙기세요." 그러면 "내가 왜? 다 큰 어른을." 우리는 웃고 만다.

관리자가 되지 않아 속상하거나 내 인생이 처량하다는 생각을 한 적은 없다. 물론 관리자를 해 보지 않아 그것이 주는 장점이 무엇인지 모르지만, 굳이 얘기하자면 한두 가지에서 씁쓸할 때가 있었다. 교무실에서 일하는 여주무관님. 야무지지 못하고 자기 세계에 빠져있는 듯한 느낌을 주는 행정원이다. 아무리 관대하신 교감 샘 일지라도 이러한 교무 행정원의 행동이나 일 처리하는 모습이 영 마음에 내키지 않는 기색이다. 혼낼 때는 야무지게 혼을 내신다. 교감 선생님이 야단을 치면 많이 공손해진다. 어쩌다가 내가 주무관을 부르면 대답도 잘하지 않는다. 교감 선생님과 나를 대하는 느낌이 엄청 다르다. 교감 선생님은 어려워하면서 평교사인 나에게는 예의를 갖추는 모습을 보여주지 않는다. 그럴 때 약간의 씁쓸함은 있다. 물론 본질적으로 이런 일의 근본 원인은 나의 지위가 낮은 것 때문이 아니라, 그 사람의 인성이 낮은 것 때문이기도 하다. 지위에 따라 사람을 다르게 대하는 인간들은 어디에나 있다.

2012년 완성 학급이 된 율하중학교는 경남 도내에서도 3번째 안에 드는 대규모의 학교이다. 한 학년이 12~13학급이다 보니 학생 수가 천 명이 훌쩍, 급식 지도도 힘들다. 왜 그렇게 급식 지도는 빨리 돌아오는지. 정각 열두 시 정해진 시간에 학생들의 소음 없이 편안하게 점심을 먹는 교감 샘과는 달리, 급식 지도가 있는 날에는 한 시간 넘게 지도를 해야 한다. 다행히 4교시 수업이 없어 4교시에 밥을 먹고 지도를 하면 그나마 괜찮은데, 4교시 수업이 있는 날에는 빨리 밥을 먹고, 코로 들어가는지, 입으로 들어가는지. 화장실 갈 시간도 없이 지도한다. 추운 겨울일 때는 밖에 서서 지도하는 관계로, 추위에 얼마나 떠는지 모른다. 피곤이 급속도로 밀려온다. 이럴 때 관리자 못 된 것이 아쉬웠다. 이런 하찮은 이유라니….

대학 모임에서 유일하게 교감으로 승진한 친구가 있다. 10년 이상 승진을 위해 고생하다가 포기하려고 할 때쯤 가까스로 승진했단다. 만나면 관리자로서의 장점을 열거한다. 최고의 장점으로는 수업하지 않는 것, 인정한다. 그 외 관리자 전용의 주차장, 아침에 책상 위에 신문이 놓여 있거나 등 관리자는 꼭 한번 해 봄 직하다고, 아무도 승진하지 못한 우리에게 말한다. 그러나 어쩌겠는가? 이미 지나간 세월을…. 그 친구도 나이 때문에 교장 승진은 못 한 채, 일 년을 남기고 명예퇴직을 했다. 명예퇴직을 함으로써 한 계급 승진, 그렇게 교장이 되었다. 기껏 장점이라고 하는 것이 그 정도라면이야. 승진 못 한 데 대한 위로가 된다.

어쩌다 승진의 틈바구니에서

죽을 놈의 승진, 승진을 위해

승진에는 통 관심이 없다고, 수모 파를 자처했음에도 불구하고, 세월이 흐르니 몇 영역의 승진 점수가 저절로 채워졌다. 연구 점수, 농어촌 점수, 시범 학교 점수, 부장 점수 등등. 많은 노력을 기울이지 않았음에도 저절로. 어떻게 하다 보면 나도 승진이 되려나 슬그머니 욕심이 나는 것도 사실이다. 아주 조금 남은 하찮은 아쉬움이 고개를 든다.

그 당시에 청소년 단체를 지도하면 승진 가산점이 된다고, 새로운 영역의 승진 가산점이 생겼다. 승진 점수가 너무 치열하다 보니, 자꾸 새로운 영역의 승진 점수가 생긴다. 예전 학교에서 같이 근무했던 최 샘이 한번 해보잔다. 최 샘은 오래전 모든 승진 점수가 완비되어 있었는데, 농어촌 점수에서 다소 삐끗함이 있어, 다른 학교에서 다 채운 교무부장 점수가 한해씩 까먹고 있다. 이 학교에서 어떻게 하든 교무부장이 되어 승진해야 하는데, 약간 젊은 남자 교사들이 치고 올라온다. 관리자들도 활력이 넘치는 남교사들을 선호하는 것 같고, 관리자들에 대한 원망도 있을 수 있겠다.

　승진 점수가 필요한 또 다른 3학년부장님. 이렇게 세 명이 청소년 불교 단체인 파라미타를 맡아 운영하기로 했다. 어떤 사명감이 있어서가 아니라, 순전히 승진 점수 때문에…. 나도 하긴 하지만 한심하다. 이런 걸 승진 점수에 반영하다니. 어쨌든 거의 매주 학생들을 데리고 문화 탐방, 체험 활동 등 계획을 세워 교외로 학생들을 데리고 나가 활동을 했다. 거의 모든 계획과 결과 보고서는 3학년부장님이 다하고, 부지런한 최 샘이 행동 대원으로, 그저 나는 따라만 가는 수동적인 활동을 했다. 회의에도 참여하고, 왜 이런 걸 하나 싶기도 하고.

　부지런하고 책임감 있는 3학년부장님과 최 샘 덕분에 그해 청소년 단체 승진 점수를 받았다. 이 점수는 여러 부작용으로 2년 만에 없어져버렸다. 다시 말하면 2년 동안에 이 점수를 획득한 교사는 다시는 다른 교사들이 받을 수 없는 점수이기 때문에 아주 귀한 점수가 되어버린 것이다.

　또 다른 귀한 승진 점수가 있었다. 학력 우수 학교에서 근무한 교사들에게 주는 승진 가산점. 피가 튀는 승진 점수이다. 학력 우수 학교로 선정되기도 매우 어렵다. 설사 선정되어도 그 학교 교사 수의 10% 정도에만 주어지니, 눈치 게임이 이만저만이 아니다. 학교 분위기를 망치는 제도이다.

 승진 점수 가산점에 학력 향상도 우수 학교에 선정되면, 공로에 따라 10% 정도의 교사에게 승진 가산점이 주어진다. 그런데 그 공로를 어떻게 줄 세울 수 있을까? 서로가 공로를 세웠다고 줄을 서고 싶어한다. 국가 수준 성취도 평가를 3학년에 실시해서, 영어와 수학 기초 학력 미달 학생 수가 전년도와 비교하여 현저히 줄어드는 학교에 주는 제도이다. 그래서 공로의 대상이 3학년 담임들, 3학년 영어·수학 담당 선생님들, 1·2학년 영·수 담당 선생님들도 해당이 된다. 3학년 담임 중 승진에 전혀 관심이 없는 교사들은 포기하기도 한다. 포기한 그 자리에 승진에 조금이라도 관심이 있는 교사라면, 무조건 발을 걸치고 싶어 한다. 간절히, 피 튀기게.

 전혀 공로가 없는 교사도 넘겨보는 점수다. 학력 향상 우수 학교에 선정되었을 때, 학교는 축제 분위기였다. 3학년부장님은 모든 일에 열심히 하는 교사이며, 완전히 날개를 단 느낌이다. 그런데 승진 가산점 대상자 명단을 작성해야 한다. 모두 눈치를 살핀다. 젠틀맨이면서 아주 늦게 교감 승진 연수를 받으신 인성부장님, 부처님 반 토막 같은 존경 받을 만한 분이다. 이 점수만 받으면 바로 다음 학기에 교감으로 발령 나는데…. 그리고 너무 늦게 승진 대상자가 된 터이라 하루가 급하신 분이다. 당연히 이 분은 받아야 한다.

 아무런 공로가 없어도 교무부장은 교무부장이라고, 교무기획은 기획이라고, 평가부장은 평가부장이라고, 나는 2학년 때 영어를 지도했다고, 승진에 관심이 많았던 다소 젊은 교사들은 승진 가능성이 있다고, 각자의 의견들이 많다. 교무실 분위기가 싸하다. 다들 서로 어색하다. 모두가 이 무거운 분위기를 다 느끼고 있다.

원리원칙주의자인 교감님, 정오까지 이 점수를 받고 싶은 교사는 받아야만 하는 이유를 적어서 제출하란다. 제각기 나름의 공로를 적어낸다. 교무실에 웃음기란 찾아볼 수가 없다. 정오가 지났다. 확실한 인원은 기억나지 않지만 두 사람 정도가 넘친단다. 3학년부장과 담임들을 제외하고 나머지는 경쟁해야 한다. 그런데 꼭 받아야만 하는 인성부장님이 빠졌단다. 우리가 모두 인성부장님은 무조건 받아야 한다고 생각하는데, 정오까지 본인 의견서를 제출하지 않았기 때문에 대상에서 제외라고. 아니! 이럴 수가? 그 부장님은 왜 의견서를 제출하지 않았는가? 양심적인 그분은 3학년 성적 향상에 직접적인 영향을 끼치지 못했다고, 양심상 쓸 내용이 없어 제출하지 않았다네.

그러함에도 두 사람이 넘친다니! 의견서 낸 사람 중 두 사람이 포기해야 한다. 참으로 후회되는 일이지만, 나 또한 포기하고 싶지 않았다. 교무부장은 그래도 교무부장이니까 통과, 교무 기획 선생님은 별다른 내용의 공로를 의견서에 기록하지 않았다는데. 정보부장 또한 영재 교육 강사 등 승진 대열에 합류했다는 이유로 의견서를 제출하였고, 평가부장은 학업 성취도 평가니까 평가부장이 받아야 한다 하고. 난 그 학생들이 2학년이었을 때 영어를 가르쳤노라 당당하게 주장을 펼쳐본다. 선정 대상 항목에 그 부분도 포함되어 있으니까.

 교감 샘이 회의실로 우리 4명을 불렀다. 이 4명 중의 2명이 포기해야 한다고, 숨 막히는 순간이다. 포기한다고 말을 할까 몇 번이나 망설였지만, 끝내 아무 말도 하지 않았다. 승진에 대한 욕심은 아니었다. 학력 우수 학교에 선정된 공로가 옆에 있는 선생님보다 못하지 않다는 생각이 컸다. 무엇보다 포기한다고 말할 수 없는 이상한 분위기를 깨기가 쉽지 않았다.

 해결책이 나오지 않으니 교감 선생님이 결정하시겠다고 한다. 정보부장과 교무기획이 포기하라고 잘라 말한다. 그렇게 결론을 내버린다. 그런데 기쁘지가 않다. 눈치를 보니, 연장자순인 것 같다. 쾌재를 부르기는커녕 이런 께름칙한 기분은 뭔가! 지금이라도 내가 포기한다고 해야 하나? 2015년 12월의 일이다.

그렇고 그런 게 인생인지라

 평소 배드민턴을 거의 매일 방과 후 강당에서 하였다. 동아리에 소속된 교사가 20명이 넘었다. 교무기획인 체육과 류 샘과 인성부장님은 체육 교사답게 우리 하수들과도 게임을 많이 잡아주셨다. 다른 운동도 마찬가지겠지만, 배드민턴은 하수들과 게임을 하면 정말 재미없거든. 그런데도 두 분은 우리의 실력에 맞게, 그리고 아주 재미있게 게임을 이끌어주셨다. 항상 격려해 주고, 그렇게 배드민턴을 하고 나면 돼지 국밥집이나 황탯국 집에 들러 함께 식사하는 즐거움이 있었다. 점점 더 배드민턴 동호회원이 늘어갔다. 난 배드민턴을 오래 해서 운동 능력은 다소 떨어지지만 계속 끼어있을 수 있었다. 이런 동호회원으로 함께 할 수 있는 것만으로도 참으로 감사한 일이다.

12월 18일 배드민턴 동호회원 몇 명이 송년회를 하자고 벌써 약속을 정해 놓고있었다. 소수 정예 회원 8명. 그날은 술도 마시고 한 해를 마무리하자고, 우리가 모두 그날을 손꼽아 기다렸다. 한참 전에 이 멤버로 한번 모여 노래방도 가고 즐겁게 놀았던 기억이 있기 때문이다. 그런데 사건이 터져버렸다. 승진 점수 사건으로 그 모임도 물거품이 되어버렸다. 말로 표현은 하지 않았지만, 인성부장님과 교무기획인 류샘은 누군가에게로 향하는 분노인지는 알 수 없지만, 그 분노가 상당했으리라. 그해 김해에 있는 거의 모든 학교에 소문이 났다. 바로 교감 발령을 받을 수 있는 교사가 이 점수를 받지 못했다고. 관리자를 비롯한 그 점수를 받은 우리에게도 비난의 화살을 보내지 않았을까?

그때 그 점수를 받은 평가부장과 나는 결국 승진하지 못했고, 인성부장님은 다음 해 3월에 결국 교감 발령을 받지 못했다. 그래도 전화위복이라지 않던가! 반년 늦었지만, 그해 9월에 바로 옆 담장을 끼고 있는 고등학교 교감으로 발령이 나서 우리의 마음을 한결 가볍게 해주었다. 정말 기쁜 마음으로 축하해 드렸다. 그리고 늦은 만큼 단기간에 교장 연수가 나와 1년간 교장으로 재임하시기도 했다. 교무기획 류 샘도 후에 승진하게 되었으며, 정보부장님도 현재 교감 연수를 받은 상태이다.

 학교 구성원들 간의 친목과 단합을 해치는 이런 불합리한 승진 체계 점수에 할 말이 많다. 이 점수도 얼마 못 가 사라져버린다. 이 점수로 인해 그 학교에서 그해 가장 큰 혜택을 입고 바로 교감 연수가 나온 교무부장님. 이 점수를 위해 밤낮으로 애썼던 3학년부장 처지에서 보면 정말이지 싫을 것 같다. 그다지 친하지도 않았던 교무부장님이 본인의 노력으로 승진을 조금이나마 앞당겼으니, 그렇고 그런 게 인생인지라…. 거의 12월 한 달 방학식까지 3학년부장 쏴~아, 인성부장님 쏴~아, 교무기획님 쏴~아. 그야말로 학교 분위기는 초토화되었다. 이후 배드민턴은 없었다. 누가 뭐라 하는 사람 하나 없었지만, 죄스러움은 온통 내 몫이었다.

 몇 년 후 우연히 길에서 교무기획 류 샘을 만났다. 그때 '내가 양보해 주었더라면'이라고 항상 생각하는 샘이다. 그때 양보했다면 얼마나 폼이 났을까? "요즘 어디에서 근무하나요?" 승진해서 교육청에서 장학사로 근무하고 있단다. 너무 반가운 소식이다. "정말 축하드려요." 다소 빚을 갚은 느낌이다. 그 점수가 있었다면 좀 더 일찍 승진했을까? 그리고 몇 년이 더 지난 2024년 3월 장학관으로 승진했다네. 너무나 기쁘게 축하할 일이다.

웸블리 스타디움에 가다

염치없는 사람들

    2007년 캐나다 해외 연수 후, 2012년 영국으로 해외 심화 연수를 갔다. 캐나다 연수 때에는 홈스테이였는데, 영국에서는 대학 기숙사에서 연수생들이 함께 기거했다. 해외여행 시 매번 그러하듯, 이번에도 큰 언니는 해외에 체류하는 동생을 위해 한 달 동안 먹을 밑반찬과 짐들을 알뜰히도 챙겨주었다. 이미란 교감 샘의 누룽지, 인성부장님의 살포시 전달해 주는 5만 원과 함께. 1·2·3층 6명씩 부엌 하나를 공용으로 사용하고, 내 앞방은 전연희 샘을 통해 알게 된 조 샘. 함께 있으면 엔도르핀이 팍팍 돌게 하는 유쾌한 샘이다. 함께 할 수 있어 얼마나 행복했던지….

    2층에 조 샘을 비롯하여 여섯 명의 교사가 배정되었다. 영국의 추위에 떨었던 첫날 밤을 잊을 수가 없다. 우리나라 여름으로 생각했었다.

늦은 밤에 방 배정을 받고 들어간 기숙사는 1인용 침대와 책상만이 덩그러니 있었다. 그런데 너무 더러웠다. 의자 위에서부터 침대까지 제공해 주는 수건으로 모두 깔고, 피곤한 몸을 침대에 뉘었건만, 추워서 잠을 잘 수가 없었다. 일어나서 얇은 옷을 껴입고 또 껴입고 다섯 겹이나 껴입었건만 여전히 추웠다. 영국의 여름은 우리의 여름과는 너무나 달랐다. 짧은 소매의 옷을 많이 가져갔지만, 우리나라의 초가을 날씨라 겹겹이 옷을 겹쳐 입으면서 한 달을 보냈다.

주말마다 또는 연수가 끝난 오후, 기차를 타고 런던으로 갔다. 오리지널 「오페라의 유령」, 「위키드」와 같은 뮤지컬도 즐겼다. TV로만 보던 버킹엄궁, 윈저성도 가보았고, 비행기로 스코틀랜드 에든버러성도 갔다. 영국 왕실의 3대 성을 모두 가보았다. 넷플릭스 『아웃랜더』 작품이 스코틀랜드 하이랜드를 배경으로 촬영한 것이라, 스코틀랜드에 가보았다는 이유로 거의 100부작에 이르는 그 작품을 퇴직 후 관심 있게 시청하기도 했다.

우리나라의 민속촌과 비슷한 영화 촬영지로도 유명한 Cotswold도 갔었고, 런던 근교의 유명한 한 아울렛에서 개그맨 이경규 씨를 보기도 했다. 타국에서 TV 속에서만 보던 연예인을 보니 반가웠다. 아는 척을 했는데 거들떠보지도 않네. '안녕하세요'라고 한마디만 해 주었더라면 좋았을걸. 내가 그런 유명인은 아니지만, 타산지석으로 삼을 일이다. 선생이란 직업도 내가 기억하지 못하는, 심지어 모르는 사람이라고 하더라도 나를 알고, 친근하게 여기는 사람이 있기 때문이다. 누군가 나에게 아는 척을 한다면, 흔쾌히 반갑게 인사를 나누자고 다짐해 본다.

 난 토종 한국 음식을 좋아한다. 해외여행에서 음식 때문에 행복하지 못한 감정을 많이 느낀다. 그것이 해외여행을 싫어하는 이유이기도 하다. 처음으로 대면한 피쉬 앤 칩스, 영국의 서민 음식이자 대표 음식이다. 생선 한 마리를 통째로 튀기고, 더불어 튀긴 감자가 곁들어진다. 튀긴 음식을 싫어하는 나로서는 반의반도 못 먹고 질려버린다. 기숙사 구내식당에서 제공되는 음식 역시 왜 그렇게 짜고 느끼한지. 감자, 토마토, 튀긴 음식 등의 양은 또 왜 그렇게 많은지. 얼마 못 가 완전히 질려버린다.

 다행히 큰 언니가 많은 밑반찬을 준비해 주었다. 여섯 명이 배정받은 기숙사 2층은 중간에 부엌이 하나 있다. 그 안에 냉장고 등 전열 기구가 있다. 모든 음식을 냉장고 안에 넣어둔다. 세끼 모두를 구내식당에서 먹기가 힘이 들어 우리 여섯 명은 한 끼 정도는 부엌에서 모여 식사를 했다. 당연히 내 반찬이 모두 제공된다. 거의 일주일 만에 동났다. 각자가 가지고 온 음식을 내어놓는다지만 다들 얼마 가져오지도 않았고, 게다가 여행을 즐긴다고 떠벌리는 누군가는 여행자를 위한 인터넷에서 판매하는 인스턴트 식품을, 가장 최악인 누군가는 정말 반찬을 하나도 가져오지 않았다.

 그렇게 한 달 동안 먹을 거라고 준비해 온 내 반찬은 일주일 만에 완전히 없어져버렸다. 심지어 누룽지까지도, 그때까지만 해도 좋은 마음으로 제공했다. 또한, 맛있다고 해 주니 기꺼이 정말 기꺼이 제공했다. 그 후, 냉장고에 반찬이 없으니 마트에서 각자가 본인이 먹을 음식을 사서 보관한다. 유독 미웠던 두 사람은 우유든 뭐든 다 영역 표시를 해 놓고, 마트에서 산 음식을 먹어보라고, 단 한 번도 권한 적이 없다. 맛있다고 내 반찬은 그렇게 먹었으면서 어떻게 그럴 수가 있지? 그 교사들과는 이전에도 친분이 있었던 것도 아니어서, 행여나 거리에서 만난다고 해도 아는 척도 하기 싫다. 염치없는 사람들이라니!

영국에서 본 한국 vs 가봉

주말만 되면 기차를 타고 런던으로 갔다. 영어 교과서 지문에 자주 소개되는 런던탑, 그리고 2012년 올림픽 개최지인 런던을 상징하기 위해 오륜기가 걸려있는 타워 브리지에 가기도 한다. 템스강 주변 한국인이 운영하는 민박집에서 지내기도 하고, 또 다른 분위기를 만끽하기 위해 템스강 타워 브리지 주변 식당에서 스테이크도 주문해서 호사를 누리기도 했다. 전망에 따라 음식값이 달라진다. 하지만 나에겐 모두 다 똑같이 입맛에 맞지 않았다. 그냥 이 모든 것을 경험 삼아 해 보는 거였다.

2012년 런던 올림픽이 한창이다. 곳곳에서 KBS나 SBS 등 한국 방송국들의 차들이 보인다. 반갑다. 우리 연수생들은 런던 웸블리 스타다움에서 열리는 가봉과의 축구 경기를 관람하기로 했다. 제법 비싼 가격으로 티켓을 샀다. 가봉과는 비기기만 해도 8강전에 진출한단다. 아시아의 작은 나라 한국과 아프리카의 어느 나라 가봉, 영국에서 누가 이 두 나라의 축구 경기에 관심이 있겠는가? 그 넓은 경기장에 얼마 되지 않는 관중들이 올 거라고. 관중석은 텅텅 비어 목이 터지라 응원하는 우리 연수생들에게 카메라가 집중해 주지 않을까?

우리는 나름 '경남 영어 교사 연수생'이라는 플래카드도 제작하고, 각자 대한민국에 있는 가족 친지들에게 우리의 얼굴이 나올 거라고 텔레비전 꼭 보라고 연락을 해두었다. 꿈에 부풀어 기차를 타고 런던에 가서 웸블리 스타디움으로 가는 전철을 탔다. 전철에는 이미 어마어마한 사람들이 타고있다. 설마? 의문을 가진 채 스타디움에 내릴 채비하고 있었다. 경기 시작 1시간 훨씬 전이다. 시간이 넉넉하다. 드디어 내릴 차례, 그런데! 이기 무슨 일이고? 전철에서 내리자마자 꼼짝할 수가 없다. 계단을 따라 올라가야 하는데 도통 움직이질 않는다. 도대체 이 많은 서양인은 어디로 간단 말인가? 아시아인도 아프리카인도 아닌 이들은 대체 어디로?

축구의 본고장 영국, 이들은 어떤 나라인가에는 아무런 상관이 없는 모양이다. 그저 축구라면 열광한다. 엄청난 인파로 인해 우리의 관람석에 앉기까지 한 시간이 훌쩍 넘어버렸다. 선수들 입장이 끝나고 양국 감독들 소개, 내 눈앞에 말쑥하게 차려입은 뒷모습의 홍명보 감독이 보인다. 9만 명을 수용할 수 있는 웸블리 스타디움은 발 디딜 틈

없이 꽉 차 있고, 우리는 카메라에 잡히기에는 개미 새끼 정도. 너무 허탈해서 웃음이 나온다. 플래카드가 웬걸? 한번 펴 보지도 못한 채, 관람객을 배경으로 몇 장의 기념사진을 찍고. 경기는 지지부진 0 대 0 으로 다행히 8강 진출을 한다.

 게임은 별 재미도 없었고, 우리의 존재도 대한민국에서 TV를 보는 가족들에게 알리지 못했다. 고생은 고생대로, 돈은 돈대로. 또다시 전철을 타러 나올 때, 그 많은 인원이 한꺼번에 나오니 어떠했겠는가? 전철과 기차를 번갈아 타고 연수원 숙소로 돌아가는 우리 연수생들은 어두운 영국 어느 밤거리를 아무 말 없이 빨리 가서 자고 싶다는 생각만으로 피곤한 발걸음을 옮겼다. 앞사람의 발뒤꿈치만 보면서….

 우리의 일상이 시작되었다. 잘 짜인 커리큘럼은 평소에 알고 싶었던 내용에 부합했다. 주말마다 체험한 문화는 교실 수업에 살아있는 생생한 정보를 제공할 수 있어 그 무엇보다도 큰 수확이라 할 수 있을 것이다. 런던, 바쓰 등 여행하면서 수집한 Authentic English는 어떤 영어 교과서보다도 훨씬 유익할 것이라는 생각을 해본다. 지금의 이런 흥분, 설렘, 그리고 열정이 일상생활에서 식지 않기를 다짐한다.

잊을 수가 없는 아이들

예쁜 복학생

복학생이 있었다. 교직 생활 40년 중 가장 많은 에너지를 쏟은 학생이다. 외모로만 보면 고 최진실을 닮은 아주 예쁘고 자그마한 체구이다. 그 이전 해, 또 그 이전 해 두 번이나 유예를 당한 학생이라 올해는 꼭 졸업해야만 한다. 나름 지역에서 유명한 학생이었기에 모두가 꺼리는 학생이다. 반 학생들도 꺼린다. 교장 선생님도 고심을 많이 하신 것 같다. 우리 반에 넣어도 되겠냐고 조심스레 물으신다. 싫다고 거절하기도 어려웠지만, 속으로는 은근히 뭔가 보여주고 싶다는 욕심이 일었다. 공감해 주고 어루만져주면 잘 될 것 같았다. 맡아 보겠다고 했다. 안타깝게도 이 짧은 순간의 판단이 기억에 오래 남을 아주 힘든 일 년을 만들었다.

복학생은 학교에 늦는 횟수는 많았지만, 등교는 꼬박꼬박했다. 우리 반 아이들은 '언니, 언니' 하면서 잘 따른다. 다행이다 싶었다. 그런데 반 아이들이 점점 담임은 아랑곳하지 않고 그 애의 말을 더 잘 듣는다. 한 번씩 의리도 있어 보인다. 우리 반 애들을 다른 반 남학생들이 건드리지 못하도록 으름장도 놓는다. 반 아이들에게는 『우리들의 일그러진 영웅』의 카리스마 넘치는 '엄석대'와 같았을지도 모르겠다. 물론, 엄석대는 담임을 아주 편하게 해주었지만, 이 아이는 전혀 그렇지 않았다.

하루는 학교 건물 뒤쪽의 공터에 몇몇 아이들이 웅성웅성한다. 그 애가 자신보다 훨씬 큰 남학생 앞에 서있다. 그 작은 체구로 팔을 힘껏 뻗어 남학생 뺨을 야무지게 때린다. 쓰고 보니, 아주 적절한 표현이다. 말 그대로 '야무지게' 때렸다. 순간 '큰일이다.' 싶었다. 그 남학생이 주먹이라도 휘두르면 그 작은 여학생이 어찌 되겠는가! 그런데! 그 남학생이 무릎을 꿇는다. 순식간에 벌어진 일이다. 무슨 영화 속 한 장면 같다. 허! 참 기가 막혀라!

건물 위에서 창문을 열고 소리를 지르니, 아이들이 순식간에 뿔뿔이 흩어진다. 교무실로 불렀다. 때린 복학생은 당당하고, 뺨을 맞은 덩치 큰 남학생은 잔뜩 주눅이 들었다. 내용인즉슨 우리 반 여학생을 괴롭혔다나. 뺨을 맞은 남학생도 자신이 잘못했다고, 문제 제기할 생각이 없다고 한다. 이 사건 이후 안 그래도 치켜 올라가 있던 턱이, 하늘 높은 줄 모르고 더 올라갔다. 하여튼 성격 지랄 맞고, 욕도 잘하는 그 애의 악명은 자자했다.

어느 날 아침, 조례를 하러 교실에 들어갔다. 우리 반 애들이 책걸상으로 길을 만들어 그 애 책상까지 대각선으로 걸어 들어갈 수 있게 해놓았다. 막다른 책상 위에는 과자 등 선물이 가득하다. 이기 무슨 일이고? '언니' 생일이시란다. 담임의 존재는 아랑곳하지 않는다. 담임보다 조금 늦게 의기양양한 모습으로 교실에 들어온다. 기도 안 찬다. 엄하게 이야기하면서 혼을 낼 수도 없다. 그렇다고 같이 옆에서 축하해줄 수도 없다. 그냥 그렇게 두기도 모호하다. 참 어정쩡하다. 애는 애다. 과자 등 선물을 보고는 좋아하는 모습이 역력하다. 쌓인 과자를 아이들과 함께 나눠 같이 먹으려나 싶었다. 세상에! 그 많은 과자와 선물을 가방에 꾸역꾸역 쑤셔 넣는다. 그 애 가방이 다 차고 나니, 다른 애들이 가방을 빌려준다. 그 가방에 또 쑤셔 넣는다. 혹시나 했던 기대를 여지없이 무너뜨린다.

다행스럽게도 학교는 꼬박꼬박 다니신다. 의견 충돌은 많지는 않았다. 2년을 유예했으니, "선생님! 꼭 졸업만 하게 해주세요."라고 복학생의 어머니가 이야기한다. 엄마의 차림새도 예사롭지 않다. 예쁜 외모인데도 화장과 옷과 장신구로 자신의 격을 일부러 떨어뜨린 듯하다. 엄마의 이야기가 아니더라도, 좋은 마음으로 지내기 위해 정말 노력을 많이 기울였다. 하루는 우리 반 아이들 모두와 동읍에 있는 노래방에 갔다. 몇몇 아이들이 노래를 부르고 분위기가 무르익어 갔다. 이 아이가 나온다. 반 아이들의 함성과 박수 소리가 크다. 노래를 참 잘 부른다. 정말 외모만큼 노래를 잘 불렀다. 나도 불렀다. 내 노래에 대한 칭찬도 아끼지 않는다.

그러던 2학기 어느 날부터인가 결석하는 횟수가 잦다. 정말 졸업은 시켜야 한다는 마음으로 유리 그릇 다루듯이 어르고 달래면서 지내 왔는데…. 한계점을 넘을 듯, 말 듯하다. 꾹 참는다. 그 아이에게 '너를 믿는다'는 이야기도 많이 하며, 참 애 많이 썼는데, 배신감도 느낀다. 어느 날 책가방도 없이 학교에 왔다. 교무실로 불러 좋게 타이른다. 속에서 불끈불끈 솟아오르는 것을 꾹꾹 눌러가며 좋게 이야기한다. 결석을 계속하면 또 유급된다고. 옆에서 듣고만 있던 인성부장님의 인내심에 한계가 왔나 보다. 우리 반 결석 서류철을 그 애에게 보여주며 나무라기 시작한다. 갑자기 애가 고함지르고 난리를 친다. 목소리는 또 어찌나 크던지. 그날로부터 학교를 나오지 않았다. 다행히 출석 일을 가까스로 맞추어 그해 졸업은 할 수 있었다.

나쁜 아이가 교사의 희생과 헌신으로 개과천선한 아름다운 이야기는 아니지만, 참을 인(忍)을 가슴에 새기며, 기다리고 지켜보는 것도 교사가 해야 할 중요한 일인 것만은 분명하다. 그 복학생은 시골 어느 고등학교에 진학했다. 두세 달쯤 지났을까, 어느 하루 저녁때 전화가 왔다. 반가움보다 걱정이 앞섰다. 또 무슨 사고를 저지른 건 아닌가 싶었다. "샘, 저녁 자습하기 너무 힘들어요." 야자가 힘들다고 하는 걸 보니, 그래도 고등학교에서는 조금이나마 얌전해진 모양이다. 잘 타일러 본다. 그 이후로는 연락이 없다.

혼자서는 못해요

　총 10학급의 1학년부장을 맡았다. 우리 반만으로도 벅찬데 총 열반의 모든 사건 사고에 신경을 곤두세워야 한다. 우리 반에 약간의 발달 장애가 있는 학생이 한 명 배정되었다. 담임으로 또 부장으로 해야 할 일들이 많았다. 개학 첫날부터 학생들에게 조심스럽게 이야기했다. 서로 배려하고 이해하면서 잘 지내자는 이야기를 길게 했다. 아이들도 내가 한 이야기의 뜻을 알아듣는 듯했지만, 말 그대로 그때뿐이다. 중학교 1학년, 아직은 철들지 않은 그냥 아이들인지라 보는 대로 느끼는 대로 말을 쏟아내고, 행동하는 학생들이 대부분이다. 주의를 시켜도 아랑곳하지 않는다.

　이러니 장애 학생으로서는 학급의 모든 친구가 자신을 공격한다고 생각할 법하다. 사사건건 대립한다. 이 애는 이 애대로, 중1 철없는 다른 애들은 그네들대로 쉬는 시간마다 와서 이른다. 정신을 차릴 수가 없다. 툭하면 서로 와서 고자질이다. '애가 이랬어요!', '쟤가 저랬어요!' 서로 한치의 이해도 양보도 참는 법도 없다. 아! 이제는 쉬는 시간이 힘들다.

　낮에는 학교에서 밤에는 카톡으로 반 전체의 아이들이 언쟁을 벌인다. 갖은 욕설과 패드립까지. 아무리 생각이 없는 아이라도 누군가가 자신의 부모를 욕하면 난리 난다. 부모에 대한 욕 '패드립'이라는 단어를 그때 처음 알았다. 누구랄 것도 없이 서로에게 패드립을 하고, 상대방이 먼저 했다고 밤새 SNS상으로 난리가 났다. 일이 커졌다. 누군가가 급기야 경찰에 신고까지 했다.

그 아이의 장애를 경찰관에게 이야기했다. 밤새 주고받았던 대화의 내용을 경찰관이 뽑아왔다. A4용지 몇백 장…. 반 전체 학생들이 밤새 얼마나 나쁜 말을 서로 주고받았던지. A4용지에는 듣도 보도 못한 희한한 욕설로 가득하다. 지옥이 따로 없다. 그 아이도 호락호락하지 않다. 이제 엄마까지 함께이다. 실제적인 폭력이 없어서 그나마 다행이었다. 물론, 사건을 처리하는 데 조금 나았다는 뜻이다. 언어폭력으로 받은 상처가 얼마나 큰지는 말로 할 필요가 없다. 악성 댓글로 고통받는 사람이 얼마나 많은가!

장애 학생이 얽힌 사건이라 처리하기가 훨씬 힘들다. 우리 반 다른 애들은 그네들대로 억울하다고 난리다. 서로서로 상처를 헤집으며 누가 더 고통스러운지를 대결하는 꼴이다. 마음도 아프고, 해결하기도 쉽지 않다. 사태 해결을 위해 가정 방문을 했다. 한 살 어린 초등학교 6학년 동생은 언니 담임에 대한 경계심을 다소 품고있는 듯해 보이기도 했다. 오랫동안 언니가 학교생활에서 어려움을 겪는 것을 보아 왔는지, 언니를 보호해야 한다는 결심으로 가득 차있어 아주 공격적이었다. 어머니와 동생을 어르고 달래고, 고비는 넘어가는 듯했다. 한숨 돌렸다.

하지만 혼비백산한 것은 담임뿐. 중1 어린 학생들은 전혀 개의치 않는다. 또다시 싸움이 시작된다. 조례 시작도 전, 엄마가 학교에 와서 딸과 논쟁을 벌인 학생을 불러내어 뺨따귀를 때리고 갔단다. 아이의 장애 유무와 상관없이 그 엄마의 잘못이 명백하다. 참으로 허탈하다. 모두에게 화가 난다. 맞은 아이에게 구구절절, 애걸복걸, 너희들이 배려하고, 이해하고, 많이 도와줘야 한다고, 감동이라고는 느끼지 못할 흔하디흔한 말들로 교육이랍시고 해 대는 내 꼴이 참으로 못마땅하다.

장애인과 비장애인이 함께 교육받는 통합 교육은 필요하다. 어릴 때부터 다양성을 자연스럽게 접하면서 서로에 대한 이해와 존중을 높일 수 있기 때문이다. 또한, 비장애인은 장애에 대한 편견을 줄이고, 장애인은 자신감과 소속감을 얻고, 사회적 적응 능력을 향상할 소중한 기회가 되기도 한다. 하지만 이런 일이 장애인과 비장애인을 그저 한 공간에 둔다고 생기겠는가? 이런 긍정적인 결과를 얻기 위해서는 시설 및 자원을 더욱 많이 투입해야 한다. 또한, 반드시 전문 교사가 맡아야 한다. 그리고 무엇보다 장애 학생과 비장애 학생이 함께 지낼 수 있는 사회·문화적 환경을 함께 조성해 나가야 한다. 준비가 제대로 되지 않으면, 장애 학생, 비장애 학생 모두 오히려 더 상처받고 서로가 서로에 대한 편견을 더욱 키워갈 수밖에 없다. 교사 혼자서 어찌해 볼 도리가 없다.

내 물건도 내 물건, 네 물건도 내 물건

어느 해 담임을 맡았던 남녀 혼합반에 한 남학생이 있었다. 엄마와 단둘이 살면서, 엄마는 밤에 일을 나가신다. 밤에 혼자 있으니 얼마나 자유롭겠는가. 공부와는 담쌓은 지 이미 오래전이다. 친구 집에서 밤새워 놀기도 하고, 본인 집에서 친구들을 청하여 하루하루를 즐겁게 사는 아이다. 학급 친구들의 소지품은 모두 본인 소지품이 된다. 책상에 볼펜이 있으면 그 볼펜을 본인 것처럼 사용하고, 지나가다 손에 잡히는 모든 것은 본인 것이 된다. 물이 먹고 싶으면 아무 물병이나 마시면 되고, 왜 남의 물건을 허락 없이 함부로 사용하냐고 하면 그냥 보여서 사용했다는 식이다.

반항적으로도 말하지 않는다. 정말 순수한 마음이었던 것처럼! 영상을 통한 시청각 수업 시간에는 아주 적극적으로 참여한다. 정작 수업 시간에는 대부분 엎드려 잠을 자지만, 노래와 영화 등 시청각 시간에는 정말 적극적이다. 집에서 밤새도록 영상 매체에 집중하고 학교에 와서는 잠을 자는 경우가 많다. 내 물건은 내 물건, 남의 물건도 내 물건이라고 생각하는 아이다.

어느 날, 경찰서에서 핸드폰으로 사진이 날아왔다. 자전거를 타고 유유히 달리는 모습. "우리 반 애 맞습니다." 남의 자전거를 타고 가는 모습이라네. 긴장하며 뒤를 돌아보거나 하는, 주변을 의식하는 모습이 전혀 없다. 너무나 천진한 모습이다. 마치 '이건 내 자전거 맞습니다'라고 말하는 것처럼. 하필 훔친 그 자전거의 주인이 경찰 아저씨의 아들이라네. 아이에게 왜 남의 자전거를 훔쳐서 타고 갔는지 물으니, 아무런 죄의식 없이 하는 말, "잠겨 있지 않던데요."라고 한다. 거참….

선도위원회가 열렸다. 엄마가 오셨다. 위원회가 끝나고 학생은 먼저 집에 가라 하고 엄마와 이야기를 나누었다. 학생의 문제점에 대해 30분 정도 이야기하고 있을 때, 또 경찰서에서 전화가 왔다. '이 학생이 자전거를 훔쳤다고…' 아! 이 아이를 어찌하랴! 다시는 그런 일을 저지르지 않겠다고 선도위원회에서 30분 전에 엄마와 사람들 앞에서 약속해 놓고, 엄마와 담임 샘이 본인에 대해 심각하게 의논하고 있는 그 상황에서 또다시 자전거를 훔친 것이다. 자전거가 탐이 난 것이 아니고 그냥 자전거가 있길래 잠시 탄 것이라고 말한다.

전혀 죄의식이 없는, 뭐가 잘못된 건지 모르는 해맑은 얼굴이다. 또다시 위원회를 열었다. 결국, 그 아이는 김해 시내에 있는 다른 학교로 강제 전학을 가게 된다. 강제 전학으로 결정된 순간에도 아무 문제 없다는 얼굴이다. 마음 아파하는 담임이 오히려 무색하다. "선생님, 딴 학교 다니면 되죠, 뭐." 매달리지도 않는다. 결국, 다른 학교로 전학을 갔다. 아무래도 잘못된 행동에 대한 내적 기준이 부족한 듯하다. 아니면 순간적인 충동으로 자신이 한 행동의 결과를 고려하지 못하고 남의 물건을 아무 생각 없이 사용하는 것은 아닐까 싶다. 그렇다. 그 아이의 행동을 보면 '소유'가 아니라 '사용'에 초점이 맞춰진다. 다만, 물건 주인에 대한 생각이 아예 없다는 것이 심각한 문제다.

그렇게 다른 학교로 전학 가고 나서도, 어떻게든 일찍 하교해서는 우리 학교 교문에서 친구들을 기다린다. 원망하는 마음도 없고, 반성하는 마음도 없고, 걱정도 없고, 물 흐르는 대로 살아가는 아이. 미워할 수 없는 아이, 한 번씩 씩 웃는 그 아이가 생각난다.

널 대신할 사람은 없어

5월 체육 대회가 개최되었다. 신설 학교라 나무 그늘도 없고, 각 반 텐트가 있었나? 햇볕이 강하게 내리쬐었다. 무사히 모든 행사가 끝나고 마지막 폐회식만이 남아있었다. 조례 대열로 각 반이 정렬해 시상식도 하고, 교장 선생님 말씀도 계속되고. 체육 대회는 즐거우면서도 교사로서는 아주 피곤하다. 금요일 오후 행사를 마무리하고 즐거운 주말 맞을 생각에 빨리 끝났으면 싶다. 그런데 1학년 어느 반 한 학생이 그 자리에 쓰러졌다.

몸집도 작고 평소에도 많이 허약했던 학생이다. 쓰러진 학생을 앞으로 안고 나와 스탠드에 눕혔다. 119에 신고를 하고, 심폐 소생술을 한다. 부모님께 연락했다. 다행히 부모님이 근처에 계셨는지 일찍 오셨다. 아이가 의식이 없다. 119 구급차에 학생을 태우고 부모님과 담임이 함께 부산 해운대 백병원으로 갔다. 평소에 학생이 심장 쪽으로 문제가 있어 해운대 백병원에 주치의가 있었던 모양이다.

난 학년부장이라 교감 샘, 몇몇 담임들, 인성부장님 등 차 몇 대에 나누어 타고 부산 해운대 백병원으로 향했다. 일단 학생은 응급실로 갔는데 회복될 기미가 보이지 않는다. 그날은 금요일이면서 퇴근 시간이라, 부산 시내에서는 아무리 구급차가 사이렌을 울려도 앞으로 나아갈 수가 없었다고 담임이 이야기한다. 일각이 여삼추[11]였다고. 정말 얼마나 애가 탔겠는가! 앉을 자리도 없는 응급실 주변에서 우린 뭘 어떻게 해야 할지도 모른 채 병원 주위를 서성대며 제발 깨어나기를 두 손 모아 기도했다.

며칠이 지나도 나아지는 기미는 보이지 않았다. 교감 샘을 비롯해서 단 하루도 빠지지 않고 퇴근 후 병원을 갔다. 병원에 간다고 해서 특별히 할 수 있는 것이 없음은 너무도 당연하지만, 그것이 도리였다. 학교에서 지속해서 관심을 보인 탓인지 부모님 또한 이제 오지 않아도 된다고 우리를 만류했다. 학교 잘못이 아니라고. 그래도 우리는 갔다. 응급실에서 꽤 여러 날을 머물렀던 것 같다. 그 응급실에서 지금의 조국 전 법무부 장관을 보았다. 아마 부친이 응급실에 있었던 것 같다. 잘생기긴 했더라.

지성이면 감천이라던가. 얼마나 지났는지 모른다. 다행히 학생이 깨어났다. 우리는 손을 맞잡고 팔짝팔짝 뛰며 좋아했다. 그리고 그 애는 중환자실로 옮겨졌다. 거기서도 면회는 제한되어 있었다. 서너 명씩 면회를 갔다. 웃기도 한다. 그 모습을 보고 우리는 감격의 눈물을 흘리

---

11 3년과 같이 시간이 길게 느껴진다는 뜻으로, 몹시 애타게 기다리는 마음을 이르는 말

기도 했다. 한참 뒤 다시 서울로 병원을 옮겼다. 정확한 병명은 모르겠다. 지병이 있었던 것과는 상관없이 학교 체육 대회에서 벌어진 사고이니, 학교를 많이 원망했을 법도 한데, 부모님은 학교를 원망하지 않았다. 매일매일 찾아간 교직원들에게 진심으로 감사의 마음을 주신다.

　1년 후, 서울에서 치료를 잘 받고 퇴원한 그 애가 왔다. 교무실 문을 열고 들어오는 그 아이의 모습을 잊을 수가 없다. 뼈만 남은 자그마한 체구의 애가 통통하게 살찐 뽀얀 얼굴로 교무실에 들어섰다. 아주 잠깐 못 알아볼 뻔했다. 바로 뒤에 따라 들어오시는 부모님을 보고서야 알았다! 얼마나 감격스러웠던가! 가슴 저 깊은 곳에서부터 올라오는 뭉클함이 온몸을 감쌌다. 모두 그랬을 것이다. 생명은 소중한 것이고, 그 누구든 사람은 오직 그 사람 하나뿐이다. 누구도 그 사람을 대체할 수가 없다. 아! 이런 마음으로 아이들을 계속 대할 수만 있다면!

대박과 쪽박 사이

미운 옆집 영감님

새로 이사 와서 사는 이 집에는 약간의 사연이 있다. 2004년에 살던 집을 팔았다. 치질 수술을 받게 했던 잔디가 있던 집이다. 무슨 마음에서였던지 원룸이 딸린 주택을 사고 싶었다. 모든 사람이 게으른 나와는 주택이 어울리지 않는다고 말했지만, 이미 주택에서 4년을 살아봤고, 이제 월세가 나오는 주택으로 가고 싶었다. 한 달에 월세가 꽤 나오는 그 당시로는 상당히 비싼 집을 샀다. 아직 지하가 다 지어지지 않은 집이다. 지하에 원룸이 4개가 나오는데 준공 검사가 나면 그때 짓는다는 것이다. 즉, 불법으로 짓겠다는 거지. 다 그렇게 한다고 하니, 별문제 없을 거로 생각했다.

지하가 완성되지 않은 채 그 집으로 이사를 했다. 그리고 지하에 방을 넣는 공사를 시작했다. 웬걸? 옆집 영감님이 민원을 넣는다. 바로 시청에서 나와 다 깨어 부순다. 불법과는 거리가 먼 나의 삶이었지 않은가? 가슴이 콩닥콩닥, 죽을 맛이다. 그리고 얼마 후, 밤사이에 또 공사한다. 도배만 끝나면 시청에서도 어쩌지 못한다네. 하루 이틀만 무사히 넘어가면 도배를 할 수 있다네. 또 옆집 영감님이 민원을 넣는다. 바로 시청에서 나와 또 때려 부수고, 집 짓는 사장님도 건축비가 엄청 든단다. 옆집 잘못 만나 도저히 방을 넣을 수 없겠단다.

이미 완공해 놓은 또 다른 집이 있으니 그쪽으로 이사를 하라네. 불법으로 지으려고 했던 그 집에서 6개월 살다가, 한 블록 뒤쪽 지금까지 사는, 월세가 나오는 원룸을 가진 또 다른 주택으로 이사를 했다. 그 당시의 월세가 지금과 비교해도 차이가 나지 않을 정도로 상당히 비쌌다. 20년 동안 이 집에서 살고있다. 무수히 많은 세입자가 우리 집을 거쳐 갔다. 정말 힘든 사람들도, 기구한 사연들도 많다. 가슴 아픈 일이다. 세 가구는 우리 집에서 거의 15년 이상 나랑 함께 살고있다.

다시 피어오르는 재테크의 꿈

배드민턴에 입문한 이래 학교 근무와 일과 후 배드민턴 운동으로 하루하루가 너무나도 즐겁게, 다른 일은 생각할 겨를도 없이, 평온하게 쏜살같이 지나간다. 오랜만에 전연희 샘에게서 전화가 왔다. 서로의 안부를 묻고 난 후, "샘! 요즘 왜 재테크에 관심이 전혀 없으세요? 맨날 운동만 하시고." 잔잔하고 평화로운 나날에 돌덩이가 날아든다. 작은 파문이 일었다. 응? 그러고 보니, 방동리 땅 사건 이후에 재테크에는 관심을 끊고 살았다. 새로 이사 온 집이 여러모로 만족스러워 영원히 이 집에 살 거라고 아무 생각 없이 살고 있었는데….

전연희 샘이 전화로 주위의 누군가는 어디어디에 아파트를 샀다는 둥 지인들의 재테크 소식을 전해 준다. 파문이 점점 커진다. 전화를 끊고 나니, '맞네! 재테크에 통 관심이 없었네.' 이제부터라도 재테크에 관심 좀 보여야겠다. 갑자기 마음이 바빠지기 시작한다.

고등학교에서 근무하고 있는 차인자 샘과는 근무지는 달라도 여전히 매주 일요일 9시 우리 집 근처 목욕탕에서 만난다. 차 샘은 멀리 이사를 하였음에도 우리 동네 목욕탕으로 온다. 두 사람 중 누구라도 먼저 목욕탕 카운터에 도착하면, 심지어 안면있는 목욕탕 손님들까지도, "친구분은요?"라고 안부를 물어준다. 일주일 동안 각자 생활 속에서 일어난 모든 사건 사고를 온탕 안에서 두세 시간 나지막하게 조잘댄다. 매번 함께하는 목욕탕 안의 여러분이 우리의 관계를 부러워한다. 조잘댄 후 서로의 등을 밀어주고 몸무게를 재어 본다. 몸무게 하나에도 의미들이 많다. 말끔히 씻고 난 후, 상남 촌국수나 멸치 쌈밥 등으로 배를 채우고 일주일 후에 다시 만나기로 한다.

일요일 아침, 차 샘과의 목욕을 마치고 오후 마트에 가는 도중, 전봇대에 붙어있는 아파트 광고가 눈에 확 들어온다. 입지도 좋아 보이고, 주상 복합 아파트도 멋져 보였다. 바로 전화를 걸어 관심을 보였다. 아파트 분양권 모집책인 그는, 제 발로 걸어 들어온 고객에게 얼마나 달콤한 말로 꼬드겼겠는가! 한창 광고 중이었던 49층 높이의 주상 복합 아파트 분양권을 순식간에 계약해 버렸다.

 대박을 칠 것 같다. 지인들에게 비밀로 하고 싶었다. 그렇지만 차 샘은? 비밀로 했을 경우 만약 대박이 난다면 얼마나 큰 배신감을 느낄 것이며, 비밀로 하지 않고 함께 계약하여 만약 쪽박을 찬다면 그 원망은 어떡해야 하지? 그다음 주 일요일 목욕탕에서 사실대로 말했다. 그녀가 관심을 보인다. 그날 오후 남편과 상의한 후, 그녀도 순식간에 계약해 버렸다.

 그건 알고 보니, 말도 많고 탈도 많은 '지역 주택 조합'이었다. 전국에서 10% 정도만 성공한다는! 그 모집책은 손도 대지 않고 쌍피를 먹은 것이다. 학교 근무와 운동만 할 때는 너무나 평온한 하루하루였는데, 갑자기 욕심을 부리니 걱정거리가 생겨버렸다. 2019년에 입주한다던 그 아파트는 알박기로 토지 구매도 되지 않았고, 조합장이 많은 돈을 횡령하여 구속되는 등 참으로 가관이다. 새로운 조합장을 다시 뽑는다는 둥, 나쁜 사람들이 참으로 많네. 일억 정도 돈을 넣었을 때 절망적인 뉴스가 막 쏟아진다. 일억! 허공에 날려버리는 건가? 서민들의 돈을 이렇게 갈취하다니…. 괜히 나랑 목욕한 죄로 차 샘은 어떡하지?

 둘이 만나도 그 아파트에 대해서는 서로 언급하지 않으려고 한다. 그렇게 세월이 흘러, 새로운 조합장의 노력인가? 망해 가던 그 아파트가 서서히 모습을 드러내고 있다. 2019년에 입주한다던 그 아파트는 2025년 2월에 입주한다네. 허공에 날려버린 줄 알았는데, 물가 상승으로 인한 분담금 인상과 입주 시기가 많이 늦어졌지만 지어지고 있다는 게 어디냐! 차 샘을 볼 면목도 생겼다. 아무튼, 욕심은 내어서는 안 된다. 정말 안 된다!

눈물의 전별식

교직원들에게 큰소리 한번 내지 않으시고 조용하며 감성적이었던 교장 선생님. 교감 샘의 카리스마에 가리어 빛을 발하지 못한 관리자이셨지만 섬세하고 심성이 고운 분이었다. 교감 샘과도 친분이 두터웠지만, 나름 교장 샘의 자존심을 세워드려야겠다는 생각을 많이 했다. 그러던 교장 샘도 정년퇴임을 하고 그다음 해 나도 다른 학교로 전보 발령을 받았다. 경남에서 3번째 내에 드는 대규모의 학교였지만 교사들 간의 유대 관계가 좋았다. 그만큼 관리자분들이 학교 경영을 잘하셨다는 의미다.

2015학년도를 마치고, 그 해는 전출자가 28명인가 엄청 많았다. 소강당에서 전별식이 있었다. 이동하는 교사들이 한 줄로 서서 각자의 이별 소감을 말한다. 내 차례가 되었을 때 말을 이을 수 없을 정도의 흐느낌이 시작된다. "저는 이제 이 학교를 떠나 시골 학교 규모의 작은 학교로 전근을 갑니다. 56세 영어 교사로서…" 등등. 나이와 영어라는 과목 때문에 전입 학교에서 반겨 맞이하지 않을 거라는 께름칙함이 내심 숨겨져 있었을까? 흐느낌 때문에 말을 이어가기가 어려웠다. 마음이 편했던 이 학교를 떠나 새로운 학교로 간다는 그 기분, 교사로서 30년이 지났건만 새로운 곳에 또다시 적응해야 한다는 싸한 기분이 있다. 내가 울음을 터뜨렸으니 그다음의 교사들도 거의 말을 잇지 못하고, 떠나는 사람도 남아있는 사람도 모두가 울먹이는 전별회가 되었다.

그 분위기를 바꾸는 한 사람, 항상 밝고 예의 바르며 솔선수범하며 에너지가 넘치는 박 샘. "저는 울지 않겠습니다. 기쁜 마음으로 떠나겠습니다!" 다행히 그녀 때문에 웃음바다가 되었다. 항상 공손하고 또 공손한, 웃음소리도 크고, 목소리도 큰, 술 한잔 하면 모든 세상이 행복과 축복으로 충만한 샘, 후배지만 본받고 싶은 샘이다. 헤어질 때 나에게 내민 글귀, 감동적이다.

박소심 부장님~!

율하중에서 제가 무척 존경하고 좋아했던 선배 교사님이세요. 솔직함과 당당함의 매력 이면에는 말할 수 없는 따뜻함과 애정을 무진장 가지신 분이셨어요. 항상 건강하시고 행복하세요.

-부장님을 닮아 가고픈 박효원

Chapter 6
있는 그대로 소중한 아이들

학교가 미안해

공부를 못해도 괜찮아

그렇게 5년간의 율하중학교 생활을 끝내고 2016년 3월 1일 자로 신월중학교에 발령을 받았다. 한창 학생 수가 많을 때는 30학급이 넘는 대규모의 학교였지만, 인구 문제의 심각성이 점점 느껴진다. 겨우 9학급이다. 교실 대부분이 유휴 공간이다. 학교는 컸지만, 학생들은 1983년 첫 발령지인 하일중학교와 같은 규모이다. 이제 나이도 있으니 담임은 그만했으면 했지만, 바람과는 달리 1학년부장 겸 담임이다. 아무런 의미가 없는 부장, 학급 수가 적어 보수도 경력도 인정되지 않는 부장이다.

첫날 체육관에서 입학식을 한단다. 학생 수가 많아 오전 오후로 나누어 축제 행사를 했던 이전의 학교와는 달리, 큰 체육관에 신입생들이 일렬종대로 달랑 세 줄 서있다. 학생들 다 어디 갔느냐고? 이 애들이 전부란다. 그동안 아파트 단지 주변의 학교만 다니면서 느끼지 못

했던 저출산 문제를 뒤늦게 온몸으로 느낀다. 다른 선생님들을 통해서, 뉴스를 통해서 건너 들었을 때와는 느낌이 확 다르다. 신입생 전체가 약 70명. 와! 이 애들이 전부라고? 한 반이 25명도 채 되지 않는다. 체구들도 작은 데다 교실이 너무 커 보인다.

규모가 작은 학교는 개인 교사가 담당하는 수업 시수가 적은 대신 업무는 많다. 흔히 말하는 중요 과목이라 항상 수업 시수가 많은 편이었다. 그런데 수업 시수도 12시간이다. 무슨 이런 일이! 하루에 2~3시간 수업을 한다. 얼씨구 좋구나! 그것도 영어 수업은 원래 두 반을 세 반으로 나누어 수준별 수업을 한단다. 한 반에 15명 정도다. 세 명의 교사가 상, 중, 하로 나누어서 하는 수준별 수업이다. 나는 하반을 담당했다. 교사들의 성향에 따라 수준이 높은 반의 수업을 원하는 교사와 수준이 낮은 반을 원하는 교사가 있다. 교사 대부분은 수준이 높은 반을 원한다. 수준이 낮은 반의 학생들은 수업에 흥미가 없으니 수업 시간에 집중하지 못하고, 잠자기가 일쑤이며 예의가 바르지 못한 경우가 더 많다고들 생각한다.

나는 학생들을 수업에 집중시키는 데에는 별문제가 없다. 차근차근 수업을 이끌어 갈 자신이 있다. 하반 학생들은 수업 시간에 인정을 받지 못하는 경우가 많아 점점 악순환되는 경우가 많다. 나는 어떤 상황이든 학생들의 존재를 인정해 주려고 하는 편이다. 두 반을 세 반으로 나누니 학생 수는 15명 안팎, 개인지도도 가능하다.
학교가 위치한 곳의 생활 수준이 아파트가 밀집해 있는 학군과는 다르다. 부모님들이 고된 일과에 지치다 보니 아이들에게 관심을 가질 여력이 없는 경우가 많은 듯했다. 밤에도 일하는 부모가 많고, 아이들은 방과 후 학원에 가는 대신 가정에서 별 간섭 없이 많은 시간을 보낸다. 학력이 점점 저하된다.

더군다나 한 학년 60~70명 중 12명 안팎의 학생이 야구부이다. 전교생의 15~20%가 야구부인 셈이다. 1학년부터 3학년 모든 수업에서 전 야구부원들이 내 수업에 참여하였고, 그중 2~3명 정도가 일반 학생일 정도였다. 그러다 보니 2~3명의 일반 학생들은 야구부원들 틈에 섞여 수업하느라 더욱더 주눅이 들어가는 모습을 보이기도 했다.

내 아들보다 한 살 적은 체육 선생님! 단정한 용모에 과하지 않은 유머와 재치를 겸비한, 아주 예의 바른 1년 차 총각 선생님이다. 아주 젊은 나이인데도 친목회 총무직을 맡아 일 처리도 깔끔하다. 어떤 모임에서 이 재치있고 멋진 1년 차 체육 교사를 칭찬했다. 나의 친한 선생님 왈, "내 제자입니다. 중학생 때 가르쳤던 학생이었어요." 그 선생님의 중학교 시절, 다소 거친 생각으로 교사들의 애를 태웠다는 것이다. 그런데도 의리는 있었고 머리도 잘 돌아갔다는, 지적 능력이 있었다는, 수업 시간에 다소 태도가 불량해서 복도에 나가 있으라고 했더니 복도에 누워있더라는 얘기를 해 주었다. 그런데 그 이야기가 얼마나 재미있게 들렸던지, 우리는 깔깔깔 웃었다. '우리 교사들은 함부로 학생들을 판단해서는 안 된다고, 학창 시절 다소 거칠었다고 그 애를 몹쓸 놈으로 치부하면 안 된다고, 10년이 지나니 저렇게 멋진 청년으로 자라 사회인이 되지 않았느냐고.' 그 후로도 난 그 선생님이 내 아들인 것처럼 느껴졌다. 그리곤 항상 격려의 말을 해 주었다.

학생과 선생님 사이

교육 실습생들이 5월에 주로 학교에 배치된다. 재직 동안 많은 실습생과 함께했다. 나의 과목이 영어인지라 영어과 교생들이 나에게 배정된다. 배정된 실습생들은 나의 학급과 과목에 함께 배정되는지라 4주 동안 거의 일과를 함께한다. 조례에서부터 종례까지 그리고 수업까지. 2주 동안은 나의 일거수일투족을 보여주고 나머지 2주는 실제로 교육활동에 참여하게 한다. 그리고 피드백을 해준다. 학생들은 신선하고 친절한 교생선생님들을 너무 좋아한다. 교생 선생님이 배치되지 않은 반 학생들은 배치된 반을 부러워하기도 한다.

신월중학교는 소규모의 학교인지라 담임을 하면서 과목과 일치하는 교사와 실습생이 만나기란 쉽지 않다. 그리하여 한 해는 미술과 실습생을 그리고 또 다른 한 해는 상담 실습생을 맡기도 했다. 미술과 실습생은 조·종례 등 담임 업무는 내게서 피드백을 받고, 미술 수업은 미술과 선생님의 수업을 관전하면서 직접 수업을 해보는 등 교사가 지녀야 할 자질을 함양시킨다.

미술과 교육 실습생이 헤어질 때 신월중학교 교정의 모습을 그린 엽

서와 감사의 글귀를 살포시 주고 가셨다.

> 박소심 선생님께
>
> 안녕하세요? 선생님, 교육 실습생 이재연입니다.
>
> 지난 한 달 동안 선생님께서 학생을 대하는 모습, 훈계하는 모습, 조·종례를 진행하시는 모습, 일과 관리를 하시는 모습, 학생들을 생각하시는 따뜻한 모습들을 보았습니다. 이를 통해 선생님의 학생을 향한 마음가짐, 태도를 배울 수 있었습니다.
>
> 앞으로 임용고시 시험을 준비해서 교단에 서게 된다면 학생들과 마주할 때마다 선생님의 모습을 떠올리며 '존중하는 교사'가 되려고 합니다. 한 달 동안의 깊은 가르침 정말 감사합니다.
>
> — 2017년 6월 2일 금요일 이재연 올림

지금쯤 미술 교사가 되어있으려나? 항상 초심을 잃지 말고 학생을 존중하고 학생에게 존중받는 교사가 되었으면 한다.

끄집어내는 교육

1학년부터 3학년 졸업할 때까지 내 수업을 받았던 애잔하게 기억되는 재욱이. 얼굴이 뽀얀 미소년의 얼굴을 가지고 있는 학생이다. 지적 능력이 경계 선상에 있어 고등학교는 특수 학급에 들어갔다는데,

그런 아이를 부모님은 그 자체로 받아들이질 못하는 모양이다. 착하디착한 얼굴, 그렇게 선한 학생일 수가 없었다. 무슨 말이라도 할라치면 벌써 눈에는 눈물이 글썽글썽, 부모님이 항상 때린단다. 공부 못한다고 때리고, 여동생보다 부족하다고 때리고, 그런 말을 하면서 또 울고, 완전 아기 같다. 부모님에 대한 원망도 있어 보이고, 매일 비교 당하는 여동생에 대한 미움도 있어 보인다.

1학년 때부터 알파벳을 가르치고 발음을 가르치고 해도 진척이 없다. 3학년이 되었을까, 인내심을 갖고 비슷한 내용을 가르치고 또 가르쳐 본다. 지성이면 감천이라던가, 어느 날 띄엄띄엄 아주 쉬운, 거의 비슷한 단어들이 계속 반복되는 짧은 내용을 읽도록 했다.

See the bee. The bee is on the bed.
See the cat. The cat is on the bed.

bee, bed, cat이 들어갈 자리에는 그림으로 대체해서, 큰 소리로 떠듬떠듬 반복 또 반복적으로 읽게 했다. 마치 그 문장을 눈으로 사진 찍듯이. 눈으로 사진처럼 찍었는지 파닉스를 알아서 읽었는지….

I see a watch. The watch is in the box.
I see a ball. The ball is in the box.
I see a dog. The dog is in the box.

이런 내용을 읽어주고 나서 읽어 보라 하니 천천히 아주 천천히 읽는다. 전율이 일었다. 코끝이 찡했다. "재욱아! 드디어 영어를 읽었네, 오늘 엄마께 자랑해라! 엄마, 저 영어 읽을 수 있어요."라고. 선생인 내가 더 흥분했다. 그런데 재욱이가 운다. "재욱아! 왜? 너무 기쁘지 않니?" 내가 물었다. "엄마한테 이야기하면 혼나요, 중학교 3학년이 유치원 영어책 가지고 공부한다고요."

온몸에 힘이 쪽 빠진다. 물론 부모님의 마음을 모르는 건 아니다. 여동생보다 지적 능력이 훨씬 떨어지는 내 아이를 보면 어떻겠는가? 이 아이가 거리에 나섰을 때 영어로 된 간판이라도 읽게 해 주자는 나의 소박한 욕심과는 달리, 알파벳이나 쓰고 파닉스 공부나 하는 중학교 3학년인 내 아이가 부모로서는 얼마나 한심하겠는가. 부모의 마음을 이해하면서도 영 마음이 편치 않다.

그의 졸업과 동시에 나는 다른 학교로 전근을 갔다. 착하디착한 그가 이 험악한 세상에 어떻게 살아갈지, 영화 '포레스트 검프'의 주인공처럼 결과를 바라지 말고 꾸준히 앞으로 나아가길 바란다.

그 외에도 안타까운 아이들이 너무 많다. 외모로 봐서는 어디 하나 나무랄 데가 없는 현주. 그녀는 학교에 오면 한마디도 하지 않는다. 단 한마디도, 누구에게도. 담임뿐만 아니라 친구들도 그 아이의 목소리를 들어 본 적이 없다. 아무리 사적인 이야기를 물어도 절대로 말을 하지 않는다.

학교는 꼬박꼬박, 하루도 빠지지 않는다. 어떻게든 이 아이가 말을 하게 해야겠다는 생각이 든다. 영어가 아니라 한국말이라도. 어떤 이야기로 이 아이의 말문을 틔우지? 항상 고민스럽다.

"현주야, 연예인 중 넌 누굴 가장 좋아하니?" 말이 없다. "넌 어떤 연예인을 제일 좋아하는데?" 머뭇거린다. 몇 번의 시도 끝에, "여자친구" 딱 한마디 한다. "아니! 현주야, 여자친구 말고 좋아하는 연예인?" 또 물어본다. "여자친구" 난 쾌재를 불렀다. 드디어 그녀가 말을 했다. 3년 만에 기어들어가는 목소리로, "여자친구" 난 여자친구가 중요하지 않았다. 그녀가 말을 했다는 사실이 중요했다. 그런데 "여자친구 누구?" 그 애는 여자친구를 말한 것이 아니라 '여자친구' 걸그룹을 말한 거였다.

오! '여자친구'라는 걸그룹이 있었구나? 걸그룹인 줄도 모르고 여자친구 누구냐고 물었으니, 이렇게 학생과 의사소통이 되질 않으니 원~. 내 나이 58세, 그녀 나이 16세, 40세 이상 차이가 난다. 걔들이 나랑 소통하고 싶겠냐고? 유명 걸그룹 '여자친구'도 모르니 말이다. 여자친구가 중요한 게 아니고 그 애의 기어들어 가는 목소리라도 들어본 게 어디냐며 교무실에서 막 떠들어 대었다.

우리의 학교는 아이들에게 무엇이든 쑤셔 넣으려 한다. 아이들이 가진 것을 '끄집어내는 교육'을 한다는 나라도 많은데…. 진짜 교육이라면 아이들이 마음껏 자신의 재능을 펼쳐 보이도록 하는 것이리라. 상대방을 존중하며 서로 이야기 나누며, 자기 생각을 자유롭게 말할 수 있는 학교였다면 어땠을까? 말로, 글로, 몸으로, 그림으로 마음껏 표현하게 하면 어땠을까? 누구든 주눅 들어 움츠러들지 않고, 서로를 존중하고 인정하는 학교 분위기였다면 어땠을까?

그 애가 중학교 졸업을 하고 고등학생이 되었을 때 우연히 거리에서 남학생과 지나가는 모습을 보았다. 그 남자애랑은 말을 하겠지? 그 모습을 보니 안심이 된다. '잘 살아가겠지.' 하면서 뒷모습을 오랫동안 서서 보았다.

우리 사회에 필요한 리더는

칭찬을 할 수도, 안 할 수도

우리 반 반장 이예서! 담임이 바라는 최고의 반장이었다. 남녀 합반이라 남학생들의 호응이 없으면 어쩌지 걱정했는데 오히려 남학생의 호응도가 더 좋다. 이 아이의 리더십은 도대체 어디서 나오는 것인가? 큰 소리로 말을 하지 않아도 모든 학생을 집중시킨다. 담임의 잔소리가 필요치 않다. 전달 사항을 반장에게 일러 놓으면 너무나 완벽하게 해낸다. 그러면 그럴수록 칭찬을 한다. 과언이 아니다. 막 칭찬하고 싶어진다. 중학교 1학년이 어떻게 이렇게까지 자신의 본분을 완벽하게 수행할 수 있는지 놀랍다.

2학기 어느 날, 의자에 앉아있던 반장이 스르르 쓰러진다. 보건 교사가 달려오고, 119에 신고하고, 꽤 여러 날 병원에 입원해 있었다. 좀체 나아지지 않는다. 퇴근 시 병문안도 가고, 여전히 이 애는 어른스럽게 담임을 위로한다. 괜찮다고, 점점 좋아진다고 너무 염려하지 않아도 된다고 웃으며 이야기한다. 어머니는 나를 대하는 반응이 다소 다르다. '물론 몸이 약한 아이였지만, 반장의 역할을 너무 힘들어했다'고 한다. 담임이 과하게 쏟아내는 칭찬이 아이를 힘들게 했다고. 담임의 기대에 부응하기 위해 온 전력을 다했다고. 과한 칭찬에 어머니는 약간 불만스러움을 표하는 것 같다. 나는 과한 칭찬을 한 게 아니었다. 너무 감동적이고 칭찬하지 않으면 안 될 상황이라서 마구 칭찬했는데, 그 애는 엄청난 스트레스를 받았던 것 같다.

교사가 바라는 오랜만에 만난 온화한 리더십을 가진 아이라서 나의 칭찬은 이유가 있는 칭찬이었는데…. 담임이 칭찬할수록, 더더욱 담임의 칭찬에 보답하기 위해서, 더욱더 완벽해지려 했던 모양이다. 2학년이 되었을 때부터 그 애는 반장을 하지 않았다. 그리고 졸업식 날, 교무실로 꽃다발을 가지고 찾아왔다. "선생님! 너무 고마웠습니다."라고. 난 아무것도 준비도 못 했는데….

예서에게 사과했다. 내가 모르고 그랬다고, 네가 한 행동과 말들이 너무나 기뻤고, 기특하고 대견했다고, 정말 잘해서 잘했다고 칭찬했던 것이라고 이야기했다. 나의 칭찬이 너를 힘들게 할 줄 전혀 몰랐다고, 미안하다고 했다. 그리고 어깨를 두드려주며 또 칭찬했다. 오오! 칭찬 금지!

미안하다, 실수였다

모든 면에서 모범적이고 외모가 반듯한 홍석정! 차분한 행동과 말은 모든 교사가 신뢰할만했다. 모든 행동이 조심스러우며 남의 의견에 감정적으로 대응하거나 급우들 간의 언쟁에도 한 번도 휘말린 적이 없다. 나는 그렇게 조용한 아이로, 손댈 데가 없는 아이로, 너무나도 편한 아이로 넘겼다.

언제부터인가 석정이의 행동에 학급 아이들이 웃는다. 다소 놀리는 느낌의 웃음으로…. 그러면 석정이의 얼굴이 빨개진다. 그러던 어느 날, 난 아무 느낌도 알아차리지 못한 채 본의 아니게 실수를 했다. '홍석정'하고 부른다는 것이 '홍석천'하고 불렀던 것이다. 학급 학생들은 책상을 치며, 웃고 난리가 난다. 석정이는 촉촉한 느낌으로 눈을 껌벅이며 얼굴은 새빨개지고, 난 이름을 잘 못 불러 웃나 하고 생각했다. "야들아! 샘이 이름 좀 잘못 부를 수 있지." 아뿔싸! 그게 아니었다.

아이들은 이름을 가지고 놀리는 경우가 흔히 있다. 내 아이가 초등학교 시절, 단지 이름이 '조경제'라는 이유로 '조개'라는 별명을 갖게 되었다. 자존감이 높은 아이라 별문제 없이 몇 번의 속상함으로 마무리되었지만…. 석정이도 그러한 경우이다. '석정'이라는 이름을 조금만 세게 발음해도 '석천'으로 들리는 수가 종종 있으니. 또한, 약간은 부드러운 외모와 차분하면서 모든 일에 조심성 있는 이 아이의 행동을 개그맨 홍석천과 연관 지은 것 같다. 그 와중에 담임이 보란 듯이 '석천'

으로 불렀으니….

 전혀 눈치채지 못한 듯, 학생들 앞에서 홍석천은 성공한 사업가라는 등 열변을 토했지만, 아이들이나 석정이는 얼마나 내가 횡설수설한다고 느꼈을까? 그 뒤로 특별히 그 문제에 대해 그 애와 대화는 나누지 않았다. 들춰내어 또 다른 상처를 줄까 봐. 조금의 걱정은 했지만 역시 이 아이도 자존감이 높았던 아이라 아무 탈 없이 중학교 시절을 잘 보내었다. 나 또한 그 애의 자존감을 더욱 높여 주고자, 학교생활의 여러 부문에서 많은 관심을 표해 주었다.

 또 한 번의 실수. 나는 하위권 학생들에게 기초부터 차근차근 가르쳐 영어에 눈을 뜨게 하는 그 순간이 참 좋다. 하위권 학생들은 수업에 집중도가 떨어진다고들 하지만 잘 구슬려 수업에 집중하게 하는 그런 쾌감도 있다. 하위권 학생들에게 각자의 특성을 찾아내어 칭찬을 많이 하는 편이다. 무턱대고 칭찬하지는 않는다. 항상 구체적인 사실을 콕 집어 칭찬의 진정성을 느낄 수 있도록 노력했다.

 재성이는 잘 통하지 않는다. 어지간하면 의사소통이 될 법도 한데, 항상 적대감을 가지고 사람을 대한다. 쉬는 시간에는 떠들고 하다가도 수업 시간만 되면 엎드려 잔다. 교과서도 없고 이동 수업이라 그냥 몸만 왔다 갔다 한다. 어느 날 수업 시작하자마자 또 엎드린다. "재성아! 잠은 밤에 자야지, 밤에는 뭐하지?" 대답하길,
 "개를 돌봐야 해서 잠을 못 자요."

개를 돌봐야 하는 일이 아주 힘들고, 잠도 못 자는 괴로운 일이라 말하는 줄 알았다. 또한, 나는 동물을 그다지 좋아하는 성격이 아니라 순전히 내 처지에서 생각한 나머지, 나름 그 애의 편이 되어 그를 위한답시고 "그럼 개를 팔아버리지?"하고 말했다.

엎드려 있던 그 애가 고개를 빳빳이 들고, 눈에는 눈물이 글썽글썽, 그렇게 눈에 독기를 가득 품고 마치 나를 잡아먹을 듯이, "왜 개를 팔아요?"하고 난리가 났다. 순간, '아차! 너무 잘못했구나.' 이 애는 집에 가면 아무도 반겨 주지 않고 그 개가 마치 형제와도 같은 존재인데, 그 개를 형으로서 돌봐줘야 하는 존재인데, 그걸 팔아버리라고 했으니…. 마치 형제를 다른 집에 팔아버리라는 말로 들리지 않았을까 싶다. 그 애의 심정이 어떠했겠는가?

두 손을 모아 싹싹 빌었다. "재성아! 선생님이 미안해, 너무 잘못했어, 난 그 개가 너를 잠도 못 자게 할 만큼 귀찮게 하는 존재라고 하는 줄 알아어. 제발 용서해 줘." 그 아이의 눈빛이 잊히지 않는다. 마치 나를 한 대 치고 싶다는 눈빛이었다.

지나친 경쟁 교육이 만든 괴물들

더는 담임은 하지 않겠다고 하면서 전 학교에서 전근을 왔는데 벌써 2년째 담임을 하고 있다. 수업 시간에 늘 인성을 강조한다. 학생들은 교사들이 공부 잘하는 학생들을 무조건 좋아할 거로 생각한다. 천만의 말씀! 공부 잘하는 학생은 부모님이나 좋아하겠지. 학생들을 크게 네 부류로 나눈다. 수업 시간에 크게 칠판에 쓴다. 어떤 학생을 선생님들은 좋아할까?

1. 공부 잘하면서 인성이 좋은 학생.
2. 공부 잘하면서 인성이 좋지 않은 학생.
3. 공부 못하면서 인성이 좋은 학생.
4. 공부 못하면서 인성이 좋지 않은 학생.

학생들 대답은 1→2→3→4인데요. "No." 난 단호히 잘라 말한다. 공부에 썩 비중을 두지 않는 것은 아니지만, 공부 못하는 것보다는 잘하는 것이 좋겠지. 아이들은 무조건 교사들은 공부 잘하는 학생을 좋아할 것으로 생각한다. 2번 학생을 3·4번 학생보다 더 좋아할 거로 생각한다. 아니다. 난 공부보다는 인성이 훨씬 중요하다고 생각한다. 나뿐만이 아니다. 교사 대부분은 2번보다는 3·4번 학생을 더 좋아한다. 즉, 최악의 학생은 공부 잘하면서 인성이 좋지 않은 학생이다. 인성이 최고의 덕목이라는 것이다.

요즘은 특목고 등에 간다고 부모님이 학생에게 전념한다. 대부분은 아니지만, 어쩌다가 '저런 애는 곤란한데'라고 생각이 드는 학생이 있다. 이 세상에 오로지 자신만 존재한다는 생각을 하는 학생. 도무지 옆에서 무슨 일이 일어나는지 상관하지 않는다. 8시 30분에 등교해야 한다는 규칙은 아무리 화를 내고 좋은 말로 타일러도 아랑곳하지 않는다. 밤늦게까지 공부하느라 특목고에 별 영향을 미치지 않는 과목 수업 시간에는 아예 대놓고 엎드려 잔다. 이런 아이의 기준은 딱 하나, '특목고에 가는 데 지장만 없으면'이다. 나머지는 모두 말 그대로 안하무인이다.

내가 읽어도 어려울 책을 중1 학생이 읽느라 조·종례 시 담임이 무슨 말을 하는지도 모르고, 준비물이나 제출해야 할 모든 것들은 이 아이 때문에 완결 짓지 못 한다. 머리는 더벅머리, 제발 머리카락 좀 자르라고 잔소리. 주변 모두를 무시하는 이 아이를 보면 화부터 나기 시작한다. 화를 내는 나 자신이 너무 싫다. 걔는 담임의 화난 모습쯤이야 자신과는 아무런 상관없고, 오직 성적만 잘 나오면 된다. 부모님도 그런 생각이고. 인간에 대한 예의라곤 조금도 없이.

학급의 모든 행사에 참여하지 않아 반 친구들의 원성이 자자하다. 글을 쓰는 이 순간에도 그 부모님과 학생에게 화가 난다. 모든 과목의 교사들이 혀를 내 두르고, 그 애가 3학년이 되었을 때 수학이나 과학 교사들은 추천서를 써줘야 한다. 부모님을 비롯해서 모든 일에 아랑곳하지 않는 그 아이가 수학·과학 교사에게는 완전 순한 양이다. 그 꼴 또한 두 눈 뜨고 못 볼 지경이라, 내 앞가슴을 두들겨 본다.

작은 학교라 어쩌다가 한 명, 학교의 이름을 빛내 줄(굳이 그러함을 인정하고 싶진 않지만) 학생의 추천서인데, 미우나 고우나 내 제자의 앞

날이 걸린 문제인데, 어떻게 부적절한 내용을 적을 수 있겠는가! 특목고에서는 이런 추천서를 왜 쓰라고 하는지? 어느 교사가 제자의 앞길을 가로막는 추천서를 적을 수 있단 말인가?

물론 백번이고 잘 써 주고 싶은 학생이 대다수이지만, 입학 사정관 제도는 또 뭔가? 이런 아이들을 걸러내고 해야 하는 거 아닌가? '입학 사정관' 제도의 목적이 무엇인지 왜 이런 제도가 생겼는지, 아직도 확신이 서질 않는다. 이 아이는 원하는 특목고에 갔다. 이런 아이 하나도 못 거르는 형식적인 추천서, 입학 사정관 제도 왜 존재하는지? 소설을 써야만 하는 수학·과학 선생님들의 수고로움이라도 덜 수 있게 그냥 성적으로 뽑으면 될 일이지….

이런 아이들이 높은 자리에 올라가서 할 일이 끔찍하다. 자신보다 지위가 낮은 사람들을 어찌 대할까? 안 봐도 뻔하다. 오로지 윗사람에게 잘 보이기 위해 간과 쓸개를 빼놓고, 아랫사람에게는 함부로 갑질을 하지 않겠는가? 공감 능력도 없고 주변에 대한 배려는커녕 인간에 대한 예의도 없는 아이들이 우리 사회의 지도층이 되게 해서는 안 되지 않을까? 내 자식을 사회 지도층으로 만들기 위해 안달할 것이 아니라, 우리 사회에 어떤 리더십을 가진 지도자가 필요한지 진지하게 생각해 보면 좋겠다.

학교 밴드를 만들다

참스승 정인섭 선생님

1학년 교실이 4층에 자리잡고 있어 학년 실이 4층에 배치되어 있다. 1학년 1반 정인섭 부장님, 2반 박소심(야구반), 3반 김미선 선생님, 그리고 인성부장님, 이렇게 네 명이 4층 학년 실에서 근무한다. 참스승님의 대표 격인 정인섭 부장님! 참으로 존경할 부분이 많은, 찾아보기 힘든 인품을 가지신 분이다.

한 여학생이 급우들과 어울리지 못하고 항상 정인섭 부장님을 쫄쫄 따라다닌다. 청결하지 못하고 그러면서도 다소 제 마음 내키는 대로 행동하는 아이인지라 남학생들의 놀림의 대상이 될뿐더러 아무도 친구가 되어주지 않는다. 겉으로 보기에는 별생각 없이 밝고 쾌활해 보이지만, 그 어린 마음속이야 어떻겠는가? 한 번씩 설움이 폭발하면 울음을 그칠 줄 모른다. 그러는 아이를 정 부장님은 품 넓게 포용하신다. 대화의 상대가 되어주고 다독거리신다.

　아무도 함께 밥을 먹으려고 하지 않는 그 아이와 부장님은 항상 점심시간을 함께한다. 두 사람이 함께 밥을 먹는 모습은 얼마나 다정하게 대화를 나누며 식사를 하는지 모른다. 입가에는 음식 찌꺼기를 묻히고 밥풀을 튀어 가며 이야기해도, 둘 다 그러한 것은 아무 문제가 되지 않는 듯싶다. 오전 내내 교실에서 친구들과 단 한마디도 하지 않은 아이가 말이다. 혹 부장님이 출장이나 결근을 하시는 날에는 그 애는 급식소에 나타나지 않는다. 이미 오전에 부장님이 학교에 오시지 않았다는 사실을 알기에, 그 애의 그 날 행동반경은 도서관 구석을 벗어나지 않는다.

　정 부장님은 우울한 학생들의 보살핌에 자신의 시간을 온통 떼어주신다. 시간만이 아니다. 자신의 돈으로 드럼, 일렉트릭 기타 등을 구매하시더니, 학교 음악실에 비치하신다. 학생들이 마음 편하게 악기를 사용할 수 있도록 하신 것이다. 팝콘 기계로 학생들 생일에 팝콘을 만들어 학생들에게 내어놓는다. 떡볶이-Day를 만들어 전 교사들이 떡볶이와 어묵탕을 만들어 학생들이 충분히 먹을 수 있도록 하기도 한다. 학교에 있는 솜사탕 기계와 붕어빵 틀로 축젯날에는 학생들에게 솜사탕이나 붕어빵을 만들어 주기도 한다.

　거의 모든 학교가 축제 때, 음향 기기나 시설물 설치 등 큰 비용을 들여서 행사를 진행한다. 하지만 정 부장님은 미술 교사이면서도 음악에 많은 재능을 가지고 계셔, 모든 음향 장비나 준비를 몇 날 며칠에 걸쳐 혼자서 다 해내신다. 그렇게 학교의 많은 예산을 절감하는 데 한몫하신다.

열정 또한 대단하시다. 어느 해는 교사들에게 난타를 지도하시기도 했다. 난타 북도 플라스틱 고무통을 활용해서 만들기도 하시고, 축제 시 교사들이 난타 연주를 할 때 그 통 위에 물을 부어 조명을 비추면 물이 튀어 올라 환상적으로 보이게 아이디어를 내기도 하셨다. 학생들의 많은 호응을 얻었으며, 나 또한 보기만 했던 난타를 직접 쳐볼 수 있었다.

그다음 해, 우리는 밴드를 결성하기로 했다. 김미선 샘이 피아노, 정인섭 부장님이 드럼, 나는 대학교 시절 코드 몇 개를 외워서 노래 부르고 했다는 경험으로 기타를, 그리고 교장 샘이 베이스 기타를, 또 학생의 도움으로 first 기타를, 보컬은 구미진 영어 샘이었다. 연주할 곡목은 김창완, 아이유 버전의 '너의 의미', 윤수일의 '아파트' 등 몇 곡이 되는데 유독 '너의 의미'가 기억에 많이 남는다. 코드를 혼자서 많이 연습했다. 실력은 없었지만, 왠지 내가 치는 기타 소리가 앰프를 통해서 나오면 멋져 보이고, 잘 연주하는 듯한 느낌을 주어 황홀했다.

너무나 소중하고 잊을 수 없는 추억이다. 기타를 잘 치지 못한다고 했을 때도 연습해도 잘되지 않는다고 했을 때도, 부장님은 잘한다고 그 정도면 충분하다고 항상 격려해 주셨다. 잘하지 못한다는 것을 스스로 아는 데도 항상 칭찬과 격려를 해 주시는 정말 따뜻한 인품을 가지신 분이다.

참으로 인품이 넉넉하신 정인섭 부장님! 그렇게 훌륭한 인품과 열정을 가지신 부장님이 2020년 2월 28일 자로 명예퇴직을 하셨다. 2019년 4층 학년 실에서 동고동락했던 우리 네 사람은 가끔 한 번씩 모인다. 여전히 인품이 넓은 우리 정인섭 부장님, 항상 밥값을 내신다. 하루는 기필코 내가 내리라! 카드를 지갑에서 꺼내 호주머니에 넣었다. 식당에 들어오시던 부장님! 그날따라 눈치를 채신 걸까? 식당에 들어오면서 벌써 계산하고 들어오신다. 그런 분이다.

대한민국 국민, '샤흐'

3년 차에는 다문화 학급의 담임이 되었다. 학생 수가 자꾸만 줄어들어 폐교의 위기에 왔다. 폐교되면 이 건물은 교육청 부지가 된다는 구체적인 소문도 돈다. 한 학년이 10학급이 넘었던 대규모의 학교가 폐교될 처지가 되었다니 참 마음이 좋지 않다. 아파트가 건설되는 곳의 가까이에 있는 학교는 학생 수가 넘쳐나고, 주택가에 있는 학교는 도심 속의 농촌 학교처럼 변해 간다. 한 학년의 학급수가 3학급은 되어야 하는데, 2학급 정도로 위기에 처해있다.

학생들을 유치하기 위해 인근 초등학교에 가서 학생들 유치전을 펼치기도 한다. 또한, 초등학생들을 학교로 초대하기도 한다. 맛있는 급식과 세련된 교복을 소개하기도 하고, 떡볶이, 붕어빵, 솜사탕을 제공해서 어떻게 해서든 초등학생들의 구미에 맞도록 행사를 벌인다. 이 모든 행사를 즐긴다고 해서 우리 학교에 오는 건 아니다. 걔네들도 다 계획이 있다. 궁여지책으로 다문화 학생들을 흡수해서 한 학급을 늘릴 기회를 교육청으로부터 허가받았다.

창원 시내의 모든 초등학교에 갔다. 심지어 진해, 마산까지 홍보 활동을 펼쳤다. 일반 학교에서 겪는 다문화 학생들의 고통은 심각하다. 일반 학급에 함께 배정하다 보니 개인적인 언어 해결이 이루어지지 않은 상태에서 수업한다. 알아들을 리가 만무하며 수업에 적응하기가 매우 어렵다. 이런 모순을 해결할 수 있는 다문화 학급의 홍보이니 멀리 진해, 마산에서도 다문화 학생들이 전학 오기도 한다. 한국어 수업을 따로 할 수 있는 정원 외 교사가 증원되고, 나는 그 학급의 담임이 되었다.

그 학급이 증설되었다고 온전한 학급이 된 것은 아니고, 평상시는 일반 학급에 속해 있다가 조례 시 한 번씩 만나고, 일과 중 학생 개개인의 맞춤 한국어 수업이 한 두 시간씩 진행된다. 그리고 체험 활동을 일주일에 한 번씩 한다. 음식 체험도 있다. 학년도 무학년이다 보니 아이들도 서로 서먹서먹하다. 우즈베키스탄의 어느 학교와 자매결연도 맺어 서로 왕래하기도 한다. 학생들의 국적은 다양하다. 우즈베키스

탄, 중국, 베트남 등. 아! 일본도 있었네.

사연도 많고 아픔도 많다. 우즈베키스탄 출신의 한 아이 샤흐. 학교에 적응하지 못하고 항상 몸과 마음이 아픈 아이다. 외모는 점점 성숙하여 중 3이 되었을 때는 정말 예쁜 아이로 성장했다. 항상 어디론가 떠날 준비라도 하는 것처럼 삶이 공중에 붕 떠있는 것 같다. 뿌리를 내리지 못한 마음을 옆에서 지켜보는 것도 안쓰럽다. 점점 한국인 급우들과도 친분이 줄어든다. 경기도 안산으로 가고 싶어한다. 아버지가 안산에서 직장을 가지고 계신다네. 엄마랑 창원에서 지내 왔는데 이제 아버지에게로 가고 싶단다. 아버지와 함께 사는 삶에 대한 바람도 있었겠지만, 다문화인이 많은 안산으로 가고 싶은 마음도 컸겠지.

일대일 수업을 하면서 샤흐와는 많은 대화를 나누었다. 가정사 등 이런저런 개인적인 고민을 내게 말하곤 했다. 여름 방학이 시작되기 전 손으로 직접 짠 매듭 팔찌를 나에게 선물로 주었다. 그리고 방학 동안에 그 아이는 경기도 안산으로 전학을 가버렸다. 제 딴에는 그 매듭 팔찌가 마지막 이별 선물이었던 것 같다. 본인이 원했던 전학이니까, 그곳에서는 마음 터놓을 수 있는 친구들과 함께 행복하게 살았으면 한다.

우리나라에서도 다문화 가정이 점점 늘어가고 있다. 그들이 우리의 삶터에 잘 어울려 뿌리내리고 살 수 있도록 제도적인 뒷받침이 이루어지면 좋겠다. 물론 다문화 가정에 대한 근거 없는 사회·문화적 편견도 없어져야 할 것이다. 요즘 학교에서 만나게 되는 다문화 학생들 대부분이 그들만의 세상에 갇혀있는 듯하여 매우 안타깝다. 학교에서나 사회적으로나 많은 관심을 기울여야 하지 않을까.

유일무이 야구반 담임

온 마음을 다해 진심으로

교사 생활 35년이 넘었다. 이제 무슨 새로운 일이 있겠나 싶었다. 웬걸? 지금까지와는 또 다른 특별한 경험, 야구부 담임을 맡았다. 그해 야구부원 15명이 입학을 했다. 교사 대부분이 야구부의 수업 태도를 못마땅해한다. 한 반에 약 5명씩 분산된 야구부들이 수업 분위기를 흐린단다. 수업에도 집중 못 할뿐더러 엎드려 자기도 하고, 지적하면 서로 얼굴을 붉히기도 한다. 혹여 불끈 참지 못하는 학생이라도 있다 보면 그네들 때문에 일반 학생들 수업도 방해받는다고 교사들 불만도 대단하다.

야구부 반을 만들어 야구부 전부를 한 학급으로 만들자는 의견이 나왔다. 교사 대부분이 찬성한다. 드디어 최초로 야구부 반이 탄생되었다. 전국에서 최초가 아닐까? 그다음은 누가 담임을 맡을 것인가? 체육 교사가 거론되었다. 확실한 이유는 기억나지 않지만, 어쩌다보니 체육 교사 대신에 내가 담임이 되었다. 운동하는 사람에게 긍정적이었고, 특히 야구를 좋아하며 학생들을 잘 다룰 수 있는 중견 교사. 그러한 이유로 적합하다고, 나 또한 새로운 경험이며 아주 잘해낼 수 있을 것 같아 별 주저 없이 담임을 맡았다. 그나저나 내가 야구를 좋아한다는 걸 어떻게 알았지? 여기저기서 티를 많이내고 다닌 모양이다.

1학년에 1반 정인섭 부장님, 2반 박소심 선생님(우리 야구반), 3반 김미선 선생님. 이렇게 우리는 2019년 3월 각 반의 담임이 되었다. 학교에서는 공부 잘하는 학생이 존중받을 것 같지만 그렇지만은 않다. 특히 나의 경우에는 확실히 아니다. 인성이 가장 중요한 덕목이라는 생각이며 그 덕목을 참으로 많이 강조한다. 그리고 각자의 재능을 존중한다. 공부 잘하는 것도 하나의 재능이며, 야구 잘하는 것도 재능이다. 항상 강조한다. '너희들은 누구보다도 먼저 너희들의 재능을 발견하여 그 목표를 향해 나아가고 있다고. 대부분의 중1 학생이 진로에 대해 생각지도 않을 수 있으며 어쩌다 진로 탐색이라도 하는 학생이 있으면 대단한 거라고. 그렇지만 너희들은 벌써 진로를 정해 매진하고 있다고!' 조·종례를 통해, 또한 수업 시간을 통해 항상 격려하고 자존감을 느끼게 한다.

수업 시간에 조는 학생들도 있다. 방과 후 밤 10시까지 학교에서 연습하고 학교와 집까지 거리가 먼 학생들이 대다수이기 때문에 집에 가서 씻고 잠자리에 들면 밤 12시가 넘는다. '새벽에 일찍 일어나서 학교에 와야 하므로, 너희들은 졸음이 올 수밖에 없다고,' 약간의 공감되는 말을 하고, 그리고 경각심을 주는 말도 빠뜨리지 않는다. '그래도 수업 시간에는 깨어있어야 한다고, 이겨내야 한다.'는 말을 한다. 그러면 학생 대부분이 졸음을 멈추고 수업에 임하려는 노력의 자세를 보인다.

어떤 때는 모든 학생이 바른 자세로 수업에 참여하는 모습이 너무 대견하고 울컥하여 사진을 찍기도 한다. "얘들아! 너희들 수업하는 모습 정말 짱이다! 누가 야구부 수업 태도 안 좋다고 말하니? 그런 사람 있으면 나와 보라 해라. 이렇게 열중하는데."라며 칭찬을 막 들이붓는다. "샘이 너희들 모습 한번 찍고 싶다. 자! 노트에 진지하게 적는 모습 한번 찍자." 하면 덩치 큰 녀석들이 더욱더 진지한 수업 모습을 보여준다. 난 찰깍찰깍 사진을 찍는다. 아무리 덩치가 큰 운동선수라도 고작 중학생이다. 어른도 칭찬하면 춤을 추는 데 이 애들은 중학생이다. 아이들이다. 그리고 난 온 마음을 다해 진심으로 칭찬한다. 아주 구체적으로!

너희들 정말 멋지다!

야구부원들에게 자긍심을 많이 키워주고자 했다. 어느 날 체육 선생님이 대만으로 야구부를 데리고 전지훈련을 갔단다. 공항에서 기본적인 영어 스펠링을 몰라 너무 황당했다네. 모두가 다 그런 건 아니지만 정말 공부와는 담쌓은 아이들도 있다. 기초부터 차근차근. '너희들은 대한민국 프로를 넘어 메이저리그 선수도 될 수 있다고.' 수업 시간에 메이저리그 MVP 선수가 되어 인터뷰하는 내용을 영어로 말할 수 있게 한다. 아주 기본적인 대화 수준이지만 한 명씩 말하게 한다. 깊이 있는 영어 회화는 아니지만, 그 순간만큼은 마치 메이저리그 선수가 된 것처럼 기분 좋은 긴장감을 가진다.

앞 학생의 대화를 지켜보다가 한 마디씩 더 첨가하는 학생도 보인다. 누군가는 이렇게 말한 교사도 있다. 국내 프로도 되지 못할 아이들에게 너무 헛바람 드는 꿈을 키워주는 건 아니냐고. 난 그날이 올 거라고 믿는다. 그리고 애들에게 이 말도 훈련 시킨다. '중학교 1학년 담임이자 영어 선생님이셨던 박 소심 샘이 가장 많이 생각나는 분이라고.' 강제로 이 말을 연습시킨다. 그렇게 우리는 웃으면서 즐겁게 영어 수업을 했다.

2023년 어느 날 '바람의 손자' 이정후가 샌프란시스코 자이언츠 6년 총액 1,470억에 계약되었다는 뉴스가 라디오에서 흘러나온다. '바람의 아들' 이종범 씨 너무 좋겠다. 훤칠한 외모의 이정후가 며칠 전 TV 프로그램 '유퀴즈 온 더 블록'에 출연했다. 입단하는 날 아주 짧은 영어로 본인을 소개하는 내용이 나온다. 썩 영어를 잘하는 것 같진 않다. 수업 시간에 연습했던 인터뷰 내용이 있으니, 우리 아이들은 이정후보다는 조금 더 나은 인터뷰를 하지 않을까? 내심 자부심을 느끼며, 내 제자 중 누군가가 인터뷰하는 장면을 상상해 본다.

　난 야구부원만으로 구성된 우리 1학년 2반 15명을 너무나 사랑했다. 평소 체육인에게 많은 호감이 갔다. 의리도 있을 것 같고 남성성이 강해 쩨쩨하지 않을 거라는 막연한 생각도 한다. 모두가 다 까까머리로 빡빡 밀고. 15명 중에서도 운동하겠나 싶을 정도의 여린 학생도 있고, 반면 아주 거칠어보이는 학생도 있다. 교직 생활 35년이 넘은 나, 이제 어떤 성향의 학생이라도 내 편으로 만들 수 있는 역량과 자신감이 있다. 그중 최고의 무기는 인정과 공감, 그리고 구체적인 칭찬이라고 늘 생각한다.

　오전 8시 30분에 교실에 간다. 거의 14명의 학생이 제 자리에 앉아 담임을 기다리고 있다. 1명은? 늘 지각이다. 9시부터 지각 체크라 출석부에 기록은 되지 않지만, 헐레벌떡 8시 40분쯤에 입실한다. 신뢰가 많이 떨어지는 상황이지만, 여러 상황에서 측은한 부분이 많아 호되게 대하진 않는다. 그 학생을 제외하곤 전날 밤 고된 훈련과 이른 아침 등교로 인해 고될 수는 있지만, 교탁 앞에 서있는 담임을 모두 쳐다본다. 순시하던 교감 샘이 매일 아침 우리 반의 풍경을 보고 가장 질서가 잘 잡힌 학급이라고 자주 칭찬하셨을 정도다. 이 아이들은 나무랄 데 없이 나의 학급 경영에 잘 따라주었다.

　체육 대회 날이다. 유니폼을 단체로 준비하는 등의 활동을 난 그다지 좋아하지 않는다. 1반과 3반에서는 연일 유니폼 때문에 의견이 분

분하다. 하고 싶은 아이들이 있는가 하면 꼭 반대파가 있기 마련이다. 싸우기도 하고, 담임에게 와서 중재를 요청하기도 한다. 우리 반은 조용하다. 3반 김 샘이 우리 반은 어떻게 하는지 물어본다. 난 모르는데…? 이 애들은 같은 야구부원이라 그런지 의견 단합이 너무 잘 된다. 나와는 상관없이 스스로 알아서들 한다. 반장에게 물어보니 벌써 정해서 내일 배달이 된단다. 이 모든 행위를 스스로 알아서 다 한다. 정말 그 뒷날 유니폼은 물론, 안경 등 소품까지 완벽하게 배달되었다. 너희들 정말 멋지다!

그리고 반가 대회, 또다시 나와는 상관없이 알아서 노래 정하고, 안무 정하고, 얼마나 멋진 공연을 해냈던지! 전 학년 9반 중 2등. 야구 외에는 별반 학급 일에 관심이 없는 아이들이었는데, 야구부를 한 반으로 만들어 놓으니 이렇게 주도적으로 멋진 결과물을 만들어낸 것이다. 아직도 생생히 기억난다. 싸이의 '챔피언' 노래를 야구부의 학교생활에 맞도록 개사하여 안무까지 척척! 역시, 역~쒸 우리 반! 칭찬의 도가니 속에 빠져버렸다.

야, 너! 복도로 나와!

도저히 참을 수 없을 정도로 수업 시간마다 같은 행동을 하면서 수업에 집중하지 않는다. 몇 번의 지적도 무시한다. 머리가 팽 돌 정도로 며칠 계속 반복적이다. 항상 맨 뒤에 앉아서 나를 미치게 한다. 어느 순간, 모욕적인 느낌이 들어 참을 수가 없다. 소리를 지른다. "야! 김민준! 복도로 나와." 다른 모든 학생이 긴장한다. 무슨 일이 벌어지겠다.

이 아이는 평소 그러지 않던 샘이 화가 난 목소리로 불러냈으면 당황해야 할 텐데, 막가파 아이들이 하는 것처럼 책상을 팍 밀면서 당당히 교실 앞문을 열고 복도로 나간다. 순간, 정말 찰나의 순간 '어떻게 하지' 싶다. 괜히 화를 못 참고 불렀나 싶기도 하고, 오만가지 생각이 든다. 이렇게 고함지르고 비난하면 저 애는 분명 더 나에게 적대감으로 대들 것이 분명한데, 반성은 고사하고 그럼 앞으로의 수업은? 긴 한숨을 내쉬어 본다. '화를 내어선 안 돼.' 찰나의 판단으로.

먼저 복도에 나가있던 이 아이도 겉으론 강한 척하지만, 속으론 '아차!' 하는 마음도 있었으리라. 선생님이 어떻게 할지 온갖 생각이 들었을 것이다. 또 이왕 이렇게 나왔으니 절대로 굽히진 않겠다고 마음을 먹었을지도 모른다. 나는 긴 호흡을 한번 하고. "민준아!"하고 이름을 낮게 불렀다. 고함을 지르고 자신을 비난할 거라는 예상과는 달리 낮고 부드러운 목소리에 눈빛이 달라지는 듯하다. 평소에 가끔 아주 가끔 한 번씩 느꼈던 나름 그 아이의 장점을 들춰내어, "샘은 너의 그러한 태도가 참 좋아 너에게 기대를 많이 걸었었는데, 요즘 그 믿음이 살짝 깨지는 것 같아 조금 실망스럽네." 하면서 구체적인 장점과 구체적인 실망 내용을 말하면서 앞으로의 가능성에 대해서도 말했다. 그리고 기대하는 부분에 대해서도, 머리도 한번 쓰

다듬어주고.

애가 머리를 꾸벅하면서 죄송하다고 말을 한다. 본인도 잔뜩 긴장하고 나왔을 텐데, 의외의 교사 태도에 어안이 벙벙. 그렇게 마무리가 되었다. 교실에 있던 아이들은 무슨 일이 일어날 거라 잔뜩 기대하고 있었을 텐데 이 무슨 상황, 실망감은 교실에 있는 아이들의 몫이 되어 버렸다.

수업이 끝나고 학년 실에 갔을 때도 너무나 홀가분했다. 너무 잘했다고, 찰나의 판단이, 쉬는 시간에도 그날 내내 기분이 상쾌했다. 아이에게 고함지르고, 다그치고, 그럴수록 아이는 더 빗나가고, 그러한 날의 그 기분은 진짜 엉망진창이거든. 그렇다고 그 학생과 사이가 좋아질 리도 없고. 그 후 그 아이의 태도는 180°로, 정말 180°로 확 바뀌었다. 수업 시간에도 복도에서 만났을 때도.

사람이란, 누구에게든 비난받는 것은 참을 수 없는 모욕이다. 다들 자신의 입장이 있는 거니까, 인정해 주자! 구체적인 칭찬을 곁들인 인정! 경청, 공감, 인정! 모든 학생에게 이렇게 한다는 건 쉬운 일은 아니겠지만, 아니, 돌이켜보니 어려운 일도 아니더라. 정말 어려운 일이 아니다.

> **그랬겠구나!**

　연일 학생 선수들의 학교 성적에 관한 공문이 내려온다. 오후 수업 결손 방지 및 최저 성적에 관한 내용이다. 야구부 학생들은 오전 수업만 하고 오후에는 훈련한다. 그러나 교육부의 지시로 인해 오후에도 수업하기로 결정한다. 오후에 훈련할 시간이 줄어드니 학부모의 원성이 자자하다. 코치와 감독의 월급을 학부모님들이 부담한다. 훈련받는 시간이 줄어드니 그럴 수밖에. 공부보다는 훈련이 훨씬 중요한 사회적 환경이 바뀌지 않는 상황에서 아이들만 힘들다.

　또다시 오전 수업만 하고, 애들이 정말 힘들어 보인다. 힘든 아이들을 위해 조금이라도 도와주고 싶다. "얘들아! 교실 청소는 하지 마, 선생님이 할게." 그렇게 난, 오전 수업만 하고 훈련하러 간 텅 빈 교실을 혼자서 깨끗이 청소를 했다. 책상 줄도 반듯하게 맞추고. 깨끗한 환경에서 멋진 야구반 학급으로 남기를 바라면서. 정신 집중하느라 까까머리를 한 우리 야구반 아이들이 생각난다. 그 애들은 그냥 스쳐 지나간 중학교 1학년 담임으로 생각하겠지. 기억이나 하려나…?

　야구부의 영어 수업 시간은 교과서 위주보다는 실전 영어에 가깝게 지도를 했다. 메이저리그에서 최우수 선수나 혹 다른 상을 받을 때 인터뷰하는 수업, 비행기를 탔을 때, 공항에서 일어날 수 있는 상황을 표현하는 수업 등 실생활 영어를 가르치려고 애를 썼다. 외국 여행을 갔을 때, 현지 음식점의 메뉴판을 사진으로 찍어 와 음식 요리에 관한 용어라든지, 비행기 티켓을 보고 어디에서 어디로 여행을 가는지, 좌석 번호, 비행기 번호, 어디에서 탑승해야 하는지, 창문 쪽 혹은 복도 쪽 어디에 앉는지 등 실전 영어 위주로 수업했다.

게으름 피우는 아이도, 조는 아이도 없다. 또 칭찬 폭풍이다. 더는 아이들은 졸음도 게으름도 피울 수 없다. 그런데 아이들이 내 수업 시간에만 최선을 다했던 모양이다. 수학 선생님, 국어 선생님, 우리 반 수업만 다녀오면 담임인 내게 누구는 어떻고, 또 이 아이는 어떻고 폭풍 질타다. 아이들의 수업 태도 때문에 교사들이 모욕감을 느끼는 것 같다. 하지만 어쩌라고? 같은 동료이지만 정말 인정하고 싶지 않은 동료 교사를 뽑으라면, 본인 수업 시간 학생들과의 문제를 담임에게 따지면서 담임이 어떻게 해주기를 원하는 선생이다. 본인 수업도 통제하지 못하면서 어떻게 선생질을 하려고? 자신의 무능력함을 고스란히 내보이는 게 아닌지? 내 수업은 내가 책임져야 한다. 무슨 수를 써서라도.

야구부 우리 반은 내 자식과 같다. 내 자식에게 그런 모진 말을 하는 교사를 보면 우리 반 애들에게보다는 그 교사에게 화가 더 많이 난다. 대놓고 화를 낼 수는 없고. "샘! 샘이 너무 열정적으로 수업해서 그래요. 걔들은 밤늦게까지 훈련하고 낮에 수업 내용이 온전히 머릿속에 들어오겠어요? 잠은 또 얼마나 오겠어요. 수업 시간 내내 너무 열정적으로 하지 마시고 재미있는 이야기라도 곁들어 가면서 애들 이야기도 좀 들어주고 그렇게 하세요. 샘은 수업 시간에 너무 열정이 많아요."라고 마음에도 없는 칭찬도 곁들인다. 내 성깔머리도 많이 좋아졌다. 속으론 '능력도 되지 않는 사람이, 그 어린 중 1학년 남학생들 마음 하나 헤아릴 줄 모르는 주제에. 본인 수업을 학생들 탓으로 돌리다니, 쯧쯧쯧. 똑똑한 척이라도 하지 말든가!' 학생들에게 정제된 언어를 사용하지 않고 마구 비속어를 쓰니, 애들 자존심은? 학생들을 인정해 주지 않으니 이 아이들은 또 얼마나 마음이 상하겠는가! 점점 악순환이 깊어져 간다.

학년 말, 조금씩 아이들의 불만이 귀에 들어온다. 2학년 때부터는 야구부 반이 아닌 일반 반에서 다른 학생들과 교우 관계를 넓히고 싶단다. '아! 그걸 생각 못 했네. 이 애들은 한창 사춘기, 얼마나 이성이 그리울 때인가?' 오전에 여학생과 한 교실에서 함께 생활하는 즐거움을 빼앗아버린 것이다. 오전 내내 15명이 한 교실에서 수업하다가 또 그 15명이 그대로 야구 연습장에 가서 오후 10시까지 연습을 하니 말이다. 아이들 처지에서 생각해 보니 이해가 간다. 돌이켜보면 학교에서 정말이지 큰 실수를 저질렀다. 그다음 해 바로 일반 3학급에 각각 나누어 반편성을 했다. 단 일 년 만에 야구부 반을 해체 시킨 것이다. 그러니 나는 유일무이한 야구반 담임으로 영원히 남았다.

그 당시 나는 병원에서 건강 검진을 세밀하게 했다. 항상 건강하다던 생각과는 달리 뇌동맥류가 발견된 것이다. 참으로 서러운 기분이었다. 뇌동맥류가 크게 무서운 질병은 아니라고 하지만, 너무나 무서웠다, 뇌니까. 다가오는 2월에 시술 날짜를 잡아 놓고 있었다. 그리고 3

월에 반송중학교로 발령이 났다.

너희들이 생각나

　TV에 『최강야구』라는 프로그램이 있다. 채널을 돌리다 보니, 다음 주에 마산 용마고와 몬스터 간의 시합이 있다고 예고를 하네. 2023년 5월 스승의 날 즈음인가? 예전 야구부 우리 반, 많은 칭찬과 격려를 아끼지 않았던 두 학생에게서 전화가 왔다. '현재 용마고 2학년에 재학 중이며, 수업 시간에 선생님께서 강조하셨던 자기소개를 완벽하게 영어로 외우고 있다'는 말과 함께. 그런데 '최강야구에서 그 애들이 다니는 용마고와 경기를 한다고?', '그럼 우리 반 애들이 용마고 2학년이니 출전도 할 수 있겠구나.' TV 앞에서 눈을 뗄 수가 없다. 경험 부족인지 학생들이 제 실력을 발휘하지 못했다.

　Entry에 우리 야구반 출신이 3명이나 들어가있다. 1회전에서 승준이가 2루타를 쳤지만, 점수와는 연결되지 못했다. 카메라가 몬스터 선수들 위주로 비춰주고 있었기 때문에 우리 아이들 얼굴 보는 것에 갈증이 났다. 우리 학생들도 많이 비춰주지…. 시청 후, 스승의 날 전화를 준 재용이에게 문자를 보냈다. 너무 잘 보았다고. 재용이가 고맙다고 하면서 다음 주 또 보란다. 2차전이 남아있다고.

　그다음 주 또 보았다. 재용이의 활약이 컸다. 1회, 9회 2루타를 2개나 때렸다, 결과는 졌지만. 드디어 애들이 두각을 나타내려나 보다. 용마고 3학년 누군가가 메이저로 간다던데…. 내년에 이 애들도 메이저로 가지 말라는 법은 없겠지? 꼭! 꼭! 원하는 길이 열리길 바란다.

코로나19로 학교가 바뀌다

날아간 병가 4주

　2020년 2월 어느 날, 아들이 레지던트로 근무하고 있는 병원에서 뇌 시술을 받았다. 뇌동맥류 코일 색전술이다. 별 위험한 시술은 아니라지만, 다른 이의 암보다 내 손가락에 박힌 가시가 더 아프듯, 온 세상이 슬퍼 보였다. 그리고 코로나19가 시작되었다. 처음엔 대수롭지 않은 감기라고 생각했다. 그렇게 무서운, 온 세계를 마비시킨 코로나19가 시작된 것이라고는 그때는 미처 몰랐다. 코로나19가 온 세상을 떠들썩하게 해 심란하다. 제발 코로나가 끝나기를 간절히 빌었지만, 코로나의 기세는 더욱더 심해진다. 시술을 받고 며칠 후에 퇴원하여 집에서 요양했다. 새로 전입하는 학교에 병가 진단서를 제출하고, 한 달간의 병가를 내었다. 비록 시술 부위 등이 불편함에도 다소 느긋한 마음으로 3월을 맞이할 수 있었다. 언니의 극진한 간호도 한몫한다.

다음 주는, 이번 주만 지나면, 2월만 지나면…. 코로나가 진정되기를 간절히 바라고 또 바랬건만 점점 더, 전 세계가 난리가 난다. 병가를 내어 학교에 가지 않아도 되는 3월이 왔는데도 개학을 1주 미룬단다. 와! 병가 한주가 날아가네. 안타깝다. 다음 주에는 개학하겠지? 웬걸! 그렇게 나의 병가 4주는 전국적인 학교 봉쇄로 인해 단 하루도 사용해 보지 못하고 날아가 버렸다. 아깝다!

놀랍게도 나의 병가 4주째가 딱 끝나는 그다음 날부터 1·2학년 학생들은 가정에서, 교사들은 학교에 출근해서 온라인 수업을 하고, 3학년 학생들만 등교해서 수업을 받게 되었다. 3월 29일이었던가? 처음으로 반송중학교에 마스크를 쓴 채 부임을 했다. 담당 과목 수업은 3학년, 좌석 배치는 교감 선생님 바로 코앞, 모든 것이 불편한 느낌이 든다.

교실에서 학생들이 자리 배치에 많은 관심을 기울이듯, 교사들 또한 일 년 동안 앞·옆에 어떤 교사가 배치될지에 많은 촉각을 곤두세운다. 신규로 전입해온 교사들은 기존 교사들에게 담당 학년, 자리 배치 등에서 다소 불리하다. 내 나이 60세, 그리고 부임하자마자 병가를 낸 교사, 학교 관리자 입장이나 동료 교사들 입장에서는 반가운 조건의 교사는 절대 아니다. 그래도 배려는 좀 해 주겠지?

배려하는 마음과 고마움은 잠깐, 수고로움은 일 년을 가기 때문에 학년 초 수업 시수 또는 학년 배정에 많은 신경전이 오간다. 그러니 나의 조건 따윈 아무런 고려 대상이 되지 않는다. 3학년 수업에 교무실 내의 좌석 배치는 최악의 위치, 그렇지만 긍정적인 마음으로 받아들이기로 했다. 그렇게 마음을 먹으니 훨씬 마음이 홀가분하다.

　발령 나자마자 한 달간 병가를 낸 60대의 영어 교사. 학교 입장에서 가장 싫어하는, 무조건 싫어하는 조건이다. 영어 교사의 정년은 40대란 말도 있지 않은가? 관리자도, 같은 과목 교사들도 왜 하필 이런 교사가 우리 학교에? 다행히 영어과 교사가 3명이나 전입해 오는 바람에, 교장 샘 또한 새로이 전입해 오는 거라, 서로서로 잘 몰라 크게 문제 되지는 않았다.

　수업 배정과 업무 배정하는 날 학교에 가지 않아, 다들 정신없이 본인 수업 배정만 좋으면 되니 나의 존재 따위는 그다지 부각 되지 않았나 보다. 그래서 다들 먼저 선택하고 남은 나머지 3학년을 맡게 되었다. 나이 많은 교사로 남고 싶지는 않았다. 예전의 선배 교사들을 보면서 느릿느릿한 걸음걸이는 더 나이를 들어 보이게 하는 느낌을 받았던지라, 난 항상 빠른 걸음걸이로 복도를 오간다.

　수업 종소리가 들리면 벌떡, 재빠르게 일어서서 수업에 들어가는 습관은 스스로 칭찬할 만하다. 그렇게 나이가 든 교사로 남고 싶지 않아 나름 애쓴 노력으로, 항상 내 주변에 젊은 교사들이 함께해 주어 이 또한 얼마나 고마운 일인지 모른다. 지금도 나는 산을 갈 때나 둘레길을 걸을 때 등을 꼿꼿이 세우고 빠른 걸음으로 나아간다. 뒤에서는 천천히 가자는 사람도 있고 말없이 따라오는 사람도 있다.

마스크를 벗으면?

몇 년 전부터 반송중학교는 최고급 아파트에 둘러싸인, 학부모의 정보력과 교육열이 똘똘 뭉친, 그래서 민원도 많은 학교로 알려져있다. 이전 두 학교에서는 수준별 수업 '하반'을 맡아 최대한 기초 학력에 중점을 두고 천천히, 친절하게, 용기를 북돋워가는 수업을 했다. 뿌듯할 때도 많았다. 나름 다소 부족한 학생들에게 최적의 교사라고 자부해 왔다. 몇 년 만에 수준별 수업이 아닌 일반 학급, 그것도 반송중학교 3학년 수업을 하게 되니 다소 마음을 다잡고 나름의 준비도 철저히 하여 수업에 임한다.

나의 교수법과 수업 시간에 학생들의 통제 방식에 대해 자신감이 있다. 이런 내게 다른 이들은 자존감이 높아서 그렇다고들 한다. 1·2학년은 온라인으로 콘텐츠를 사용해서 집에서 수업하고, 3학년 학생들만 학교에서 수업한다. 3학년 학급을 담당한 교과 교사들은 다소 불만스럽다. 불공평하다는 생각이 드니 불만은 더 많아진다. 그럴수록 학교생활이 힘들어진다. 긍정적인 마인드로! 긍정적으로 생각하기로!

교무실에서 컴퓨터로만 하는 수업보다 실제로 수업하면서 학생들과 의사소통하는 것이 훨씬 활력이 넘친다. 게다가 35분으로 단축 수업,

더더욱 다행스러운 것은 반송중학교 학생들의 수업 태도. 얼마만의 생동감이 넘치는 수업인가! 교사의 설명 하나하나를 놓치지 않으려고 집중하는 모습, 예의 바른 태도, 게다가 의사소통이 너무 잘된다. 때로는 진지하게, 때로는 활기차게, 어떠한 말을 해도 아이들이 쑥쑥 잘 흡수하는 듯하다. 와! 이런 학생들이 요즘 창원에서 명문이라 불리는 반송중학교 학생들의 모습이었다.

이제 1·2학년 교과 샘들이 부럽지 않았다. 활기차고 진중한 3학년 수업이 훨씬 좋았다. 게다가 옆자리에 앉은 임 샘과는 남들이 부러워할 만큼 의사소통이 잘되었다. 나이는 40대 중반, 아주 차분한 수학과 임 샘, 다정하게 나를 맞이해 준다. 그렇게 우리는 첫 대면을 했다. 많은 나이 차이가 있음에도 불구하고, 주변의 여러 교사와도 재미있게 지낼 수 있었던 것은 임 샘 덕분이다. 그녀 또래들의 모임에 기꺼이 나를 끼워 주었으니 말이다. 그렇게 새로 부임한 학교에서 주저함 없이 그녀들 덕분에 빠르게 적응할 수 있었다.

코로나는 더욱더 기세를 떨친다. 연일 공문이 내려오고, 학교도 사회도 점점 더 쑥대밭이 되어가는 느낌이다. 예정에도 없던 코로나로 인한 공문이 수없이 쏟아지건만, 그 공문을 처리할 부서가 정해져있지 않아 교무기획부는 연구부로, 또 연구부는 교육과정부로 공문을 이리저리 떠넘기려 한다. 서로 자기 부서 일이 아니라고 교감 샘에게 항의를 해도 해결될 기미는 보이지 않는다. 교감 샘이 강하지 못하니 부장 샘들의 목소리가 더 크다. 인간은 고로 강한 자에게는 약하고,

약한 자에게는 강하니! 오히려 교감 샘에게 막 대하는 부장 샘들이 무례해 보이고 당하는 교감 샘에게 동정심이 든다.

점심시간이 되면 괜히 말을 걸어 본다. "교감 샘! 식사하러 가시죠!" 후에 교감 샘은 점심때 함께 밥 먹으러 가자고 챙겨줘 고마웠다고 말씀하셨다. 역시 짠한 분이다. 후에 그분은 교장으로 승진하시고, 허허 ~ 짠하다고 느낄 내 주제는 아니지. 오히려 교감 샘 입장에서는 내가 더 짠해 보일걸? 이렇게 인간들은 자기 주제 파악을 못 한다니까!

이렇게 마음 약한 교감 샘 덕분에 부장 샘들은 불만이 엄청 많았고, 또한 교무실에서 해결하지 못하는 일들이 교장실로 내려가니, 교장 샘의 고충도 엄청났으리라. 그러나 우리 평교사들에게는 이렇게 말 없고 순한 교감 샘이 얼마나 편안하고 다행스러웠던지! 그 덕에 교감 샘 코앞에 앉아있는 나의 자리도 별 불편함이 없었다.

모든 교사와 학생들이 마스크를 쓰고 생활한다. 평생 마스크를 쓴 적이 없었는데 참으로 답답하다. 예전의 학교에서 종종 마스크를 쓰는 학생들이 있었다. 대부분 흔히 일진이라고 부르는 학생들이다. 이유는 확실치 않지만, 입에서 나는 담배 냄새를 감추기 위해서라고들 한다.

예전의 우리 반 어느 학생이 꼭 마스크를 쓰고 다녔다. 담임 말을 잘 듣는 학생인데, 인성부에서 아무리 벗으라고 해도 아무리 잘 타일러도 절대 벗지 않아 몇 번의 시도 끝에 포기한 적이 있다. 이유는 모른 채…. 이렇게 답답한 마스크를 왜 그렇게 죽기 살기로 쓰는지 지금도 그 애들을 이해할 수가 없다.

 그런데 하루는 평소에 이름까지 알고있는 학생을 못 알아보는 일이 생겼다. 처음 보는 학생이 교무실로 들어와 나에게로 와서 마스크가 있냐고 묻는다. 왜 그러냐고 물었더니, 친구들과 장난치다가 마스크를 못 쓰게 되었다고 한다. 이 애가 누군데 나에게 와서 마스크를 달라고 하는지 모르겠다. 어쨌든 여분의 마스크를 하나 주어 돌려보냈다. 나중에 수업하러 가서야 그 학생을 알아보았다. 마스크를 벗으니 평소에 잘 알았던 학생도 알아보지 못했으니….

 마스크를 쓰니 모든 학생과 교사들이 다 잘생겨 보이고 예뻐 보인다. 마스크를 쓴 그 모습이 그 사람의 생김새라고 생각된다. 심리학적으로 보이지 않는 부분은 상상력을 자극한단다. 마스크로 가려진 얼굴 부분을 드러난 눈과 이마와 어울리게 내 마음대로 상상하는 경향이 있다고 하네. 드러난 눈과 이마에 가장 적합한 비율로, 가장 어울리는 코와 입과 턱을 내 머릿속으로 만들어내어 갖다 붙이니 예뻐 보일 수밖에. 그러니 실제로 대부분 사람이 마스크를 쓰면 더 예쁘고 더 잘생겨 보인다.

 어쩌다 급식소에서 마스크를 벗고 밥 먹는 모습을 보면 깜짝깜짝 놀란다. 전혀 다른 사람이다. 코, 턱, 입술, 치아 등 인간의 하관 구조가 아름다움에서 엄청 중요하다는 사실을 절로 깨닫는다. 100명 중 99명이 마스크 쓴 모습이 훨씬 낫다. 절대 실내에서 마스크를 벗지 말라고, 조·종례 또는 수업 시간에 강조한다. 그래도 벗는 학생들이 있다. 이때 넌지시, "마스크를 벗어서 잘생겨 보이는 학생은 거의 없다."라고 가볍게 말한다. 학생들도 바로 수긍한다.

일사천리로 피싱 당하다

> 엄마, 안녕!

　코로나로 인해 모든 모임과 활동들이 중단되었다. 40살 때부터 해오던 배드민턴의 중단이 가장 큰 타격이다. 세계의 모든 경제가 마비되는 마당에 배드민턴이라고 어쩔 수 있나? 이제 엄마도 94세. 삶에 대한 애착이 엄청나게 강하신 분이다. '아까운 너희들을 두고 눈을 감을 수 없다'는 말씀이 가슴을 후벼 판다. '엄마는 100살까지 살 수 있다'고 건조하게 위로랍시고 한다. 코로나를 잘 이겨 내야 할 텐데…. 엄마의 라이벌은 엄마와 동갑인 송해와 엘리자베스 영국 여왕이라며, 건강한 두 분이 엄마 친구라고 너스레를 떤다. 두 분보다 하루 더 오래 장수하라고 한다. 그럴 때면 마음속으로 다짐하는 것처럼 보이기도 했다.

　건강하다고 느낀 엄마의 배가 산더미 같이 불러온다! 2020년 7월쯤인가, 병원에 가서 초음파 검사를 했다. 위에 혹이 주렁주렁, 위암이라고 한다. 매년 건강 검진도 했고, 아무 이상 없었는데 갑자기 웬 위암? 젊은이도 아닌데, 그것도 아주 심한 상태로. 엄마께는 속이고 병원에 입원하여 치료하였다. 코로나 기간이라 보호자 병원 출입도 어렵고, '엄마를 요양보호사 손에 맡기고 싶지 않다.'는 언니들의 갸륵한 정성 때문에 두 언니와 큰 올케언니가 번갈아 가며 간호를 했다.

반송중학교에서 함께 근무한 김 샘이 고맙게도 쾌유를 기원하는 장식물을 직접 제작해 주어 엄마께 기쁨을 선사하기도 했다. 반짝이는 예쁜 꽃무늬로 가운데 쾌유를 염원하는 글이 담겨있었다.

94
꽃보다 고운
조향립 여사님
빠른 쾌유를 빕니다.
1927년생

너무나 좋아하셨던 모습이 눈에 선하다. 그리고 그해 11월 11일 엄마는 두 분 친구보다 앞서 저세상으로 가버렸다. 엄마가 만약 라이벌인 그 두 분 친구보다 먼저 저세상으로 간 사실을 아신다면 참으로 속상해 하셨을 거다. 코로나로 인해 조문객도 거의 없었다. 지인들에게 오지 말라는 메시지도 보내고, 장례식이 아주 조촐하게 치러진다. 어쩌면 서운한 광경일 수도 있지만 이렇게 조촐하게, 가까운 사람끼리 치르는 것도 나쁘진 않은 것 같다. 그렇게 엄마는 가족 납골당에, 그렇게 좋아하고 못 잊던 아버지 옆에 가시게 되었다. 그리고 앞 하단에 몇 년 전에 돌아가신, 가슴에 못이 박히게 한 큰아들을 바라볼 수 있는 위치에 영면하셨다.

아들을 위한 일념으로

2021년 2월 어느 날. 내 아들이 입대 통지를 받은 날이자, 학교에서는 새 학년 맞이 출근일이었다. 모든 교사가 출근해서 연수도 받고 말 그대로 새 학년 맞을 준비를 하는 날이다. 바쁜 와중에 아들에게 문자가 왔다. '엄마! 나 액정 깨졌어.' 바보스럽게, 부끄러울 만큼 바보스럽게, 주민 등록증 사진 찍어 보내고 카드 비밀번호를 알려주고 카드 사진을 보냈다. 단 1초의 망설임도 없이 아들의 불편함을 없애줘야 한다는 일념으로 일사천리로 원하는 모든 것을 해줘 버렸다. 그리고 원격 제어를 해서 아들이 내 핸드폰을 사용한다고, 엄마는 사용하지 말란다. 서너 시간 동안 핸드폰을 사용하지 못한 채, 내 눈앞에서 내 핸드폰이 마치 귀신이 조작하는 것처럼 움직이고 있었다. 어이없게도 문자메시지 피싱을 당한 것이다. 그 흔하디흔한 '엄마! 나 액정 깨졌어.'로 말이다.

그리고 하필, 그날 친구 어머니께서 별세하셔서 진주에 가던 중, 고속도로에 진입하기 5분 전쯤 주거래 은행에서 전화가 왔다. 세상에!

지금 돌이켜 보니, 그때까지도 나는 아무 의심도 걱정도 안 하고 있었다! 그때부터 난리가 났다. 내 통장에서 1,000만 원이 넘게 빠져나갔다. 당황하니 아무것도 할 수가 없다. 아들 전화번호도 생각나지 않는다. 어찌어찌하여 사이버 수사대에 신고했다. 500만 원은 카카오 뱅크로, 500만 원은 국민은행 계좌로 빠져나갔단다. 다행히 수상하게 여긴 국민은행에서 그 계좌를 동결시켜 놓았다고 한다.

조카 부부의 주선으로 큰언니네와 우리 가족은 2월 말 개학을 앞두고 제주도 여행을 갔다. 문자 피싱을 당하고, 아직도 해결되지 않은 상태라 마음이 복잡하다. 두 은행에서는 계좌 이체를 못 하도록 동결시켜 놓았다는데…. 안심이 되지 않는다. 피싱을 당하고 혼비백산하여 사이버 수사대에 내가 가해자 인양 심문받듯 신고했지만, 아무런 소식이 없다. 국민은행에서도 계좌를 동결시켜 놓았다는, 시간이 다소 걸린다는 전화 통화 외에는 아무런 연락이 없다. 카카오 뱅크 보안팀에서 수시로 연락이 온다. 걱정하지 말라, 꼭 돈을 찾게 해주겠다고. 정말 고마운 카카오 뱅크이다.

마음은 싱숭생숭, 계획에 따라 제주도에 갔다. 코로나로 인해 가족끼리 함께 밥 먹기도 쉽지 않다. 몇 명 이상이면 함께 밥도 먹을 수 없으니, 서로 모르는 사람들처럼 2~3명씩 나누어 식사한다. 마음껏 즐길 수 있는 여행은 아니었지만, 모처럼 가족들과 소중한 추억을 만들었다. 하지만 가장 기억에 남는 일은 여행이 다 끝나고 생겼다. 돌아오는 날, 폭풍우가 엄청 몰아친다. 오후 1시 40분 비행기는 계속 연착되고, 공항에서 하릴없이 전광판에 눈을 고정한 채 기다리고 또 기다린다. 내일이 개학일이다. 학교에 가야 하는데 마음이 조급하다.

드디어! 4시쯤에 탑승을 한다. 다행이다. 이제 '집에 가서 저녁 먹고, 출근 준비를 하면 되겠다.' 싶었지만, 이게 웬걸? 김해 공항에서 우리 비행기를 받아 줄 수가 없단다! 엄청난 안개로 인해 김해 공항 관제탑에서 우리가 탄 비행기의 착륙을 허락하지 않는다. 약 30분간 공중에서 배회한다. 하늘에 떠있는 30분이 엄청 길다. 안내 방송이 이어진다. 김해 공항에 착륙 허가가 나지 않으니 서울 김포 공항으로 간단다. 아! 미칠 지경이다. 내일이 개학인데. 오늘쯤에는 집에서 새 학년 맞이 마음 정화를 위해 참선을 해야 하는 날인데…. 김포 공항이라니!

그나마 다행히 김포 공항에 내리니 항공사에서 김해까지 버스를 전세해 주었다. 그 버스를 타고 집에 도착하니 새벽 2시쯤이다. 2021학년도가 시작되는 3월 2일이다. 몸과 마음이 참으로 고달팠다. 그래도 집에 무사히 왔다는 안도감과 함께 새로운 걱정이 밀려온다. '문자 피싱 당한 내 돈은 언제 입금되려나?' 하는 걱정으로 뒤척인다.

어찌어찌하여 피싱을 당한 날로부터 한 달쯤 지나 1,000만 원이 내 통장에 다시 입금되었다. 문자 피싱을 당하고, 그렇게 이른 시일 내에 돈을 되찾는 경우는 보기 드문 경우라고 한다. 참으로 다행이다. 어쨌든 그때의 그 기억은 정말 악몽이다. '저런 일에 어리석게 누가 당하지?' 했건만, 그게 바로 나 자신이 될 줄이야. 혹자는 그건 아들을 너무 믿고 사랑하기 때문이라고도 하지만, 글쎄다….

그리고 몇 주 후 내 아들은 30살이 넘어 군의관으로 입대했다. 강원도 홍천에서 3년간의 군대 생활을 하고 있다. 괴산에서 훈련 기간 3개월을 포함하면 3년 3개월, 즉 39개월이다. 일반 병사들 18개월에 비하면 두 배 이상의 긴 기간 동안 군 복무를 한다. 아직도 군 복무 중이다. 정말 긴 기간이다. 휴우~

믿음은 힘이 세다

여고 1년 후배인 안 교장님, 고등학교 후배라 항상 나를 선배님이라 불렀다. 한 번씩 교장실에서 차를 마시면서, 학교 운영의 어려움을 살짝 내비칠 때도 있다. 나의 힘으로 어쩔 수 없는 일들이라 말로 위로해 보기도 한다. 나로 인해 다소의 위안이라도 받았으면 하는 마음으로. 교장 샘은 나의 존재를 많이 치켜세우며, 움츠러들 수도 있는 나를 많이 위로해 주신다. 그렇게 선배와 후배로서, 관리자와 교사로서 적당한 거리를 두며 신뢰를 쌓아 갔다.

교장 샘은 '선배님이 계셔 의지가 많이 된다'라고 해주셨고, 나 또한 교사들의 어려움이나 바램 등을 마치 나의 의견인 양 슬쩍 흘리곤 했다. 그럴 때는 둘의 의견이 많이 일치된다는 느낌도 받을 수 있어 더욱더 서로를 많이 챙기곤 했다. 나는 교장 샘에게 교사들을 믿으라고 이야기했다. 교사들을 불신하면 항상 의심의 눈초리로 교사들을 대해야 하니 오히려 교장 샘이 힘들다. 교사들을 신뢰하면 그 기운이 교사들에게 전달되어 자신을 믿어주는 교장 샘을 예사로이 대하지 않는다. 직장에서 관리자의 가장 큰 덕목 중 하나가 부하 직원들을 믿는 것이다. 뭐, 이런 이야기를 많이 드렸다. 당연히 선생님과의 관계에 대해 훨씬 더 많은 것을 알고 계심에도 불구하고, 항상 나의 의견에 깊은 동의를 표해 주셨다. 참 고마운 교장 샘이다.

정말로 교장 샘은 교사들을 많이 신뢰해 주셨고, 혹 민원이 들어왔을 때도 항상 교사들 편에 서서 대변해 주는 상황을 많이 목격하였다. 코로나는 계속되었지만 신뢰하는 일터 때문이었던지, 그해 특목고 진학 학생 수가 무려 30명에 육박하였다. 엄청난 결과이다. 학교 주변에는 점점 더 유명한 학원들이 생겨나고, 아울러 좋은 학군으로 여겨져, 인근 초등학교에서는 우리 학교로 오고 싶어 하는 학생들이 점점 많아져 경남에서 3번째 안에 손꼽는 대규모의 학교가 된다.

'샘'이라는 말

> 나도 그랬을까?

　전국적으로 학생 수는 줄어들고 폐교되는 학교도 점점 늘어난다. 미래를 대비해서인가, 정교사를 많이 뽑지 않고 기간제 교사를 모집한다. 예전에는 기간제 교사에게는 담임 배정도 하지 않고, 부장 등 중요 임무는 맡기지 않았다. 요즘에는 그렇지 않다. 담임 배정도, 부장 업무도 심지어 1급 정교사 자격도 주어지며, 모든 면에서 정교사와 동등한 처우를 위해 제도가 많이 개선되고 있다. 기간제 교사도 마땅히 동등한 대우를 받아야만 한다.

　반송중학교와 같은 대규모의 학교에서는 보통 10여 명 이상의 기간제 교사가 정교사의 휴직 기간에 따라 계약 기간을 정한다. 요즘은 많은 교사가 1년 단위로 계약을 한다. 예전에는 방학 동안 월급을 받기 위해 계약을 잘라서 하는 경우가 있어 많은 질타를 받기도 했으나 정교사의 권리이기 때문에 뒷말 정도만 할 뿐이지, 정작 본인 앞에서는 질타할 수는 없었다. 본인이 알아서 양심껏 해주었으면 하고 바랄 뿐이지. 난들 그 상황이 오면 돈 앞에서 눈이 뒤집히지 않겠나? 하지만 남의 불의에는 게거품을 문다.

어느 정교사가 그다음 해 2월 28일까지 병 휴직을 하고 기간제 교사가 채용되었다. 보통 교사들에게는 1월과 2월의 수입이 아주 많다. 1월 월급, 정근 수당, 2월 월급, 설 상여금 등. 설 상여금이 지급될 2월 어느 날 즈음, 정교사가 복직했다. 명절 상여금의 지급 기준이 조금 이상하다. 명절 당일 재직하는 근로자에게 지급된다. 즉 여러 개월을 근무하더라도 명절 당일 재직하지 않으면 상여금이 지급되지 않고, 한 달을 근무하더라도 명절 당일 근무를 하면 상여금이 지급된다. 즉, 명절 당일 날 근무하는 근로자에게만 상여금이 지급되는 것이다.

2021년, 그해 설이 2월 12일. 정교사 한 분이 2월 10일에 복직했다. 설 상여금을 기대했던 기간제 교사는 느닷없이 설 상여금과 2월 월급 일부가 날아가 버린다. 어찌 이런 경우가? 내 조카가 다른 학교에서 기간제로 근무하고 있어서인지, 마치 내 일인 양 목소리를 높인다. 아들 같은 그 기간제 교사는 우리 앞에서는 아무 말도 못 하고…. 얼마나 자신의 신세를 한탄했겠는가!

다른 기간제 교사들과 거의 똑같은 날짜에 근무하고, 명절 다음부터는 또다시 방학이라, 그 정교사는 이틀만 학교에 나오면 명절 상여금과 2월 월급을 받을 수 있고, 기간제 교사는 상여금과 거의 2월 월급이 날아가니 몇백만 원 손해를 보게 된 것이다.

행정실이나 교장 샘께 문의를 해 보았다. 기간제 교사의 계약 조건 제3조에 '계약 기간 만료일 이전에 정규 교원이 조기 복귀하는 경우 그 발령일 전 일에 계약이 만료되는 것으로 한다.'라는 내용이 법으로 규정되어 있다네. 그래서 정교사가 언제든지 돌아오고 싶은 날에는 계약이 파기된단다. 그리하여 그 정교사는 이틀 일하고 설 상여금과 월급을 탈 수 있었고, 기간제 교사는 집으로 가야 했다. 그럼 계약이 왜 필요하지? 학교나 정교사 개인 입장에서 조금의 보상이라도 해줘야 할 것 같은데, 고스란히 기간제 교사만 불이익을 당하는 것 같아 마음이 쓰였다. 이런 불합리한 법은 개선되어야 하지 않을까? 상여금 지급일에 근무하는 자에게만 지급하기보다는 '근무 일수에 따라 상여금을 지급해야 함이 더 공평하지 않을까?' 하는 생각이 든다. 물론 내가 미처 깨닫지 못한 또 다른 불합리함이 있을지도 모를 일이다. 순전히 남의 일에 게거품 물기 좋아하는 참견쟁이의 생각일지도…. 기간제 교사 처지에서 보면 '이런 억울할 데가 있나?' 싶기도 하였겠다.

추억을 잃어버린 세대

반송중학교 2년 6개월의 기간은 코로나와 함께한 세월이었다. 등교 중지, 온라인 수업으로 수업을 이어 나갔다. 대규모의 학교인지라 가장 늦게까지 등교가 중지된다. 학년별로 차례로 등교를 하는 바람에 학부모님들의 민원은 점점 거세어지고. 급식실에는 알루미늄 칸막이를 설치하는 등 많은 준비를 하였다. 하지만 어찌 거대한 코로나19를 막을 수 있을까! 드디어 학교에도 코로나가 닥쳐왔다. 1호가 된 교사는 마치 죄인인 양 고개를 들 수 없고…. 그렇게 조심했건만 한 사람이 걸리니 순식간에 번지기 시작했다.

나도 걸렸다. 그나마 다행히 방학 중에 걸려 우리 학교에는 피해를 주지 않았다. 다만, 다른 학교 두 분의 교사에게 옮겨버렸다. 확진 상황을 알고 만난 것도 아니니 어쩔 수가 없었지만, 그녀들에게는 연신 미안하다고 머리를 조아리고….

학교의 모든 행사도 멈춰버렸다. 학창 시절 가장 기억에 남는 수학여행, 수련회, 체육 대회, 축제 등 모든 활동이 멈췄다. 참으로 안타까운 세대이다. 학교에서 남을 가장 소중한 추억을 코로나19로 모두 잃어버린 것이다. 그 와중에도 평가는 계속된다. 온라인 수업 내용이 출제되다 보니 가정에서 적극적으로 수업에 참여한 학생이 적어 학력 저하가 뚜렷이 나타난다.

교사들은 시험 기간 오후 조퇴를 하여 간단하게 모여 이야기를 나누기도 한다. 코로나 기간이라 많은 모임이 생략되고 친한 교사들끼리 조촐하게 모이는 경우가 많다. 다들 40대, 나만 60대, 그녀들의 모임에 나를 꼭 끼워줘 고마웠다. 시간 가는 줄 모르고 호호호 깔깔깔. 그

간의 스트레스를 날려버린다.

또 다른 고마운 샘들이 있다. 3학년 교무실에 있는 3학년 담임 샘들이다. 매주 목요일 2교시 공교롭게도 그녀들도 또한 나도 수업이 없다. 우연히 티타임을 갖게 되었다. 부지런하고 성격 좋고 입담 좋은 선생님들이다. 목요일 2교시가 되면 전화 오기를 은근히 기다린다. "선생님! 커피 드시러 오세요." 말 끝나기가 무섭게 쏜살같이 3학년 실로 달려간다. 많은 배려를 해 주었던 선생님들이다.

그리고 청담동 며느리처럼 세련된 모습의 박 샘. 밀양에서 고집 센 부모님의 딸로서 어릴 때부터 농사일을 거들면서, 공부는 스스로 한 농민의 딸이라고 자신을 표한다. 청담동과는 거리가 먼. 만나면 만날수록 친동생처럼 느껴지는 샘이다. 어릴 때 다소 좋지 않은 기억들도 스스럼없이 내게 말해주어 더 친근감을 느꼈나 보다. 내게 말함으로써 작으나마 위안을 얻어갔으면 하는 바람이다.

나의 정년 퇴임 일은 2023년 8월 31일이다. 반송중학교에 온 이후 학교생활이 더 즐거워진다. 코로나라는 끝도 없는 팬데믹이 계속되고 있지만, 학생들과의 수업 시간과 동료 교사들 간의 어울림은 마냥 좋았다. 이제 담임을 할 나이도 아니고, 교장 샘과 동료 교사들의 배려로 인해 모든 상황이 수월해졌다. 앞으로 일 년 정도만 즐겁게 학교생활을 하면 되겠다 싶었다. 그러나….

수상한 정년퇴직

젊었을 때는 수모 파였지만 점점 더 학교생활이 즐거워진다. 어느 때부터인가 난 정년을 사랑하는 모임 '정사모'가 되었다. 명예퇴직하는 교사가 겪는 학생들과의 갈등도 전혀 없이 하루하루를 즐겁게 보내고 있었다. 저녁에는 25년째 배드민턴을 즐기고, 아주 가끔 골프도 그리고 주말에는 성주사 둘레길 11Km를 후배 샘과 걷는 기쁨도 일상이 되어가고 있었다.

명예퇴직할 거라고는 꿈에도 생각지 않았던 어느 날 둘레 길을 걸으면서, 2013년에 명예퇴직을 한 나의 후배가 "언니! 이번에 우리 연금 2.3% 올랐어요.", "와! 그럼 나도 2.3% 올랐으면, 아~싸! 제법 돈이 되겠네." 했다. 그러자 "재직하고 있는 언니 연금이 왜 올라요? 우리 퇴직자 연금만 오르는 거예요. 언니는 월급이 오르잖아요." 뭔가 망치로 한 대 맞은 것처럼 머리가 띵!

처음으로 안 사실이었다. 난 재직을 하면 할수록 연금이 먼저 퇴직한 교사보다 더 많다고 생각했다. 아니었다. 기여금 납부 기간 33년이 지나면 재직을 하면 할수록 물가 상승률에 따라 오르는 먼저 퇴직한 동기생의 연금 수령액보다 더 적어진다는 사실을 몰랐다. 인터넷을 뒤져보고 정보를 수집해서 정확한 계산을 해 보았다.

2016년부터 2020년까지 5년 동안 연금 개혁으로 인해, 이 시기에 퇴직한 교사들은 연금 인상이 동결되었으니까 전혀 연금 인상이 없었다. 그래서 우리가 모두 다 연금 인상에는 관심이 없었다. 심지어 연금은 인상되는지도 몰랐다. 그런데 해마다 물가 상승률에 따라 연금도 인상된다는 사실. 2021년부터 퇴직자들의 연금이 물가 상승률에 의해 인상된 것이다. 반면 재직자들은 월급이 오르니 연금 인상률은 거의 제로 상태, 심지어 코로나 시기인 2020년도에는 재직자 예상 연금 액수가 줄어드는 최초의 사태가 발생하기도 했다.

총 8명의 대학 모임 친구들이 있다.

1. 2016년에 퇴직한 친구는 5년 동안 연금 인상이 동결되었기 때문에 가장 연금 액수가 적은 친구이다.
2. 두 명의 친구는 2019년에 퇴직한 친구들이라, 2년간 연금 인상이 동결되었다.
3. 2021년 2월 퇴직한 친구는 연금 인상 동결 시기 피하고, 재직 교사들 코로나로 인해 삭감된 연금 액수 피하고, 퇴직하자마자 연금이 인상되어 우리 중 가장 연금을 많이 받고있다.
4. 2021년 8월 퇴직한 친구는 코로나 시기로 인한 연금 삭감이 있었고, 그다음 해부터 바로 연금 인상이 되었다.
5. 2022년 2월 퇴직한 친구는 코로나 시기로 인한 연금 삭감, 연금 인상 2년 차부터 해당이 된다.
6. 2022년 8월 퇴직한 나 또한 5번 친구와 비슷하다.
7. 2023년 2월 자로 정년퇴직을 한 친구는 코로나 시기로 인해 연금 삭감이 되었고, 연금 인상 3년 차부터 해당된다.

8명의 대학 동기 중, 현재 3번 친구가 가장 연금이 많으며, 정년퇴직하면 연금이 다른 어떤 경우의 동기들보다 많을 거라 막연히 기대했던 우리들의 생각과는 정반대로 정년퇴직을 한 7번 친구의 연금이 가장 적다. 3번 친구와는 한 달에 거의 20만 원 정도 연금 액수의 차이가 난다. 일 년에 20만 원이 아니라, 한 달에 20만 원이라니! 물론 연금 인상 동결 시기에 퇴직을 한 1번 친구는 예외로 하고.

나 역시 그랬던 것처럼, 아무도 나의 주장을 이해도 못 할뿐더러 절대 그렇지 않을 거라고, 오랫동안 재직할수록 연금이 많을 거라고 콧방귀 뀌며 귀담아듣지 않았던 사람들이 요즘에 퇴직하고서야, 나의 주장이 옳다고 인정해 준다. 항상 정년퇴직을 외치던 나는 학교에 계속 근무함으로써 금전적으로 훨씬 손해를 본다는 계산으로 그해 2022년 8월 31일, 정년퇴임을 1년 앞두고 과감히 명예퇴직을 신청했다.

안 교장 샘도 2023년까지 함께 근무할 거라고 생각하고 있었는데, 갑자기 1년 앞당겨 명예퇴직한다고 해서 놀라움과 동시에 서운함을 표하곤 했다. 2024년 2월 28일 자로 안 교장님이 정년퇴직을 하신다. 퇴임식 날 꽃다발이라도 보내고 싶지만 여러 사정으로 그만두어야겠다. 대신 퇴임 전 식사 대접이라도 하고 싶었다.

1월 어느 날, 교장 샘과 만나 점심과 커피를 마셨다. 그동안의 노고와 무사히 직을 마무리했음에 한껏 축하를 보냈다. '함께 교직 생활을 보내고 반년 앞서 정년퇴직을 할 거라고 마음 든든하게 선배님을 의지했었는데, 갑자기 1년 앞당겨 명예퇴직하는 바람에 교장 샘의 마음이 너무나 허전하고 섭섭했었다.'는 나의 명예퇴직 시기의 감정에 대해 말씀하신다. '나 또한 심적으로 위로받고 신뢰를 보여주었던 교장 샘의 은혜를, 항상 감사하는 마음으로 간직하고 있다.'고 말해본다. 우리 둘의 이러한 마음이 있기에 계속 만남을 유지할 수 있지 않을까? 주변의 우리 또래들이 하나둘씩 퇴임을 한다. 시간이 엄청나게 빨리 흘러간다.

나는 학교생활이 힘들어서 또는 요즘 학생들과의 불화로 인해 학교를 그만둔 게 아니라는 사실이 정말 다행이었다는 생각을 많이 한다. 그래서 요즘도 여전히 학교에 많은 미련이 남는다. 그럼 왜 학교를 그만뒀냐고 누군가는 묻는다. 아무리 학교에 미련이 많지만, 열심히 일하고 금전적으로 손해 볼 수는 없지 않은가? 자본주의에 사는 인간인데.

지금 당장은 월급을 받으니 수입이 많은 것처럼 보이지만, 퇴직금을 포함해서 연금 인상 등을 고려하면 그렇지 않다. 갑작스럽게 명예퇴직한다는 생각에 2022학년도 1학기는 모든 게 새로운 의미로 남게 되었다. 시험도 마지막 시험, 업무도 마지막 업무, 수업도 마지막 수업, 성적 처리도 마지막. 그러면서 마지막을 더 알차게 더 열정적으로 하고 싶었다. 힘들어서 학교를 그만두는 것이 아니었기에 더욱더 애착이 갔다. 2022년 7월 방학식 날, 정년퇴임을 하는 정 샘과 함께 명예퇴임식을 했다. 2022년 8월 31일 자로 창원 반송중학교에서 정확히 39년 6개월의 교직 생활을 마무리 지었다.

돌이켜보면, 나는 소소한 일상에 감동하고 소박한 마음으로 살아가고자 하는 소심 선생이었다. 다가오는 삶도 소소하게, 꽤 괜찮을 것 같다.

영원히 올 것 같지 않던 40여 년의 세월이 지나가고 이 순간에 섰습니다. 초등학교 시절부터 55년간 학교 종소리에 익숙해져있던 제가 이제 가보지 못한 생활로 들어섭니다. 아쉬움과 설렘이라는 두 감정이 교차합니다. 돌이켜보면 힘든 순간도 있었지만, 행복하고 보람찬 교직 생활이었습니다. 감사함을 많이 느낍니다. 이제 홀가분하게 교문을 나서려고 합니다. 학생들과 선생님들과 함께했던 생활이 매우 그리울 것 같습니다. 모든 분께 감사드립니다. 항상 행복하고 건강히 지내십시오.

-퇴임 인사

'샘'으로 살아온 소중한 삶

'샘'은 원래는 사투리 표현으로, 한 글자로 줄이는 경제적인 표현이라 전국으로 퍼졌다고 한다. 대충 만든 은어가 아니라 경상도 사투리의 발음 원리를 따라서 만들어진 표현으로, '선생님→슨새임(슨새앰)→새임(새앰)→샘(쌤)'[12] 순으로 축약되었다고 하네. 쌤이란 단어는 개콘 봉숭아 학당의 '댄서 킴'을 통해 전국에서 유행하는 단어가 됐다. 그는 "파이브, 식스, 세븐, 에잇"을 외치며 '쭉쭉춤'을 추었다. 그리고 "샘, 제가 그쪽으로 가겠어요"라는 유행어를 통해 '샘'을 널리 알렸다. 2000년

---

12 나무위키의 '쌤' 참고

대 중반까지만 해도 '샘'이라는 호칭을 무례하게 여기는 선생님들도 있었고, 그렇게 부르는 것을 오히려 좋아하는 선생님들도 있었다.

하지만 언제부터인가 학생들이 선생님을 친근하게 부를 때뿐만 아니라 선생님들 사이에서도 '샘'을 더 많이 쓴다. 심지어 더 나아가 학교 교사와 학원 강사 외에도 의사, 미용사, 인턴, 연구원 등 여러 직업에서 '샘'이라고 서로를 부르는 경우가 많다.

하지만 2010년대 초반까지만 해도 교원 단체에서는 '샘'을 교사들을 얕잡아보는 호칭이라고, '샘'은 교사들의 자존감과 정체성을 무너뜨리는 것이라고 비판하기도 하였다. 실상은 반대였다. 오히려 학생들은 아무에게나 '샘'을 쓰지 않는다. 얕잡아 보고 싶은 선생님이 아니라 친근하고 호감이 가는 선생님에게 '샘'이라고 부른다. 마치 거리를 두고 싶은 선생님에게 격식체인 '합쇼' 체를 사용하는 학생이 친근한 선생님에게는 비격식체인 '해요.' 체를 사용하는 것과 같은 셈이다.

사실 선생님과 '샘'은 마치 어머니와 엄마처럼 느껴지기도 한다. '아빠', '엄마'에 해당하는 선생님에 대한 친근한 호칭이라고 하면 될까? 그러기에 '샘'은 단순한 호칭이 아니라 서로에 대한 관계의 표현인 셈이다.

이 책에서 가장 많이 쓰인 단어는 단연 '샘'이다. 수많은 동료, 선·후배 샘이 계셨기 때문이다. 전연희 샘, 과학 샘, 이 샘, 부장 샘, 교감 샘 등등 내가 존경하고 사랑하는 선생님들도 모두 나에게 '샘'이었다.

물론 나 역시 학생들에게 '샘'으로 불렸다. 어디서든 '샘~'이라는 말이 들리면 고개가 먼저 돌아간다. 내 삶을 표현하는 단 하나의 단어를 꼽으라면 단연 '샘'이다. '샘'으로 살아온 삶이 소중하고, 또 감사하다. 그만큼 '샘'은 내 삶에서 떼어낼 수 없는 소중한 말이다. 과연 나는 주변 동료들에게, 또 학생들에게 어떤 '샘'으로 남아있을까?

에필로그
'소심'이라는 이름

'소심'이라는 이름은 일제 강점기인 1930년대 '한국판 안네의 일기'라 할 수 있는 대구의 한 여학생이 쓴 '여학생 일기'에서 그 이름을 따왔다. 우리나라 말을 쓰지 못했던 일본 강점기 시절, 학교에서 조선어를 사용하면 벌을 받았다는 이야기는 돌아가신 엄마에게 종종 듣곤 했다. 수업 시간에 전쟁에 참여할 군인들을 위한 위문품을 만들고, 일본의 승전 소식이나 신사 참배 등의 내용을 기쁜 마음으로 써야 하는, 학교생활 및 식민지 사회에 순응하는 내용을 기꺼이 일기로 써야 하는 학생들의 심정이 어떠하였을까!

초등학교 시절, 어떤 숙제보다도 일기 쓰는 게 싫었다. 선생님은 다음 날 꼭 일기장을 검사했다. 왜 그렇게 일기는 쓰고 싶지 않았는지…. 별반 다를 것도 없었던 하루하루의 기록인지라 정말 힘든 숙제 중 하나였다.

그 당시에도 왕따의 세계는 있었다. 지금보다도 훨씬 더했을지도 모른다. 단지 부모님이나 선생님에게 표현하지 않았을 뿐이다. 아니 못했을 뿐이다. 그 고통을 혼자 마음속으로 고스란히 삭이며, 그러려니 스스로 극복했었다.

우린 그때, 학급에서 가장 힘을 가진 일인자를 '대장'이라고 했다. '대장질해 먹는다'고 했다. 그 대장에게 밉보이지 않도록 최선을 다해 굽신거렸다. 아침 등교만 하면 모두 운동장으로 나가 온갖 놀이를 하였다. 고무줄놀이, 오징어 게임 등. 모두 대장 편이 되기 위해, 대장이 자기편에 해당하는 아이들 이름을 부르는 그 대장의 입을 주목하며, 모두가 침을 꼴깍 삼킨다.

어느 날인가! 대장이 아침에 오자마자 일기장을 내게 불쑥 내민다. 내게 자기의 일기를 쓰란다. 일기를 다 써 놓고 운동장으로 나오란다. 청천벽력 같은 소리다. 내 일기의 소재도 없는데, 남의 일기를? 놀고 싶은 마음에, 대장 편이 되고 싶은 마음에, 반 친구들은 모두 운동장으로 나간 교실에 혼자 남아 대장의 일기를 썼다. 아마 일제 강점기 시대 소심이 보다 더 억울했을 듯….

일기를 다 쓰고 나서 후다닥 운동장으로 나간다. 다행히 대장 편이 되었으나 1교시 종소리가 들린다. 놀이에 거의 참여하지 못하고 교실로 뛰어들어가야만 한다. 일기장을 모두 제출한다. 제발 선생님께서 똑같은 필체를 찾아내어 일기 대필을 다시는 할 수 없도록 막아 주기를 바라고 또 바랐건만, 그 학년이 끝날 때까지 선생님은 찾아내지 못했다. 아니 찾아내지 않았다. 선생님이 언제 그 일기장을 유심히 점검했겠는가! 그냥 '검'이라는 한 글자만 기계적으로 썼을 뿐이다.

일본인 선생님께 일기 검사를 받아야 하는 상황이라 속마음을 표현할 수 없었던 어린 소녀 소심이의 이름으로 소소한 내 이야기를 썼으니, 약 100년 전의 응어리진 마음을 가졌겠다고 생각되는 소심이는 다소 마음의 위안을 얻었으면 하는 소망을 품어본다.